민족의 비원

『민성』 창간호(1945년 12월) 표지와 목차

표지 인물화(김구) 머리 옆 좌측 상단에 '불온'이라는 구 시대의 낙인(烙印)과 '특수자료 해제'라는 문구가 선명하다.

목차에 오기영의 기고문 〈총참회하자〉가 보인다.

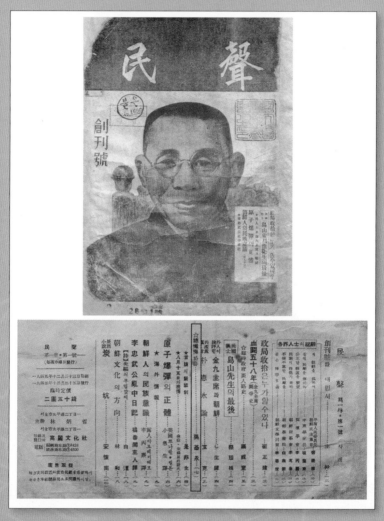

〈원본 국립중앙도서관 소장〉

『민성』 제2권 제2호(1946년 1월) 표지, 목차, 기고문

목차에 〈신탁과 조선의 현실〉(오기영)이 적시되어 있는데 본문에는 〈일체를 조국의 독립에로 통일전선의 행군〉이 실려 있는 바, 당시 잡지 편집상의 착오로 보인다.

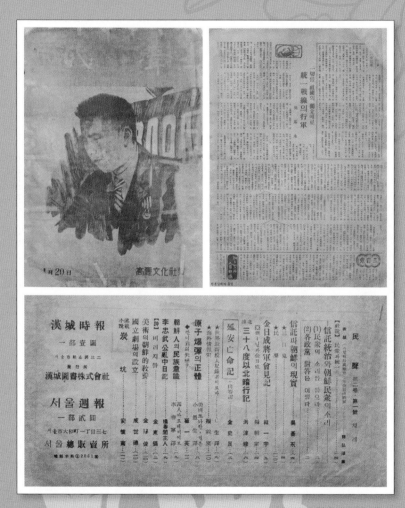

〈원본 국립중앙도서관 소장〉

『민성』 제2권 제3호(1946년 2월) 표지, 목차, 기고문

표지 인물명은 '조만식 씨'로 적시되어 있다. 목차에 〈정당과 신뢰의 한계〉 글은 동전으로, 〈오동진 선생 최후〉 글은 오기영으로 게재하였다. 목차와 다르게 본문 제목은 〈신뢰의 한도〉로 표시했다.

〈원본 국립중앙도서관 소장〉

『민성』제2권 제7호(1946년 6월) 표지와 기고문

표지 인물에 복수(박헌영, 이승만)를 활용했고, 디자인도 대폭 변화를 주었으며, 잡지 가격도 2배로 인상했다(5원).
'남북 양대세력에서 주는 말'이라는 꼭지 아래 박치우, 동전생, 백선권의 기고문이 게재되었다.

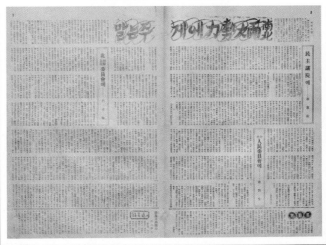

〈원본 국립중앙도서관 소장〉

『민성』제2권 제8호(1946년 7월) 표지와 기고문

표지 상단에 경주고분에서 발굴한 청동기의 명문(銘文)을 탁본한 것과 안압지의
풍광 사진을 이미지로 활용했다. 표지 상단 우측에 오기영의 〈정치의 탄력성〉
기고가 있고, 잡지 가격은 지난호에 비해 또 2배 인상했다(10원). 하단은 동전생
기고문 〈좌우양익(兩翼) 합작의 가능성―불합작 구실의 축조적 검토―〉이다.

〈원본 국립중앙도서관 소장〉

『민성』 제2권 제9호(1946년 8월) 표지와 기고문

'무호정인'이란 필명으로 쓴 〈시련과 자유─해방 일주년을 맞이하여─〉라는 기고문이 표지를 장식했다.

'질풍노도의 일년' 기획으로 동전생 〈참괴의 신역사〉, P·S생 〈진통기의 조선경제〉 기고문이 보인다.

〈원본 국립중앙도서관 소장〉

『민성』 제2권 제10호(1946년 9월) 표지

표지 사진말(아래글)이 절절하다.

「★미소군도 이같이 교환(交驩)하던 38도선이언만—

사진은 적십자 여사원의 따뜻한 차에 미소군 경비원의 차가운 맘도 녹아 버리던 광경인데, 지금엔 38도 장벽이 철폐되기는커녕 도리어 날로 높아가는 성만 싶으니, 언제나 맘놓고 내 겨레를 만나러 오갈 수 있을 건가. 장벽 건너의 겨레여 잘 있는가?」

<원본 국립중앙도서관 소장>

『민성』 제2권 제10호(1946년 9월) 기고문과
제3권 제4호(1947년 5월) 표지

좌측은 동전생의 〈삼당 합동(合同)의 생리(生理)〉 기고문이다.
우측은 표지에 무호정인의 〈미소공동위원회의 재개와 그 전망〉기고문이다.

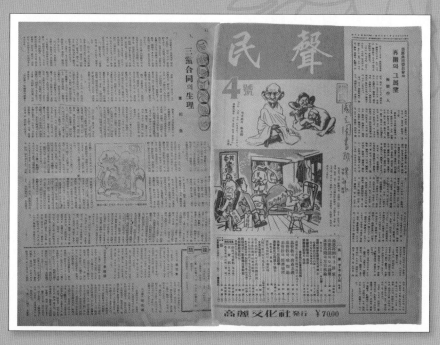

<〈원본 국립중앙도서관 소장〉>

〈민족의 비원〉〈속 민족의 비원〉 기고문

『신천지』제1권 9호(1946년 10월)와 10호(동년 11월)에 연속으로 게재했다.

〈원본 국회도서관 소장〉

『민성』 제3권 제5 · 6호(1947년 7월) 표지와 기고문

(상단)표지에 무호정인의 〈연립임시정부의 형태〉 기사가 보인다.

한편 잡지 가격은 창간호(1945년 12월) 2원 50전에 비해 36배 인상한 90원이다.

(하단)오기영의 〈미소공동위원회에 소(訴)함—공위 양대표에게 주는 글—〉 기사다.

『동광』 제6권 제1호(1947년 5월호) 표지

41호 속간본으로 오기영의 〈도산 선생의 최후〉 기고문이 목차에 보인다.

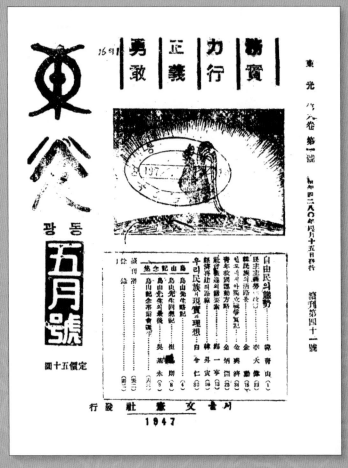

오기영《경향신문》신문기사

〈민족의 지향을 찾자〉(1947년 1월 1일자)

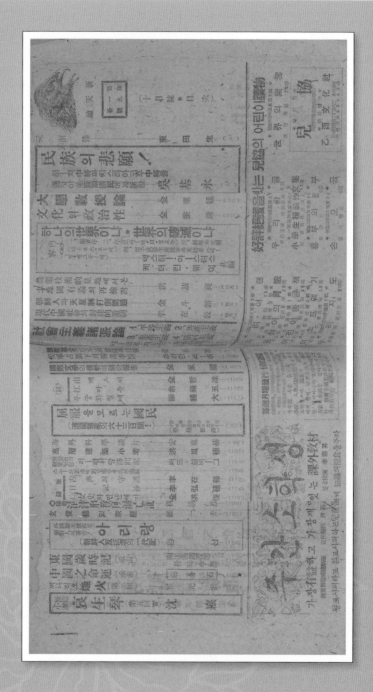

『신천지』 제1권 제9호(1946년 10월) 목차
섬면불 칼럼에는 동전생으로 〈민족의 비원〉은 오기영으로 기고했다.

1947년에 발간한 『민족의 비원』 초판본 표지

"사상은 두 가지가 있으나 조국은 하나뿐이다."는 문구가 절절하다.

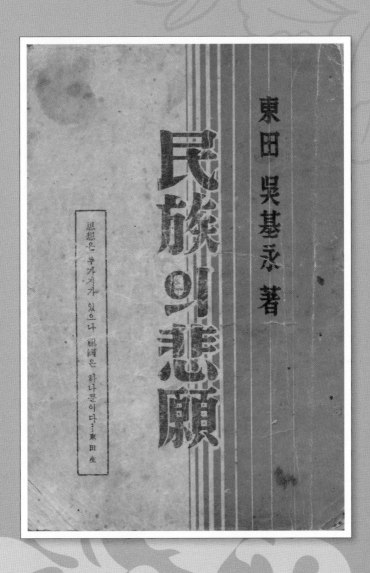

내 아버지는 우익에 속한 인물이요

내 아우는 좌익에 속해 있는 인물이다.

나는 누구보다도 내 아버지이기 때문에 존경하며

내 아우이기 때문에 지극히 사랑한다.

그러나 비통한 심정이거니와 나는 아버지의 가는 길,

아우의 가는 길이

모두 조국의 독립과 번영을 위하여 반드시 유일무이한

똑바른 길이 아닌 것을 알고 있다.

하물며 이 두 가지 길은 모두 조국 독립에 통해 있기보다는

미국과 소련에 통해 있음을 간취(看取)할 때에

우리가 이 두 가지 사상의 조화에서만 독립과 번영의 가능을 믿는 한,

이들이 가는 길은 더욱더 독립과는 거리가 멀어 가고 있음을 슬퍼하는 바이다.

― 투필(投筆)의 실패 중에서

민족의 비원

東田 吳基永 大全集

민족의 비원

2

오기영 지음

도서 출판 모시는사람들

민족의 비극적 현실에 경종을 울리다

김태우_ 한국외국어대학교 한국학과 교수

　『민족의 비원』은 1945년 12월부터 1947년 5월까지 동전(東田) 오기영(吳基永)이 집필한 23편의 정치·사회평론을 모아놓은 평론집이다. 저자 오기영은 1909년 황해도 배천 출신으로, 부친 오세형(吳世炯), 형 오기만(吳基萬), 동생 오기옥(吳基鈺)을 포함한 가족 6명이 일제하 민족운동으로 옥고(獄苦)를 치렀고, 그중 2명이 목숨을 잃었던 지극히 민족주의적 분위기의 집안에서 성장했다. 오기영 자신도 11살의 어린 나이에 3·1운동 과정에서 체포되어 모진 고문을 당했고, 일제 시기 동안 총 4회의 철창(鐵窓) 신세를 졌다. 또한 오기영은 《동아일보》(1928~1937)와 《조선일보》(1938~1941)의 기자로 일하면서, 일제하 조선의 현실을 생생하게 보여주는 다수의 글들을 지속적으로 생산해 내기도 했다. 응당 이 같은 십여 년에 걸친 조선현실에 대한 분석과 비판 활동은 해방 이후 『민족의 비원』에 수록된 여러 평론의 중요한 밑거름이 될 수 있었다.

　『민족의 비원』은 1947년 8월 서울신문사에서 발간되었다. 책에 수록된 여러 평론들의 원출처와 편수는 『신천지』 9편, 『민성』 8편, 《경향신문》 2편, 『동광』 1편, 《조선일보》 1편, 《서울신문》 1편, 출처불명 1편 등으로 다

양하다. 그런데 동우회의 기관지 성격을 지녔던『동광』을 제외하면, 위의 모든 수록 잡지와 신문들은 정치·사회적으로 중요한 한 가지 공통점을 지니고 있었다. 이 잡지와 신문들은 좌우 갈등이 치열하게 전개되었던 해방 직후 시점에 중도적 관점을 대표했던 언론매체였던 것이다.

미군정기에는 소위 정치적 중도파의 목소리를 실을 수 있는 매체들이 다수 존재했다. 그리고 그 대중적 영향력도 결코 적지 않았다. 그 재정 운영이나 인적 구성에서 중도적 지식인들이 주도했던《서울신문》,《자유신문》,《경향신문》등은 좌우익 계열의 신문들보다 많은 독자를 확보하고 있었고, 좌우합작이나 남북협상을 지지하는 경향 또한 두드러졌다. 해방 직후 오기영의 주요 평론들이 실렸던『신천지』와『민성』도 이러한 범주에 포함되었다.

『신천지』는 1946년부터 1954년까지 서울신문사에서 발행한 종합월간지로서, 당대 한국 잡지 중에서 가장 성공한 잡지로 꼽힌다.『신천지』는 시사적이면서도 국제적인 감각이 고루 반영된 글들로 구성되어 있어서 지식인층의 호응을 많이 받았고, 발행부수 또한 당시로서는 최고인 3만 부를 상회했다. 1945년부터 1950년까지 발간된『민성』역시 좌우익 어느 한쪽에 치우치지 않으면서 정치·사회·문화의 다양한 문제들을 폭넓게 다루어 지식인층을 비롯한 많은 대중의 사랑을 받았다. 이렇듯 권위 있는『신천지』와『민성』에 오기영의 장문의 평론이 지속적으로 실렸다는 사실은 그 자체로 그의 글에 대한 당대 언론과 지식인층의 신뢰를 대변하고 있다.

실제 오기영의『민족의 비원』이 발간되자, 당대의 저명한 언론인 설의식(薛義植)은 이 책을 "해방 후의 별"이라고 극찬했다. 설의식은 1936년《동아일보》일장기 말소사건 발생 당시 해당 신문의 편집국장을 담당했던 언론

인이었다. 그는 1928년부터 1937년까지《동아일보》기자로 재직했던 오
기영에 대해 누구보다 잘 알고 있던 사람이었다. 설의식은 오기영을 "학
벌 없는 기자"였지만 필력에 있어서 학벌 이상으로 "꿩 잡는 매"였다고 묘
사했다. 일제시기《동아일보》는 통상적으로 전문학교 이상의 학벌을 지닌
사람에게만 기자 자격을 주었는데, 오기영은 중등교육기관인 배재고등보
통학교(培材高等普通學校) 중퇴 학력임에도 불구하고 스무 살의 나이에《동
아일보》의 기자가 되어 놀라운 필력을 발휘했던 것이다. 설의식은 『민족
의 비원』을 읽으면서 오기영의 문장들을 "고치자 고치자 하면서도 못 고쳐
보고 말았다. 저자의 문장은 이렇게 깨끗하다."고 평가했다. 실로 최고의
극찬이 아닐 수 없다.

　오기영의 평론은 그 깔끔한 문장력뿐만 아니라, 당대 국내외 정치 흐름
을 꿰뚫어보는 놀라운 혜안, 좌와 우를 가리지 않고 그 문제점을 거침없이
드러내는 용기와 분석력, 문제의 현실적 원인에 천착하여 해당 문제를 실
질적으로 해결해 내고자 하는 실천성 등에서 감탄을 자아낸다. 그런데 현
재의 우리를 더욱 놀라게 만드는 사실 중 하나는 위와 같이 매우 높은 수
준의 여러 평론들이 실상 주경야독(晝耕夜讀)의 결과로 작성되었다는 것이
다. 『민족의 비원』에 수록된 모든 평론들은 그 업무량과 스트레스의 측면
에서 결코 만만치 않았던 경성전기주식회사(京城電氣株式會社)의 관리직에
종사하는 가운데 작성된 글이었다.

　그렇다면 오기영은 왜 해방 공간에서 언론사에 취직하여 완연한 언론인
의 삶을 살지 않고, 경성전기주식회사라는 산업체에서 일하면서 힘겹게
프리랜서 언론인, 정치평론가의 일을 병행했던 것일까? 이는 『민족의 비
원』의 서문에 해당하는 「투필(投筆)의 실패」라는 글을 포함하여 당대의 여

러 글을 통해 어느 정도 미루어 짐작해볼 수 있다.

오기영은 1930년대 후반까지 10여 년의 기간 동안 신문기자의 삶을 살아 왔다. 때문에 해방을 맞았을 때 그의 가족과 지인들은 오기영이 응당 언론인의 삶으로 복귀할 것으로 생각했다. 그러나 오기영은 「투필기(投筆記)」를 쓰고 "황폐해진 생산 부문의 재건을 위하여 일졸오(一卒伍)"가 되겠다고 선언했다. 「투필기」를 통해 세상 사람들에게 자신의 "심경을 피로(披露)"했을 정도로 오기영의 산업 분야 진출은 비장한 것이었다. 그는 해방 직후의 대표적 귀속사업체 중 하나인 경성전기주식회사의 운영에 참여하기로 결심했다. 이 같은 선택은 그가 직접 임종을 지키기도 했던 도산(島山) 안창호(安昌浩)의 유지를 따르는 것이기도 했다. 이 책에 등장하는 「독립 번영의 기초」에 제시되어 있는 것처럼, '산업의 발전'은 '자아의 혁신', '교육의 진흥'과 함께 도산 정신의 핵심을 구성하고 있었다. 실제 오기영의 또 다른 책 『삼면불』(성각사, 1948)에는 1948년 경성전기주식회사에서 퇴사한 직후 도산의 유영(遺影)을 찾아가 "나는 그렇게 삼년간 경전 직무를 수행하였습니다."라고 자랑스럽게 고하는 장면이 등장한다.

자주적 경제 건설과 생산, 인민의 민생 문제 등에 대한 강조는 『민족의 비원』의 여러 글들을 통해 반복적으로 강조되었다. 「건국, 정치, 생산」과 「생산하는 나라」 등은 이 같은 문제의식을 직접적으로 반영한 글이었고, 그 외에도 「민요와 민의」, 「민족의 비원」, 「속 민족의 비원」, 「입법의원에 여함」 등을 통해 자주적 경제 건설과 민생 경제 정책의 중요성에 대해 역설했다. 당대 사람들 대부분이 온통 정치문제에 집중하고 있지만, "현하 조선에 있어서의 최대 문제는 차라리 경제문제"라고 강조하면서, "모두 정치가가 되어 버리고 마는 통에⋯ 산업진을 지키는 이가 없었다."고 신랄하게 비판했다.

위와 같은 산업과 민생 문제에 대한 반복적인 강조에도 불구하고, 이 문제들이 오기영의 투필 실패의 직접적 원인이 될 수는 없었다. 그가 주경야독하며 다시 펜을 들 수밖에 없었던 보다 중요한 이유는 해방의 당연한 귀결점으로 인식되었던 통일독립의 꿈이 급속히 좌절되어 가고 있던 정치적 현실과 보다 밀접하게 관련되어 있었다. "조국을 재건한다는 미증유의 호기가 다시금 민족자멸의 위기로" 변해가고 있었던 당대 현실에 대한 자각 속에서 펜을 들 수밖에 없었던 것이다. 미국과 소련에서 비롯된 이념에 기대어 자기 민족의 현실을 제대로 돌아보지 않는 한국사회의 "이성의 몰락"에 경종을 울리고 싶었던 것이다.

그래서 그의 책은 조선의 모든 정치인들과 언론인들의 냉철한 이성의 회복을 요구하는 글들(「이성의 몰락」, 「정치의 탄력성」, 「언론과 정치」, 「민요와 민의: 언론계에 보내는 충고」)로부터 시작된다. "신념과 고집을 혼동"하면서 "자기 주장은 절대적인 것"으로 민중에게 강요하고, 자신의 주장에 동조하지 않으면 "모두 적이요 반역자요 권력에게는 탄압의 대상이며 폭력에게는 격파의 목표"가 되는 당대 한국사회의 비이성적이고 폭력적인 정치 현실을 신랄하게 비판했다. 특히 그는 우익 정치인들을 향해 "자유주의를 빨갱이로 몰아치는 무지나 모략에서 벗어나서" "과학적 애국심, 과학적 독립열"을 환기할 필요가 있다고 주장했다. 언론에게는 "좌고우면(左顧右眄)하는 눈치꾸러기"가 아니라, "중립의 정로(正路)"를 지키기 위해 노력하라고 충고했다.

이렇듯 오기영이 "편협한 정통주의의 싸움터"로 변한 조선에서 냉철한 이성의 회복을 강조했던 핵심적 이유는 두말할 나위 없이 '조국의 통일독립'이었다. 이 책에 등장하는 평론들이 집필되었던 1945년 12월부터 1947년 5월까지 한반도에서는 조선의 통일독립을 위한 중요한 정치 일정이 지속적으로 이어졌다. 모스크바 삼상회의 한국에 관한 결정, 찬반탁 논쟁, 제1차 미소공동위원회의 진행과 좌절, 10월 항쟁, 좌우합작위원회와 남조선과도입법의원의 수립 등과 같이 중요한 정치 일정이 계속 이어졌다.

오기영은 위와 같이 조선의 통일독립을 위해 결정적으로 중요했던 시기를 맞아, 주로 중도적 민족주의의 관점에서 좌우 정치세력 모두를 강하게 비판했다. 그는 미군정 사령관과 소련군 25군사령관(「민족의 비원」), 인민위원회(「중앙인민위원회에」), 미군정 내의 한국인 관료들(「관료와 정치가」), 미소공동위원회(「국제정세와 공위 속개」), 좌우합작위원회(「오원칙과 팔원칙」), 기독교인들(「예수와 조선」)에 이르기까지 다양한 정치세력들에게 직접적으로 정책적 제안을 하거나, 민족적 현실을 일깨우는 방식으로 자신의 글쓰기를 이어갔다. 이 시기 민족주의적이고 중도적인 오기영의 사상은 특히 찬반탁 논쟁과 좌우합작에 대한 개인적 분석과 제안에서 보다 직접적으로 드러났다.

모스크바 삼상회의 결정과 좌우익 세력의 찬반탁 논쟁에 대한 오기영의 분석과 제안은 현재적 관점에서 볼 때에도 매우 탁월하다고 평가하지 않을 수 없다. 1945년 12월 말에 발표된 모스크바 삼상회의의 조선에 관한 결정은 한반도에서 좌우익의 정치투쟁이 가속화되는 결정적 계기로 작용했다. 언론의 왜곡보도와 반탁운동의 형성, 좌익 세력의 모스크바 결정 지지 선언과 우익 세력의 무조건적 반탁운동 등이 전개되면서 좌우의 갈등은 첨예화되고 있었다.

이 같은 갈등 상황에 대한 오기영의 분석과 제안은 매우 신랄하면서도 냉철했다. 우선 오기영은 찬반탁 논쟁과 관련하여 좌우 정치세력 모두가 감추고 싶어 하는 사실들을 여과 없이 드러냈다. 우선 그는 "탁치를 혐오하는 우리의 감정은 엄연한 민족적 감정"이며, "일단 거족적(擧族的)으로 반대를 부르짖는 것이 당연한 일"이라고 주장했다. 그럼에도 불구하고 조선의 좌익 세력이 신탁통치를 포함한 모스크바 결정 지지로 급하게 선회하게 된 데에는 "소련정책을 지지하는 소위" 때문일 것이라고 분석했다. 즉 좌익 세력은 "소련이 없었다면 누구보다도 먼저 선두에 서서 피를 흘려서라도 가장 맹렬하고 과감한 [반탁 (인용자)] 투쟁을 담당"했을 수도 있다는 것이다. 오기영은 좌익 세력에게 "조국 관념"의 중요성을 상기시키면서, "소연방의 하나로서의 조선"이 되는 것을 단호하게 배격한다고 말했다.

오기영은 우익 세력에게는 '냉정'을 요청했다. 비분만이 능사가 아니므로 현실을 냉철하게 직시해야 한다고 말했다. 신탁통치 혐오라는 민족적 감정에 대해서는 이해할 수 있지만, "하루 속히 우리의 자주정부를 세우기 위하여 이 이상 탁치문제만 집착하지 말자."고 주장했다. 그러면서 오기영은 미국이 누차 "삼상회의를 지지하는 것만이 조선독립의 유일의 방도"라고 언급한 사실을 강조했다. 또한 조선의 해방이 연합국 승리의 산물이기 때문에 "우리의 의사만으로써 독립국가에까지 도달하기 어려운 것은 사실"이라고 분석했다. 현실적으로 미국과 소련이 한반도를 군사적으로 분할점령하고 있는 상황에서, "탁치 문제에만 구애(拘碍)하여 거의 감정적으로 행동"하는 것은 조선의 장래를 위태롭게 만드는 것으로 본 것이다. 찬반탁 논쟁과 관련된 좌우 정치세력의 문제점에 대한 지적과 실천 가능한 대안의 제시는 실로 놀라운 탁견이 아닐 수 없었다.

오기영의 민족주의적이고 중도적인 관점은 좌우합작의 중요성에 대한 일관된 주장에서도 찾아볼 수 있다. 그의 굳건한 좌우합작 주장의 이유는 '민족의 자주독립'이라는 한마디로 수렴 가능하다. 오기영은 자주독립의 "절대적인 요건이 통일합작"이라고 주장하면서, "어떻게 하여서든지 통일에의 원칙을 찾아야 하고 합작에의 방법을 세워야만 한다"고 역설했다. 우익 세력은 조선의 중요 정치세력으로서 좌익 세력의 엄연한 존재를 시인해야만 하고, 좌익 세력은 현단계가 "소비에트 조선의 건설기가 아닌 것을 자인"해야 한다고 말했다. 동시에 "좌우가 다 같이 한번 더 조선적인 이념에 충실하는 자아에의 복귀"가 절대적으로 필요하다고 강조했다. 오기영은 위와 같은 좌우합작의 절대적 중요성에 대한 자각 속에서 『민족의 비원』에 등장하는 상당수의 글을 통해 좌우합작과 남북협상의 중요성을 반복적으로 언급했다.

이렇듯 당대 좌우익 세력을 동시에 신랄하게 비판했던 오기영의 중도적 관점은 해방 직후처럼 좌우갈등이 첨예했던 상황에서는 사실상 커다란 용기를 필요로 하는 정치적 선택이었다. 요컨대 그의 정치적 입장은 중간지대로의 모호한 도피가 아니라 의지적이고 모험적인 선택이었다는 것이다. 그 자신의 표현처럼, "자기 주장의 공명자(共鳴者)가 아니면 적으로 몰아치는 이 혼돈 속에서", 쌍방으로부터의 비난과 공격을 견딜 만한 "용기가 없이는 불가능한 일"이었다. 그의 "중정(中正)한 평필(評筆)의 자유로운 비판" 정신은 시대를 관통하면서 현시점에도 소중하게 지켜나가야 할 중요한 가치임에 틀림없을 것이다.

민족의 비원

일러두기

- ☐ 이 책은 『동전 오기영 전집』 제2권으로 1947년 서울신문사에서 발간한 『민족의 비원』을 복간하는 것입니다.
- ○ 세로쓰기를 가로쓰기로 바꾸었고, 당시의 주요 어법과 단어는 그대로 살리는 것을 원칙으로 하면서, 현대식 화법(주로 띄어쓰기 및 맞춤법)에 맞게 편집하였습니다.
  - ─ 명백한 오자와 탈자는 부분적으로 손질하였습니다.
  - ─ 『민족의 비원』 원본에 있는 칼럼 뒤의 출전은 모두 본문 제목 바로 아래로 위치 이동했고 원본 도서의 출전 오류는 당시 기고 매체를 확인하고 수정했습니다.
  - ─ 한자로 표기되어 있는 단어는 전면적으로 한글로 바꾸되, 뜻이 전달되기 어려운 경우에는 괄호 속에 한자를 병기하였습니다.
- ○ 당시에 쓰이던 인명과 지명, 나라 이름, 외래어 일부는 현대 표기법으로 맞춤법을 변경했습니다. 색인에는 당시 표기법을 병기했습니다.
  예시: 분란(芬蘭: 핀란드), 화성돈(華盛頓: 워싱턴), 상항 ⇒ 샌프란시스코(桑港), 룻소 ⇒ 루소, 부르죠아 ⇒ 부르주아, 테로 ⇒ 테러 등
- ○ 당시 발간 도서에서 명백한 오자로 여겨지는 것과 현대 어법에 적절하지 않은 것은 수정했고 변경한 것 등은 아래와 같습니다.
  예시: ~에 향하여⇒~을 향하여, 모우(某友) ⇒ 어느 친구; 이러하거던 ⇒ 이러하거늘; 있으려든 ⇒ 있거니와; 하그리 ⇒ 깡그리; 하염즉한 ⇒ 했음직한 등
- ○ 중요한 사건과 인명 등에 간략한 주석을 달았습니다.
  - ─ 주석의 출처는 한국민족문화대백과사전, 두산백과, 한국근현대사사전, 한국민속문학사전, 브리태니커 백과사전, 위키피디아 등입니다.

민족의 비원

투필(投筆)의 실패
― 자서(自序)에 대(代)하여

　해방 후 모두가 잃었던 제자리의 제구실을 찾을 때에 나도 다시금 신문인(新聞人)이 될 기회가 있었다.

　나는 흥사단 사건(興士團事件)[*]으로 나의 천직이라 믿었던 신문기자의 직업에서 추방될 때에 당시 총독부 경무국장(警務局長)이던 미하시(三橋)로부터 "장차 무엇을 하겠는가?" 하는 질문을 받고, "조선이 독립하면 다시 한번 신문기자를 하리라."고 대답한 일이 있었다. 미하시는 경무국장다운 금도(襟度)를 보이느라고 나의 대답을 탓하지는 않고 다만 연민의 웃음을 띠며 "아마 꿈일 것이라." 하였다.

　그 꿈같은 독립을 누릴 기회를 얻었고, 동시에 이것은 나의 염원이던 신

---

[*]　**흥사단 사건(興士團事件)**　흔히 '수양동우회사건(修養同友會事件)' 혹은 '동우회사건'이라고 불린다. 1937년 6월부터 1938년 3월에 이르기까지 수양동우회와 관련된 180여명의 지식인들이 일제에 의해 검거된 사건을 지칭한다. 수양동우회는 1926년 흥사단계열의 수양동맹회(서울)와 동우구락부(평양)가 합동하여 결성된 조직이었다. 일본은 1937년 중일전쟁 발발 시점에 본격적인 전쟁 체제를 조성하기 위해 양심적 지식인과 부르주아 집단을 포섭할 필요가 있었다. 이에 일제는 수양동우회를 표적 수사하여, 1938년 3월까지 180여명의 조선인 지식인들을 치안유지법 위반 혐의로 체포했다. 이 과정에서 최윤호(崔允浩), 이기윤(李基潤) 등은 고문으로 옥사하고, 김성업은 불구가 되었으며 안창호 역시 1938년 병보석으로 출감하였으나 고문 후유증으로 세상을 떠났다.

문인으로서 재기할 수 있는 기회를 얻은 것이었다.

그러나 나는 이 염원을 보류하고 일 회사(一會社)의 병졸(兵卒)로 나섰다. 해방 직후 일인(日人)의 손에 파괴되어 황폐해진 생산 부문의 재건을 위하여 일졸오(一卒伍)로서 정신(挺身)해 볼 의욕에 불탔던 것이다.

많은 친지가 나의 이러한 거취를 언론계로부터의 도피라고 질책하였으나 나는 도리어 '투필기(投筆記)'를 써서 나의 심경을 피로(披露)한 바 있었다.

그러나 나는 투필에 실패하였다.

신문, 잡지의 편집자로부터 이따금 보내는 '호의의 강요(强要)'를 물리치기도 어려웠고, 또 혼란한 정계와 동포 상잔을 목도하면서 도탄에 우는 인민의 일원으로서 잠을 이루기 어려운 때에는 차라리 붓을 들어 밤 깊는 줄을 모르는 것이 울적한 심회를 푸는 방법도 되었다.

그런지라 무슨 체계 있는 논문도 아니요 학구의 성과도 아니다. 다만 그때그때의 이모저모를 써 본 것이 일 년 남아에 책 한 권을 꾸밀 만하여졌기에 친지들의 호의를 얻어 간행에 부치는 것이다.

실상은 모두가 이미 발표하였던 것이매 구태여 간행의 가치를 생각할 여지는 없는 것이나 권하는 이들은 나의 궁한 생활을 알아주는 뜻이 더욱 큰 것을 나는 안다. 그러나 애당초 투필을 결심하였던 나의 경우로 보면 이 것은 실패의 기록에 불과한데 이 실패의 기록을 두 번이나 곱삶아 먹는 한사(寒士)의 처지가 스스로 측은히 여겨지기도 하는 바이다.

우리에게 사상은 두 가지가 있으나 조국은 하나뿐이다.

어떠한 사상이거나 그것이 이 하나의 조국을 위하여 진실된 조선인의, 조선 민족의 사상이어야 할 것을 요구한다.

이 요구는 우리 민족의 생명이 연면(連綿)하는 그 시간의 최후 일각까지 정당한 지상의 요구이다. 그러므로 아무리 미국을 위하여는 좋은 사상일지라도, 소련을 위하여는 좋은 사상일지라도 우리가 곧장 미국인이 아니요 소련인이 아닌 바에 미(美)나 소(蘇)의 사상이 그대로 조선 민족의 사상일 수는 없어야 마땅하다.

우리는 저 고구려 망국 이래 우리 독자의 사상을 창조하고 발전시키지는 못하였다. 신라의 이 민족통일 대업이 장하지 않음이 아니나, 외세를 불러들여 동족을 친 죄업은 그대로 남아 있는 것이며, 줄창 남의 사상을 제 사상으로 삼고 남의 예의를 제 예의로 삼아 자기를 잃고 드디어 나라를 잃었던 것이다.

이제 다시금 새 나라를 세우기 위하여 서로가 주장하는 두 가지 사상도 우리의 창조는 아닌 채로 지금 이 두 가지 사상은 격렬한 싸움을 그칠 줄 모르고 있다. 이것이 그냥 남의 사상을 그대로 수입하려고 싸운다 할지라도 한 번 나라를 망해 본 사대의 근성을 통탄할 일이거늘 더구나 하나는 소련의 세계혁명 정책 이상으로 날뛰는 판이요 하나는 미국식 이하의 고루한 견해를 고집함에 비극은 더욱 양성(釀成)되고 있다. 이리하여 이 하나의 조국을 재건한다는 미증유의 호기는 다시금 민족 자멸의 위기로 화해 가고 있음을 본다.

내 아버지는 우익에 속한 인물이요 내 아우는 좌익에 속해 있는 인물이다.

나는 누구보다도 내 아버지이기 때문에 존경하며 내 아우이기 때문에 지극히 사랑한다.

그러나 비통한 심정이거니와 나는 아버지의 가는 길, 아우의 가는 길이 모두 조국의 독립과 번영을 위하여 반드시 유일무이한 똑바른 길이 아닌 것을 알고 있다. 하물며 이 두 가지 길은 모두 조국 독립에 통해 있기보다는 미국과 소련에 통해 있음을 간취(看取)할 때에 우리가 이 두 가지 사상의 조화에서만 독립과 번영의 가능을 믿는 한, 이들이 가는 길은 더욱더 독립과는 거리가 멀어 가고 있음을 슬퍼하는 바이다.

이러한 가정의 슬픈 현상이 한 가정의 쇄사(瑣事)가 아니라 오늘 조선의 슬픈 현실임을 느낄 때에 민족의 위기에 전율하지 않을 수 없게 된다.

그리하여 기왕 투필에 실패한 바에는 차라리 기회 있을 때마다 좌에도 우에도 비판과 충고를 보냈다. 여기는 오직 건국 도정에 제회(際會)한 골육의 지정(至情)이 있을 뿐이다. 그런데 여러 미지의 친절한 독자로부터,

"너는 우도 아니요 좌도 아니요 대체 무엇이냐?" 하는 질문도 많이 받았고, 혹은 중간파라는, 심하게는 기회주의라는 비난도 받았다.

그러나 나는 나 자신을 자유주의자로 자처해 본다.

모두가 제편이 아니면, 자기주장의 공명자(共鳴者)가 아니면 적으로 몰아치는 이 혼돈 속에서 이러한 비판은 자신을 항상 좌우로부터 공격받는 위치에 두지 않고는 불가능한 일이며 이러한 편당적(偏黨的)인 공격과 비난을 쌍방으로부터 받되 견딜 만한 용기가 없이는, 진실로 용기가 없이는 불가능한 일이다.

기회주의자에게 이러한 용기는 있을 수 없는 것이며 그래서 기회주의자는 이러한 비판의 태도는 가지지 못하는 것이다. 나는 기회주의자가 아니다. 따라서 자유로운 비판자에게는 중간파도 하나의 비판의 대상일 뿐이요, 중간파의 정치 이념 내지 활동이라 하여 모두가 타당할 까닭이 없을 것

도 물론이다. 그러니까 너는 대체 무엇이냐? 하는 질문이 있을 때마다 나는 이렇게 대답한다.

어느 나라에서나 중정(中正)한 평필(評筆)의 자유로운 비판이 없이 정치는 발전하지 못하는 것이다. 하물며 이 건국 도정에 있어서랴.

세계에는 많은 민족이 섞인 채 한 나라를 이루고 번영하는 예를 얼마든지 볼 수 있다. 미국도 합중국이거니와 이백여 종의 민족을 가진 소련은 그 대표적인 예일 것이다. 이들은 한 나라 국민으로서 뭉쳐서 번영하고 있다. 그런데 세계 희유의 이 단일민족으로서 4천 연래의 골육이 4천 년 만에 처음으로 인민의 나라를 세우자는 이 기회에 민족은 분열되어 있다. 일제의 강압 하에서 우리가 통일 민족이었던 것을 회상할 때에 더욱 비통한 바가 있다. 그러나 아무리 싸움이 격렬하고 분열이 극심할지라도 냉정하게 관찰해 보면 이것은 이성을 잃은 정치인들의 싸움이요 분열일지언정 민중은 다만 도탄 속에서 건져 줄 자를 고대할 뿐임을 알 수 있을 것이다.

이 책에 집록(集錄)하는 논평이나 수필이 모두 이러한 지정(至情)의 호소요 민족의 현재를, 두렵게는 장래를 비통(悲痛)한 것이다.

이 책의 간행을 위하여 특히 애써주신 외우(畏友) 운파(雲派) 안준식(安俊植)* 씨에게 감사드리거니와 솔직한 나의 심경인즉 자유로운 통일 민족의

---

* **안준식(安俊植, 1899-?)** 잡지 편집인, 소설가. 안운파(安雲波)로 불리기도 했다. 1926년부터 1935년까지 발행된 월간 어린이잡지 『별나라』의 편집주간, 1934년 문예잡지 『문학창조』의 편집 겸 발행인이었다. 『별나라』는 1920년대 프로문학의 영향을 받아 사회주의적 계급의식 하에서 시작되었다. 안준식은 『별나라』 기념사를 통해 "가난한 동무를 위하여 값싼 잡지로 나오자."는 슬로건을 제시했다. 그는 『신소년』과 『별나라』에 「물대기」, 「호떡선생」, 「임간학교」 등의 청소년 소설을 발표하기도 했다.

명예와 번영을 위하여 이러한 책은 하루속히 불살라 버릴 날이 있기를 바라는 것이다.

제2 해방을 기다리며 세 번째 맞는 8월 15일에

동전생(東田生)

이성의 몰락

한 자유주의자의 항변

— 1947년 5월 1일, 『신천지(新天地)』 제2권 제4호

새 나라를 세우는 도정에서 냉철한 이성이 배격으로 인하여 위축되고 탄압으로 인하여 골방 속이나 지하로 숨어야 한다면 민족 총역량의 집결이 어떻게 가능할 것인가. 저간(這間)의 40년을 우리는 일제의 노예로서 지냈기 때문에 봉건의 잔재가 그냥 남아 있는 채라 과도적이나마 부르주아 민주주의로의 변혁에로 지향하는 것이지만 구경(究竟) 우리에게는 더욱 진보적 민주주의를 향하여 부르주아 민주주의를 지양하자는 이념까지 대두하여 있는 것이 오늘의 조선이다.

1. 이성의 몰락

사려 깊은 구안자(具眼者)의 냉정한 관찰이면 이 땅에서 이성이 몰락된 것을 인식할 것이다. 많은 사람들이 민족의 분열을 슬퍼하고 독립의 지연을 한탄하지마는 의외에도 민족의 통일과 조국의 독립을 위하여 긴절(緊切)하게 요구되는 냉철한 이성이 참혹히도 몰락된 것을 간과하고 있다.

우리의 혈통을 더듬을 때에 4천 연래의 골육(骨肉)인 것을 필자는 기회 있을 때마다 강조하였고, 자유의 세계라는 미지의 경지에 들어설 수 있는 이 기회야말로 우리에게 천재일우가 아니라 실로 4천 년하고 2백 년하고 다시 78년 만에 한 번 얻은 미증유의 기회임을 역설하는 자이다. 그리하여 인민의 나라를 세운다는 이 미증유의 기회를 가지고 4천 연래의 골육이 서로 진영을 달리하여 국권도 없는 국토를 들어서 편협한 정통주의의 싸움터를 만들었음을 통탄한 자이며, 이러한 통탄에 민중이 공명함에도 불구하고 정치인들의 열병을 치유하지 못함을 거듭 통탄한 자이다.

"나는 우나 좌나 시(是)는 시요, 비(非)는 비라 하고 싶지, 시를 비라고 하거나 비를 시라고 할 수는 없습니다. 뿐만 아니라 이러한 비판은 필요한 일이라고 믿습니다. 그런데 지금까지의 경험으로 보건대 자기의 시를 시라고 하는 것은 좋으나 비를 비라고 하는 것이 틀렸다는 것입니다. 충고를 들을 줄 몰라야 정치가의 자격이 있다고는 생각할 수 없건마는, 당신들은 충고를 원치 않고 어떤 억설(抑說)로나 자기만을 옹호하고 지지하고 따라오라 합니다(본지 제1권 제10호 졸고, 「민족의 비원」).”라고 탄식도 하여 보았다. 이러한 한심한 현상을 조장하는 책임이야말로 민족 언론의 근간을 이루었어야 할 언론 본래의 면목을 확보한 직필(直筆)의 침묵에 있음을 지적하여, “좌고우면(左顧右眄)하기에 눈치꾸러기가 되어 버리고 이것은 어느 편에 대해서도 시를 시라 하고 비를 비라고 쾌단(快斷)할 만한 용기가 없었을 뿐 아니라 좌우의 과대(過大)한 자기주장에 비하여 늘 소극적이요 미온적이요 심지어 애매 몽롱(曖昧朦朧)한 경계를 벗어나지 못하여 이 땅에 직필이 있는가를 의아하기에 이르렀다. 자당(自黨)을 위하여 일부러 작위적(作爲的)인 과장과 왜곡이 공연히 성행하는 중에 이를 초연한 입장에서 쾌단(快斷)하여야 할 직필의 침묵은 결국 부작위적 소위이나마 과장과 왜곡을 시인하고 조장하는 결과가 되어 버렸고, 진실된 언론 자유를 향유하여야 할 우리의 최초의 행복은 유린되고 만 것이다(본지 제2권 제1호 졸고, 「언론과 정치」)”라고 규명한 바도 있었다.

여기서 우리가 다시 한번 생각할 것은 건국에 기여할 수 있는 이러한 언론 자유가 어찌하여 용납되지 아니하느냐 하는 것이다.

해방 이후 우리가 누린 최초의 자유가 언론 자유요 그래서 많은 언론기관이 생겼으나, 또 일방으로 이 많은 언론기관을 습격하기에 분망(奔忙)한 테러단을 목격하였다.

곤봉이나 총탄에 언론이 압박을 받았다 하면 이것은 민주주의 천하에서는 괴변(怪變)에 틀림없으나 남조선에서 이러한 사태는 불행히 한 개의 상식임에도 틀림없다.

혼히 말하기를 빨갱이 신문이 되어서 습격을 받는 것이라 하고 또 그것은 당연한 것으로 되어 있다. 폭력 행위에 대하여는 후장(後章)으로 미루거니와 빨갱이는 쳐서 당연하다는 이 사태에 대하여서도 할 말이 많고 그대로 승복할 수 없는 충분한 이유가 얼마든지 있는 것이다. 이것이 빨갱이 아닌 자의 불편(不偏)의 비판으로서도 얼마든지 있는 것이다. 함에도 불구하고 빨갱이에게는 부당한 탄압도 합리화하는 언론 이외의 비판은 빨갱이의 수작으로 되는 세상이다. 이러한 편견은 드디어 우익 주장을 비판하는 것까지 죄악으로 인정되고 우익에 충고를 보내는 것도 빨갱이기 때문에 우익을 중상하는 것으로 해석되며 우익의 주장에 무비판하게 승복하는 언론이 아니면, 적어도 우의 비(非)를 지적하는 언론이면 모두가 빨갱이로 지목되는 지경에 이르렀다.

미국 신문기자 존스톤* 씨는 북조선은 공산 정권하에 질식되었다 하였고, 우리도 그것을 긍정하는 자(者)이다. 그러나 남조선은 무엇이 다른가? 다르다 하면 북에서 탄압받는 반공산주의가 남에서는 권력으로 화해 있으며 북에서 강행되고 있는 공산주의가 남에서는 탄압되는 그것뿐이다.

삼팔선의 철폐와 남북의 통일이 어느 일방의 패배에 의하여 되지 말고 협조에 의해서 되어야만 우리는 현재 이상의 비극을 면할 것이다. 허건만도 지금 남북은 서로 다투어 현재의 비극일 뿐 아니라 민족 장래에 더 큰 비극의 씨를 뿌리는 경쟁에 열중하고 있다.

---

* **존스톤(Richard J. H. Johnston, 1910-1986)** 미국의 언론인, 저술가. 뉴욕 태생으로 뉴욕타임스 종군기자로 활약했다. 1944년 유럽 각지에서 종군기자로 활약했다. 1945년 극동지역으로 이동하여 일본 패전과 관련된 기사를 작성했고, 이후 중국, 일본, 필리핀, 한국에서 활약했다. 1946년 1월, 박헌영과의 인터뷰 내용을 소련 일국신탁통치 찬성으로 왜곡 보도한 장본인으로 잘 알려져 있다.

이들은 신념과 고집을 혼동하며 그래서 저마다 자기주장은 절대적인 것으로 미신(迷信)하여 민중을 강제하고 있다. 여북하여 필자는, "조선의 정치가들은 너무 절대를 좋아한다. 그러나 정치는 절대로 절대가 아니다(『민성(民聲)』 제8호 졸고, 「정치의 탄력성」."라고 하였으랴. 그런데 이 절대에 대한 미신에 동호자(同好者)가 아니면 모두 적이요 반역자요, 권력에게는 탄압의 대상이며 폭력에게는 격파의 목표가 되어 있다.

이러한 사태가 부당하다는 것을 지적하는 것까지도 부당한 취급을 받게 되고 이런 비통한 사실을 비통하는 것조차 증오되는 것이 오늘의 현실이다. 이런 경향을 반동(反動) 경향이라고 지적하는 것은 물론 반역 행위로 매장되어야 하는 것이 오늘의 현실이다.

이렇게 불편부당의 자유로운 비판이 핍박을 받아야 하고 지정(至情)에서 나오는 진실된 충고가 배격되기에 이르러 많은 지식인이 공포 속에 위축되어 있다.

새 나라를 세우는 도정에서 냉철한 이성이 배격으로 인하여 위축되고 탄압으로 인하여 골방 속이나 지하로 숨어야 한다면 민족 총역량의 집결이 어떻게 가능할 것인가. 우리는 이러한 사태하에서는 세웠던 나라도 망한 예를 보았을 뿐이다. 당장 일본과 독일과 이탈리아를 보는 것이며, 불원한 장래에 프랑코* 스페인(西班牙)의 운명을 예측한다. 남조선 미군정 관리

---

* 프랑코(Francisco Franco, 1892-1975) 스페인의 군인, 정치가. 군 장교 출신으로 1935년 우파 집권 하에서 참모장이 되었지만, 1936년 인민전선이 다수파가 되자 실각하여 카나리 군도로 좌천되었다. 반란을 일으키기 위해 모로코로 가서 에스파냐에 대한 공격을 개시함으로써 스페인 내전을 촉발시켰다. 그는 스페인 내전(1936-1939)에서 독일과 이탈리아 파시스트 정권의 막대한 원조에 힘입어 스페인 민주공화국을 전복했고, 이후 죽을 때까지 스페인 정부의 총통으로 지냈다. 제2

였던 해롤드 서그 씨가 본국에 돌아가서 하퍼스지(誌)*에 기고한 조선 현상에 의하면, "북조선에서 압제(壓制)당하고 있는 보수당 측과 남조선에서 불평을 느끼고 있는 좌익 측이 충돌될 가능성이 있다." 하였는데 이러한 냉철한 관찰과 우려할 사태의 인식이 일(一) 외국인의 눈에도 인식되거늘 어찌하여 당사자인 조선인의 이성에 인식되지 아니할 것인가. 실상인즉 남조선에서 좌익은 불평을 느낄 정도를 넘어서서 북에서 우익이 받는 대우를 그대로 받아 감옥과 지하로 분산되었다.

"8월 15일 감옥문이 열려 민중과 격리되었던 우리의 수많은 혁명가들이 자유로운 천지로 나올 때 다시는 이 땅에서 일제시대 모양으로 애국자를 위하여서는 감옥이 불필요하다고 믿었던 우리가 오늘날 실망하였다는 것을 알아주기 바랍니다(본지 제1권 제9호 졸고, 「민족의 비원」)."라고, 필자는 미소 양 사령관에게 보내는 공개서한에서 호소한 바도 있었지만, 현재 남조선에는 정치범이 없다고 주장하는 이들은, "세계 어디에나 정치범이 없는 곳은 없다."는 미군정 당국의 솔직한 견해에 부끄러울 줄이나 아는가?

지금 남조선에서 탄압받는 것이 좌익에 한한 것이라 할지라도, 명확히 말하여 공산주의자라거나 그 계열하에 속한 진영에 한한 것이라 할지라도 우리는 역사와 정치를 과학(科學)하는 입장에서 냉정한 비판이 있어야 할

차 세계대전이 끝난 뒤 그는 서방의 국가원수들 가운데 가장 미움 받는 인물로 배척되었다. 그러나 1953년 미국에게 군사기지를 제공한 대가로 1955년 스페인은 국제연합에 가입할 수 있었다.

* **하퍼스지(誌)** Harper's Magazine (1850-현재). 뉴욕시에서 발행되는 잡지로서, 미국에서 두 번째로 오래된 월간지이다. 뛰어난 영미 작가들의 글을 가장 앞장서서 발표해 1860년대에는 가장 성공한 정기간행물이 되었다. 1920년대 말에 사회문제에 관한 공론지 형태로 편집 체재를 바꾸었다. 이 잡지는 사회정치 문제를 기본 관심사로 다루면서도 여러 현대 작가들의 단편을 균형 있게 실었다. 지금껏 20회의 내셔널 매거진 어워드(National Magazine Awards)를 수상했다.

것이라고 본다.

물론 오늘날 좌익에 대한 탄압의 이유 절반은 그들 좌익이 자초하여 받는 '자업자득의 보복'이라고 할 것이다. 타기(唾棄)할 소아병자와 무모한 급진파에 의하여 '투쟁과 정치'를 혼동한 저돌적 과격행동이 온순한 민중에게도 혐오를 샀다는 것을 우리는 긍정하는 자이다. 그러나 우에 대하여 심심히 충고하는 바는 좌에 대한 보복이 당장은 통쾌할는지 모르나 보복이라는 것은 '정치 이하의 행동'이며 이것은 새로운 보복의 씨가 된다는 것이다. 하물며 탄압 이유의 절반은 우익의 정권욕에 있음을 간취할 때에 저 망국의 소인(素因)이었던 3백 연래 당쟁의 전철을 밟는 우거(愚擧)를 비난하지 않을 수 없다.

거기다가 빨갱이가 아닌 자유주의 언론까지가 우익적이 아니라는 죄목하에 사회적 중압에 질식해야 하고 권력적 제재의 위험을 느껴야 하며 폭력적 만행에서 도피해야 한다는 현실에 직면하여 이성의 몰락을 곡(哭)해야 하는 비극은 또 한 번 심각한 것이다.

2. 관찰의 빈곤

흔히는 과거에 집착하려는—기껏해야 현재에 만족하려는 보수주의 진영에 속한 이들에게 역사의 발전을 과학하는 자로서 다시 한번 신변을 휩싸고 있는 중압과 폭력에 항(抗)하며 이 미증유의 건국 도정에 제회(際會)한 골육의 지정(至情)으로써 심심한 충고를 보내려 한다.

모든 자연법칙이 신진대사에 있는 것과 같이 사회법칙이 또한 이와 다

름없는 것을 생각할 필요가 있다.

역사는 어느 때나 보수 세력에 대립하는 진보 세력이 있었고, 이 진보 세력의 승리에 의하여서만 발전하여 왔다. 간단한 실례를 영감님들의 40년 전 상투 깎던 용기를 상기하는 데서 구해 보는 것으로써 족할 것이다. 지금 삼십 내외의 청년들로서는 도저히 실감을 자아낼 수 없는 이 단발(斷髮)의 용기가 그때 시절에는 역사의 발전에 순응하려는 진보 사상에서 나왔음을 생각할 것이다.

신체발부(身體髮膚)는 수지부모(受之父母)라 불감훼상(不敢毁傷)이라고 생각하는 것이 지배적이던 그 시절에 선뜻 상투를 잘라 버린다는 것은 당시의 지배적 보수 사상의 견해로서는 일대 반역이요 패류(悖類)의 소위이었으나, 진보 사상의 용기에 의하면 이것도 하나의 혁명이었던 것을 자랑할 것이다. 이 진보 사상의 승리에 의하여 조선은 금일에 이르렀음을 우리는 기억하는 바이거니와 그러나 조선의 역사적 현단계는 이미 상투를 깎는 것쯤을 진보적이라고 하던 단계에서 시간적으로는 40년이 흘렀고 공간적으로는 봉건주의에서 부르주아 민주주의 변혁 과정에 도달하여 있다.

저간(這間)의 40년을 우리는 일제의 노예로서 지냈기 때문에 봉건의 잔재가 그냥 남아 있는 채라 과도적이나마 부르주아 민주주의로의 변혁에로 지향하는 것이지만 구경(究竟) 우리에게는 더욱 진보적 민주주의를 향하여 부르주아 민주주의를 지양하자는 이념까지 대두하여 있는 것이 오늘의 조선이다. 그런데 많은 보수주의자들은 자기의 40년 전 상투 깎던 그 진보적 용기만을 회상하고 만족하며 자기는 보수주의자가 아닌 것으로 착각하고 있다. 그들은 그 후에도 계속하여 새로운 역사적 발전을 지향하려는 노력이 없었을 뿐 아니라 이러한 노력을 하는 자제(子弟)들을 급진적이라고 질책하는 것이다. 그들은 과거 자기들의 부로(父老)로부터 자기의 진보사상이 부당히 질책되던 것을 생각해 볼 필요가 있을 것이다.

만일 이러한 현상이 타당하다고 하면 현재 조선은 다시 대부분의 민중의 두상에 상투가 있어야 하고 봉건제도하의 생활에 처해 있어야만 할 것이다. 그래야만 그들의 진보사상이 지도적 역할의 자격이 있을 것이다. 그러나 이미 역사는 발전하였다. 지금의 청년들은 40년 전 청년들의 단발의 용기를 이해하려는 것보다 이제는 그보다 더 새로운 발전을 위하여 용기가 필요한 것을 알고 있다. 그런데 보수 진영은 급진적인 공산주의를 싫어하는 나머지 공산주의에 공통되는 것이면 무엇이고 배격하려는 고집을 부리고 있다. 그러나 그것이 타당한가? 필자의 판단에 과오가 없다 하면 고집은 무지의 사촌이다. 물론 우리는 공산당은 그 국적이 어디 있거나 국제적 정당의 성격을 가졌다고 보는 자이며, 그래서 자칫하면 이 정당이 범하는 과오로서 조국 관념에 대한 것을 지적할 수 있다. 그러므로 만일 조선에서 공산주의자가 소연방(蘇聯邦)의 하나로서의 조선을 생각한다면 이것은 단호히 배격할 것이며 그뿐만 아니라 현재 16개 공화국을 가진 소연방이 조선을 포함한 17개 공화국을 가진 소연방이 된다는 것은 현하 국제적 조건으로서나 국내적 조건으로서나 절대 불가능할 것을 우리는 알고 있다. 그러나 우리가 세우려는 새 나라의 사회정책에서 공산주의 이념에 공통되는 것을 모주리 배격할 수도 없고 배제하는 것이 부당하다는 것은 오늘날 조선의 어느 정당의 정강정책을 볼지라도 알 수 있는 것이다.

문제는 정강정책의 나열에 있는 것이 아니라 그 실행에 있다. 공산주의의 적 히틀러의 사회정책이 공산주의에 결코 지지 아니하는 것이었던 것을 우리는 기억한다.

그런데 남조선은 인민의 균등한 복리를 보장한다는 정강정책은 정당마다 내세우고 있으면서도 그 실천을 주장하는 자는 모주리 빨갱이로 몰아 버리고 만다.

어느 일당 일파의 편견에 붙들리지 아니하는 자유로운 비판에 의하면 공산주의의 과격하고 급진적인 폭력혁명이 이 조선의 현단계에서 부당한 동시에, 이 공산주의 혁명을 싫어하는 나머지 부르주아 민주주의에 충실하자는 정도의 주장까지를 빨갱이로 몰아 버리는 것은 무지가 아니면 고의의 파쇼적 편견이라고 단정한다.

"우리는 미국 국민과 같이 부유한 신사가 아니라 소련 인민과 같이 가난한 백성입니다. 그래서 우리는 부를 서루 획득할 수 있는 미국의 경제체제보다 빈곤(貧困)을 같이 분배할 수 있는 소련의 경제체제에 더욱 관심을 가지는 것입니다(본지 제1권 제9호 졸고, 「민족의 비원」)."라는, 필자의 이념을 빨갱이라 하는데, 그러면 현금(現今) 세계에서 "정치체제는 미국이 좋으나 경제체제는 소련이 좋다."는 미국인 월키의 소련 인상(印象)이 많은 미국민을 포함한 세계의 지성을 계몽한 사실은 어떻게 설명될 것인가.

특수 계급의 이익을 위하여 다대수(多大數)의 이익을 무시하는 사회제도의 복멸(覆滅)을 위하여 투쟁을 개시한 것은 유독 공산주의가 아니라 실로 2천 년 전 예수의 혁명 정신인 것을 갈파하고, 예수야말로 가난하고 세력 없는 계급의 동지였음에 불구하고 예수교가 권력 계급에 아부하고 부자의 대변자로서만 발전하였으며 조선의 예수교 역시 예수 본래의 혁명정신을 몰각하였음을 필자는 본지 전호(前號)의 졸고 「예수와 조선」에서 지적하였

는데, 이것도 빨갱이의 수작이라고 하는 이들은 저 범아세아(汎亞細亞)회의*
2만의 대표 앞에서, "아시아에서 발상(發祥)한 예수교가 구주(歐洲)에 건너
가서 변질되었다."는 간디 옹(翁)의 연설은 어떻게 해석하는가.

신탁통치 문제만 하더라도 이것을 좌익이 그냥 절대 지지를 부르짖는
태도에 필자는 석연(釋然)할 수 없어서—'만일 이 관리자의 계열 속에 소련
이 없었다면, 누구보다도 먼저 선두에 서서 피를 흘려서라도 가장 맹렬하
고 과감한 투쟁을 담당하였을 좌익(『신세대』 창간호 졸고, 「탁치와 지도자」)'이
라고 그들이 신탁을 지지하기 전에 소련정책을 지지하는 소위인 것을 논
하였고, "우리는 진리를 망각하였었다—자유의 권리는 역시 자기의 실력으
로써만 향유할 수 있는 것이요 이것이 결단코 남의 자선사업이나 긍휼(矜
恤)의 선물이 아니었던 것이다. … 이제 미국도 소련도 우리의 구주(救主)
가 아닌 것을 알았다(『민성(民聲)』 제2호 졸고, 「탁치와 조선 현실」)."고, 비분하
기도 하였던 것이다. 이 탁치를 혐오하는 우리의 감정은 엄연한 민족적 감
정이며 최후에 막부득이(莫不得已)하게 이것을 받을 수밖에 없는 한이 있
더라도 일단 거족적(擧族的)으로 반대를 부르짖는 것이 당연한 일이었다고
필자는 1월 26일 부(附)《경향신문》의 졸고에 피력하면서, 그러나 우리의
국토가 지리적으로 타고난 기구한 운명을 깨달을 때에 이 땅이 반소기지
(反蘇基地)가 될 것을 의구하는 소련과 이 땅이 반미 병참(反美兵站)이 될 것
을 우려하는 미국의 견해가 서로 이것을 견제하는 방법의 일치로서 탁치

---

* **범아세아(汎亞細亞)회의** 1947년 3~4월 인도 뉴델리에서 개최된 'Asian Relations Conference'를
  지칭한다. 인도 임시정부의 수상 네루(Jawaharlal Nehru)에 의해 개최되었다. 범아세아회의는 아시
  아 독립운동 지도자들을 규합하여 아시아의 결속을 강조하기 위한 최초의 시도로 평가된다. 조선
  대표로는 여운형, 백낙준, 고황경, 하경덕 4명이 참석했다.

문제가 발생되었으며, 미국이 아무리 우리의 심경을 동정할지라도 이 동정만으로써 그의 대소 정책 내지 세계정책이 변동될 리 없음에 상급(想及)하면 하루속히 우리의 자주 정부를 세우기 위하여 이 이상 탁치 문제만 집착하지 말자고 '비분만이 능사가 아니매 은인(隱忍)과 냉정이 요청되는 것이며 대항만이 장거(壯擧)가 아니매 순응의 방도가 고려되어야 할 것'이라고 하였는데, 이것이 또 찬탁론자라고 비난되었다. 다시금 강조하거니와, 우리는 미국으로부터 누차의 책임 있는 성명에서 삼상(三相)회의를 지지하는 것만이 조선 독립의 유일의 방도라는 충고를 들었을지언정 이것을 우리가 반대하는 대로 변경하겠다는 언질을 받은 일은 없다. 하물며 이 탁치 문제에만 구애(拘碍)하여 거의 감정적인 행동으로 소련은 물론이거니와 미국에까지도 좋지 못한 인상을 줌으로써 조선의 장래에 미치는 영향은 차치하고 당장 이 초위기(超危機)의 현실을 그대로 파멸에로 끌고 들어가는 위태로운 결과를 두려워하는 바이다[본지 제2권 제2호 졸고, 「미국의 대조선 여론」].

그런데 삼상회의를 지지하자 하면 오늘의 조선 현실이나 국제적 정세를 정관(靜觀)하는 자의 비통한 심경을 이해하기보다는 그냥 민족적 감정이나 혹은 정쟁의 방편으로써 찬탁론자요 반역분자라고 몰아 버린다. 3월 5일 브라운 소장(少將)의 제5차 성명에, "신중히 모스크바(幕府) 협정 전부를 검토한 이도 그들이 신탁이라는 숙어에 반대하는 이들로부터 반역자라는 비난을 당하지 않도록 협정 지지 표시를 두려워하고 있다."고 하였는데, 이것이 현하 조선의 실정이다. 삼상회의 지지 태도를 보이는 것은 빨갱이라는 모함을 각오하는 용기가 없이는 불가능하며 이것은 몽둥이 세례를 전제로 하지 않으면 안 되게 되어 있다. 브라운 소장은 그 5차 성명에서 다시, "정직한 소신의 발표를 무서워하는 것은 민주주의에 도달하지 못한 것이다."라고 하였으나 불행히 이것이 조선의 현실이다. 필자를 빨갱이라고 비난하는 우익 측 여러 지인으로부터 그동안 내가 쓴 글이 모두 빨갱이 글이었다는 말을 많이 들었는데 그때마다 나는, "내 글을 읽었는가?" 물으면 기이하게도 그들은 한결같이 읽은 일이 없노라고 말하였다. 공위(共委) 속개(續開)에 관한 미소 양 사령관의 교한(交翰)이 발표되었을 때 입법의원(立法議院)에서 모 의원은 대담하게도, "나는 하지 중장(中將)*의 서한이 발표된 것을 읽어 보지 못하였지만 반대(反對)요." 하였다는 것도 우리로서는 그냥 비웃어 버릴 수 없을 만큼 이것이 오늘날 남조선을 영도하는 우익의 무지요 몽매인 것이다. 빨갱이가 아닌 어느 친구는 나에게 말하기를 책을 읽지 않는 것이 보수주의요 책 읽기를 싫어하면 우익이라 하였는데 이 야유는 지극히 신랄하나 또 흥미있는 말이다. 누군가의 말에 "한학(漢學)만을 안다고 하여서 인텔리는 아니다."라 한 것을 여기 부합시켜 음미할 때에 더욱 흥미 있는 일이다. 물론 우리는 그들의 애국의 지정을 모르지 아니한다. 열렬한 민족적 감정에도 공명하는 자이다. 그러나 우리는 과학적 애국이 아니면 이것이 비(非)애국에 다를 것이 없음을 생각할 것이다.

---

* **하지 중장(中將, John Rheed Hodge, 1893-1963)** 해방 직후 주한미군정 사령관을 역임했던 미국의 군인이다. 1917년 육군 소위로 임관하여 제1차 세계대전에 참전했고, 2차대전 시기에는 태평양전쟁에 참전하여 일본군과 싸웠다. 1945년 6월 오키나와 전투에 참전했으며, 일본군에 승리하여 미24군단 사령관으로 오키나와에 주둔했다. 1945년 8월 27일 주한미군 사령관으로 임명받아 같은 해 9월 8일 제24군단을 이끌고 남한에 진주했다. 미군정 수립 후 미군정청 사령관으로 지내면서 남한지역의 실질적인 통치 업무를 관장했다. 1948년 대한민국 정부가 수립되자 8월 17일 주한미군 사령관직을 사임하고 미국으로 돌아갔다.

3. 권력과 폭력

먼저도 잠깐 언급하였거니와 우리는 많은 언론기관이 테러 습격을 받는다는 민주주의 천하에서는 괴변이라 할 현상을 목격하고 있다.

언론기관만이 이러한 공포 상태하에 있는 것이 아니라 이 타기(唾棄)할 현상은 대(對) 개인 폭력 행동에까지 악질적으로 발전하고 있다. 빨갱이는 쳐야만 하겠는데 법률로써 제재할 만한 것이 없으니 주먹으로라도 제재한다는 것인 듯하나 이러고서는 조선을 찾아올 민주주의 독립은 놀라서 달아나고 말 것이다.

"정치는 이성을 바탕으로 하여야 할 것임에 불구하고 이미 지적한 바와 같이 이성이 참혹하게도 몰락된 오늘날의 정치는 권력을 바탕으로 삼고 있다. 군정(軍政)에 협력하기 위하여 새로 나온 관리만 하더라도 권력에 주렸던 그들 자신이 관료적 관료로 기울어 가는 경향을 간과할 수 없으며 이들이 관료적 존재의 이용 가치를 발견하였고 관료로서의 권력 행사에 흥미 이상의 어떤 실익을 경험하였을 때에 비민주주의가 또한 괜찮았던 것인 줄 몰래도 생각한 일이 없었을까 모르는 일이며 이러한 관료심(官僚心)을 이용하여 정치적 기반을 삼으려 한다면 여기서 파쇼의 위험성을 적발하지 않을 수 없는 것과 자기 자신 정당의 일원으로서 방편으로 관리에 나섰을 때에 당리를 위해서의 음모와 당략으로서의 선동을 행정에 반영시키고 있지 않다고 누가 보증할 것인가(본지 제1권 제7호 졸고, 「관료와 정치가」)."라고, 필자는 의아한 일도 있지마는 오늘의 현상은 권력 행사가 그대로 정적 파쇄(政敵破碎)에 있음을 간취(看取)할 때에 맘 있는 자는 한심하지 않을 수 없다.

작추(昨秋) 영남 폭동 사건(嶺南暴動事件)*만 하더라도 이것이 그냥 좌익의 파괴적이요 반역적인 소행으로 비난되었으나, "일찍 좌익으로부터 반동 거두(反動巨頭)의 명예를 받고 있는 김구(金九) 씨조차 '이 사건을 단순히 모파(某派)의 선동'이라 함은 위험한 판단이라고 러치 장관에게 충고하고 있으며(민성 11호 졸고, 「민요(民擾)와 민의(民意)」", 맥아더** 사령부의 1946년 11월 월례 보고에도 이 사건에 대하여는 그 원인을 ① 경찰에 대한 불평, ② 대일 협력자 잔존(殘存), ③ 일부 조선인 관리의 부패 등을 지적한 조미공동위원회(朝美共同委員會)*** 조사를 인용하였다.

---

* **영남 폭동 사건(嶺南暴動事件)** 흔히 '10월항쟁', '10월인민항쟁', '대구10월사건' 등으로 불린다. 1946년 10월 대구에서 시작되어 전국으로 확산된 대규모 민중항쟁을 지칭한다. 미군정의 식량 정책에 항의하던 대구 시민들의 시위에 대해 경찰이 총격을 가하면서 시위가 무장항쟁으로 발전했다. 1946년 말 진압되기 전까지 항쟁은 남한의 거의 모든 지역으로 확대되었다. 항쟁은 미군정의 식량 정책에 대한 반발, 경찰에 대한 반감, 생활고에 대한 분노, 친일파 청산 요구 등의 성격을 보였다. 항쟁이 전국적으로 확산되자 미군정은 시위 진압을 위해 경찰력뿐만 아니라 극우청년단체도 대규모로 동원했다. 극우단체들은 개인들에게 테러를 가하거나 재산 피해를 입히기도 해서 좌우의 이념갈등이 더욱 첨예화되는 계기가 되기도 했다. 10월항쟁 이후 공산주의자들에 대한 미군정의 대대적 탄압에 의해 남한지역에서 좌파 정치세력의 영향력은 크게 약화되었다.

** **맥아더(Douglas MacArthur, 1880-1964)** 미국의 군인. 1930년 대장으로 승진하여 미국 육군참모총장이 되었다. 1936년 필리핀군의 군사고문으로 근무하다가 1937년 퇴역하였다. 그 후 대일관계가 긴박하던 1941년 현역에 복귀하여 미국 극동군 사령관으로 필리핀에서 근무하다가 제2차 세계대전을 맞았다. 1945년 일본을 항복시키고 일본점령군의 최고사령관이 되었다. 1950년 유엔군 최고사령관으로 부임하여 한국전쟁을 지휘했다. 1951년 트루만 대통령과의 대립으로 사령관의 지위에서 해임되었다.

*** **조미공동위원회(朝美共同委員會)** 1946년 10월 미군정과 좌우합작위원회에 의해 구성된 조미공동회담(Joint Korean-American Conference)을 지칭한다. 성립 초기에는 '조미공동소요대책위원회' 등 다양한 이름으로 불렸다. 1946년 10월항쟁이 서울까지 파급된 직후인 1946년 10월 23일, 좌우합작위원회 인사들과 미군정 요인들을 구성원으로 10월항쟁의 원인과 대책을 논의하기 위해 구성되었다. 남조선과도입법의원 개원을 이틀 앞둔 1946년 12월 10일 해산되었다.

그러하건마는 이 사건에 위와 같은 이유를 설명하면 이것은 빨갱이나, 적어도 빨갱이 옹호자의 주장으로 여기는 것이다. 맥아더 사령관 보고에는 남조선 군정 당국이 사용하고 있는 조선인 통역관은 '필요한 죄악적 존재'라고 판정하였음에도 불구하고 이러한 직언을 하는 언론이 있으면 이것은 곧장 군정(軍政) 비방이나 군정 방해로 문죄(問罪)를 각오해야 할 지경이다.

이렇게 진실된 비판이 도리어 규탄된다는 것은 권력이 부당하게 행사되거나 적어도 이런 부당한 탄압을 행사하는 폭력 행위를 철저히 취체(取締)하지 못하는 책임을 져야 옳다고 믿는 바이다.

남조선에서 미운 사람을 치는 가장 간단하고 용이하며 또 즉효를 내는 방법이 '아무개는 빨갱이'라는 일언(一言)으로써 족하게끔 되어 있다. 빨갱이면, 적어도 빨갱이 비슷한 자면 권력도 이를 미워하고 폭력도 이를 뚜드리려고 든다. 이것이 정말 빨갱이만을 가려서 그러할 때에도 이미 말한 바와 같이 별도의 정치적 입각점(立脚點)에서 비판할 여지가 있거니와 우에 대하여 충고적 비판을 보내는 사람까지도 좌의 비(非)를 비라고 하는 것은 좋으나 우의 비를 비라고 하면 빨갱이와 동률(同律)로 취급하려 드는 것은 이 땅에서 자유주의의 양심까지를 탄압 배격하는 것밖에 아무것도 아니다. 정치 운동을 아니하는 필자 자신도 '우익을 적극적으로 협조하지 않는 것은 군정 방해자'라는 논리 하에 옛날 일제시대에 겪던 그대로의 모욕을 세 시간 이상이나 겪었고 자택이 수차나 폭력단의 습격을 받은 일이 있으며 이러한 중위(重圍) 속에서 이 글을 쓰는 것이라면 필자의 침통한 심정을 아는 이는 알아줄 것이라고 믿는다. 물론 개인의 경우를 말하는 것은 좀스러운 듯하나 가장 적확(的確)하고 책임질 수 있는 예증을 드는 의미로서 이 사실을 들거니와, 이것은 한 개인 문제가 아니라 현재 남조선의 사태이며 아무 세력에도 등 댄 일이 없는, 가진 것이 있다 하면 오직 비판안(批判眼)과 평필(評筆)이 있을 뿐인 미미한 인물에까지 이러한 중압이 미친다는 것은 그 사실 자체가 결코 심상할 수 없는 것이라고 할 수 있을 것이다. 요즈음 좌익이 탄압되는 바람에 내가 아는 어떤 청년은 자기의 장서(藏書)를 모주리 궤짝에 넣어서 땅을 파고 묻는 것을 보고 나는 나의 장서 전부를 일제시대 경찰과 대화숙(大和塾)에서 가져다가 소각하던 광경을 회상하여 보았다.

새 지식을 탐구하는 청년이 자기가 구했던 서책을 서가에 두고 만족하지 못하고 땅을 파고 묻어야 할 때에 그의 마음에는 어떤 반항이 일어났을까를 위정자는 깊이깊이 생각할 것이다. 그 청년에게 간절한 염원이 있다 하면 어서 하루속히 그 책을 다시 땅속에서 꺼내어 서가에 얹을 날이 오기를 기다릴 것이며 우리가 염원하는 것은 그가 그 장서를 읽어서 정당한 판단을 자득(自得)할 날이 있기를 바라는 것이다.

물론 급진적인 과격 사상에 황홀하는 청년들을 우려하는 심정이 애국적이며 애자지정(愛子之情)임에는 틀림이 없다.

그러나 지금 한 아버지가 있어서 그 아들을 지극히 사랑하는 나머지 혹시 자기의 취미대로 고집하여 아들에게 상투 짜기를 강제한다면 그것이 애자지정이라 한들 타당한가? 순종할 아들도 없으려니와 이것을 순종하는 아들이 있을 때에 그것이 칭찬할 만한 효성일 수 있는가? 해답은 자명할 것이다.

"민중은 새 발걸음을 걷는데, 지도자만이 황새 걸음을 걸으면 이것은 도리어 민중과 유리될 위험이 있다(1월 1일《경향신문》졸고, 「민족의 지향을 찾자」)."고, 필자는 급진적인 좌익 지도자에게 경고한 일이 있거니와, 이제 다시금 민중의 뒤에 서서 전진하는 민중을 일부 선동자에 의하여 오도(誤導)

되는 것이라고 하는 우익 지도층도 민중과 유리 낙오될 위험이 있음을 강조하는 바이다.

우리는 다시 한번 우리의 국제적 위치와 역사적 단계를 과학할 필요가 있다. 그리하여 민중을 지도하는 이념도 과학적이기를 요구하는 것이며 건국 경륜(建國經綸)도 과학적이어야 할 것을 엄숙히 요청하는 것이다.

그런데 현 사태는 어떠한가? 두말할 것 없이 과학적인 치밀한 이념하에 움직이는 것이 아니라 막연한 애국심, 막연한 독립열에 들떠 있는 것이다. 누가 애국심을 비난하며 독립열을 공명치 아니하랴마는 이것이 비과학적이요 역사관에 입각하지 아니하였을 때에 이것은 가치없는 무지라고 할 것이다. 하물며 이 무지가 권력과 폭력에 연결되어 있다는 것을 깨닫는 자로서는 이 애국심, 독립열이 아무리 허울 좋은 것이지마는 결국 애국과 독립과는 거리가 멀고 파시스트와는 친근하다는 것을 지적하는 바이다.

가령 어떤 청년이 정치범으로서, 그 죄명은 여하(如何)하였거나 엄정한 의미에서 정치범으로 투옥되었다가 죽었는데 그를 통석(痛惜)하는 성명문에, "세상에 허다한 보석(保釋)은 그만두고 치료조차 못 하고 무참하게 옥사하였다."는 구절을 읽는 사람들의 가슴에는 어떤 파도가 일어났을 것인가.

나는 일찍 경애하던 청년 김순원(金順元) 군이 일제시대에 도산 안창호 선생의 생질이라는 죄목 이외에는 별다른 죄가 없이 붙들려 가서 옥사하였을 때 그의 시체를 받으려 감옥에 가서 그 사안(死顔)에 열루(熱淚)를 뿌렸던 것을 회상하며 허다한 보석(保釋)은 고만두고 치료조차 못하고 무참하게 죽었다는 청년의 사안(死顔)을 눈앞에 그려 보았다. 과연 허다한 모리배가 보석되어 나와서 대도를 활보하지 않는가. 다시 그 청년이 우익 청년이었던들 설사 수명(壽命)은 재천(在天)이라 할지라도 옥사(獄死)까지는 이르지 않았을 것을 우리가 단정할 수 있을 것일 때에 이 사태에 대한 설명은 더 필요치 않은 것이다.

우리는 다시 한번 생각할 필요가 있다. 권력이 폭력으로 화하거나 폭력이 권력으로 화하였던 나라들의 운명을. 소오(小梧) 설의식(薛義植)* 씨는 루소**의 경구(警句)를 인용하여 이렇게 웨친 일이 있다.

권력은 쓰러진다. 절대한 권력일수록 절대로 쓰러진다.
하물며 폭력이랴. 무지와 연결된 반동의 폭력이랴.

4. 자유의 수난

총성은 그쳤으나 아직 전쟁은 끝난 것이 아니라고 존스톤 씨는 갈파하였다. 그가 조선에 와서 미소의 알력과 좌우의 상극을 관찰하고 나서 이러한 경고를 보도한 것임을 생각하면서 미소 충돌의 가장 많은 요소를 가진

---

* **설의식(薛義植,1900-1954)** 언론인, 평론가. 함경남도 단천 출신으로 니혼대학(日本大學) 사학과를 졸업했다. 1922년 동아일보 기자가 되어 사회부장, 주일특파원 등을 지내다가 1935년 편집국장이 되었다. 1936년 일장기 말소사건으로 동아일보를 퇴사했다가, 해방 이후에는 동아일보 복간에 참여하여 주필과 부사장을 지냈다. 1947년 동아일보사를 떠나 순간(旬刊)『새한민보』를 창간하여, 한국민주당 노선과는 다르게 미소공동위원회와 남북협상의 성공을 바라는 등 중간파적 입장을 보이는 글들을 발표했다.

** **루소(Jean-Jacques Rousseau, 1712-1778)** 프랑스의 철학자, 소설가.『고백록』,『에밀』,『신 엘로이즈』등을 집필했다. 루소가 죽은 지 11년 후에 프랑스혁명이 일어났는데, 그의 자유민권사상은 혁명지도자들의 사상적 지주가 되었다. 19세기 프랑스 낭만주의 문학의 선구적 역할을 담당하기도 했다.

것이 바루 이 조선이며 발화(發火)의 역할을 할 위험이 바로 우리 자신에게 있음을 깨달을 때에 우리는 제대로 독립도 못 해 보고 국토를 들어서 새로운 전화(戰禍)에 휘몰아 넣는 모험을 삼가자고 좌우를 향하여 똑같이 간절하게 희망하는 것이다. 그래서 필자는 "조선이 극동의 화약고라는 위험한 운명을 걸머지고 있는 것을 생각하면 누구나 화약고 안에서는 금연은 상식이며 또 필수 조건임을 인식해야 할 것이다(『민성(民聲)』 제7호 졸고, 「중앙인민위원회에」)."라고 지적함으로써 급진적이요 과격한 인상을 주는 좌익을 향하여 경고하였거니와 오늘날 이 경고를 또다시 함부로 날뛰는 우익에 보내게 된 것을 슬퍼하는 자이다.

필자의 믿는 바로서는, "우리는 우리의 입장에서 미소 두 민주주의의 좋은 체제를 모두 조화 섭취할 수 있는 주견(主見) 아래 오히려 미소에 향하여 각자의 고집을 버리고 새 세계에 공통될 수 있는 새로운 체제를 위한 협조와 우의의 교환(交驩)지대로서만 이 조선을 제공할 것이다(본지 제2권 제1호, 졸고 「언론과 정치」)."라는 것이다.

그런데 북이 소련의 세계혁명 정책 이상으로 춤을 추는가 하면, 이것을 혐오하는 남에서는 미의 보수 정책을 미국식 이하의 고루한 견해로서 고집하고 있음을 본다. 이러한 한심한 현실에 직면하여 가장 솔직하게 가장 냉정하게 비판하며 충고할 수 있는 자야말로 좌우 어느 진영에도 구애하지 않으려는 자유주의의 임무이며 이 임무는 현 사태하에서는 지극히 곤란한 것이나 또 가장 절실하게 필요한 것이라고 믿는 것이다. 그런데 공산주의 북조선에서는 이것이 용납되지 아니하는 것이 그들의 공산주의적 성격을 아는 한 괴이할 나위가 없다. 그들은 공산주의만을 신봉하며 공산주의가 아닌 일체를 배격하는 것이므로 여기서는 자유주의까지를 기회주의라고 규정하는 논리가 그들의 입장에서 타당할 것이다. 그러나 남조선은 언론 자유, 결사(結社) 자유를 지상 자유로 삼는 미국식 민주주의하에 있지 아니한가. 그렇다 하면 그들이 덮어놓고 공산주의를 증오하며 배격하는 것까지도 이해하기 어렵거늘 자유주의까지를 배격하려 드는 것은 미국식 민주주의를 모르는 무지가 아니면 입으로는 아니라 하나 실질에서 독재를 몽상(夢想)하는 것이 아니냐고 묻고자 한다.

공산당과 교화(交火)를 하면서도 장개석(蔣介石)[*] 씨는, "내쟁(內爭)의 승리는 명예가 아니다."라고 탄식하고 있다. 하물며 한 나라를 세우자는 이 역사적 단계에 서로의 단점을 버리고 장점을 융합해야 할 이 미증유의 기회에 처한 4천 연래의 골육이요 단일민족인 우리에게 있어서랴. 이때에 있어서 좌우에 향하여 진실된 비판과 충고를 보낼 수 있는 자야말로 어느 일당 일파에 구애치 아니하는 자유주의이며 천지를 부앙(俯仰)하여 거칠 것이 없는 그들의 양심적인 언론이다.

지금 조선에서처럼 자유주의가 존귀(尊貴)할 수가 없고 다대수(多大數)의 공명을 받을 수가 없고 그래서 그들 자유주의의 임무처럼 지중(至重)한 것도 다른 곳에서 그 유례를 구하기 어려울 것이다. 그런데 자유주의가 핍박을 받는 오늘이다! 많은 친지가 최근 나의 수난에 대하여 이것이 필화(筆

---

[*] **장개석(蔣介石, 1887-1975)** 중화민국의 초대 총통 장제스를 지칭한다. 1928년 난징[南京]에 국민 정부를 수립하여 주석이 된 이래, 국민당 내에서 몇 차례 저항에 부딪치면서도 그 실권을 거의 일관 되게 장악했다. 1937년 제2차 국공합작으로 육·해·공군 총사령관의 책임을 맡아 전면적인 항일 전을 개시했다. 항일전쟁 중에는 국민정부 주석, 국민당 총재, 군사위원회 주석 등의 요직을 겸직하 면서 최고권력자로 군림했다. 1948년 새 헌정하의 초대 총통에 취임했다. 1949년 대륙을 공산당에 게 빼앗기고 타이완[臺灣]으로 탈출한 후, 아시아의 대표적인 반공정치가로 활약했다.

禍)라고 동정하고 한 회사의 직분을 넘어서서 분수 외의 문필 생활을 겸하지 말라고 충고하여 주었다.

그러나 우습지 아니한가. 민정(民政) 장관도 신문기자를 겸하며 검찰관도 신문 잡지에 집필하는 오늘이 아닌가. 한 회사에 직업을 가진 채 집필하는 것이 반드시 비난의 이유로서는 타당치 아니하며 요는 우익을 비판하거나 우익에 충고하는 태도 그것이 틀렸다는 것밖에는 아무것도 아닐 것이다.

태평양전쟁에 주도 역할을 완수한 미국이다. 극동에서 미국의 발언권이 소련보다 클 것을 우리는 아는 자이며, 그래서 장차 조선의 통일과 독립은 미국의 주도하에 우익적일 것도 의심치 아니한다. 그러나 그렇다고 하여서 우익의 비(非)를 지적하거나 우익에 충고를 보낼 수 있는 언론까지가 핍박되는 것이 타당하다고 인정할 수는 도저히 불가능하며 이것은 우리의 자주 능력을 세계에 의심케 하는 바임을 강조하는 바이다. 하물며 우리는 우익전단(右翼專斷)의 정권이 민주 조선에 용납될 리 없을 것을 믿는 자이며 좌익을 무시한 통일이 없을 것을 알고 있다.

생각이 여기에 미칠 때에 냉혹하지마는 우리는 오늘날 남조선에서 '우익'이라는 개념에 대하여 다시금 철저한 규명을 필요로 한다.

우익은 공산주의만 싫다하면 다 되는 것으로 알고 있다. 이래서 친일파 민족 반역자도 모두 우익으로 행세하며, 공산주의만 욕을 하면 애국자로 되어 있다. 이것은 무엇을 결과하였느냐 하면 소련을 조국시(祖國視)한다는 이유하에 공산주의를 배격하는 우익 속에는 일찍 일본을 황국(皇國)이라고 우리로 하여금 황국신민(皇國臣民)이 되라던 매국자들이 세력을 뽐내게 된 것이다. 일제시대 헌병대 스파이로 유명하던 위인이 8·15 이후 인기 높은 우익 거물의 일인(一人)으로 등장하였기에 하도 괴이하여 필자는 입법의원 모씨에게 이것을 물었더니 그는, "공산주의에 대하여 정면에 서서 그이만큼 싸운 이도 드물다."고 하는 대답을 듣고 아연한 일이 있었다. 이러한 현상이 발전하여 드디어 우익적(右翼的)이 아니면, 적어도 지금 지적하는 이러한 사실만을 말하는 사람이면 빨갱이로 몰아 버리기에 이르렀다. 그럴 수밖에 없는 것이 그러한 비판을 허용하는 것은 친일파 민족 반역자를 숙청하자는 주장에 공명하는 것이 되며, 이것은 자기의 생명과 재산을 내놓거나 그렇지 않으면 자기 진영의 약화를 수긍하는 것이라고 두려워하기 때문이다. 최후로 다시 한번 골육의 지정(至情)으로써 세칭 우익에게 충고를 보내려 한다.

우리는 역사와 정치를 더욱 과학할 필요가 있다. 그리하여 막연한 애국의 지정, 막연한 독립의 열의에서 과학적 애국심, 과학적 독립열을 환기할 것이다. 그러기 위하여 다시금 옷깃을 여미고 정관(靜觀)하며 엄숙히 자기를 비판할 것이다. 그러기 위하여는 자유주의를 빨갱이로 몰아치는 무지나 모략에서 벗어나서 방하(放下)의 경지에서 집착 없는 안목으로 현사태를 파악할 것이다.

한 번 더 단정한다. 오늘과 같이 자유주의가 수난을 당하고서는 이 땅을 찾아오려는 평화와 자유와 민주주의 독립은 놀라서 달아날 것이다.

(1947. 4. 1)

정치의 탄력성

— 1946년 7월 1일, 『민성(民聲)』 제2권 제8호

정치는 철학이 아니요 문학이 아니요 하물며 수학(數學)이 아니다. 수사(修辭)와 웅변이 전부가 아니며 이념의 세계에만 유폐될 것도 아니요, 더구나 공식(公式)에 교착(膠着)되어 꼼짝달싹도 할 수 없는 절대 불변이요 융통 불능의 것이 아니다.

환경에 순응하고 현실에 충실하며 필요에 따라서는 방원(方圓)이 자재(自在)할 수 있는 능동적인 것이요, 방하(放下)의 경지에서 어제까지의 정략과 정책이 폐리(弊履, 헌 신)와 같이 버려질 수도 있는 것이다. 보라. 소련의 지도자는 히틀러와 우의를 맺어 불가침조약을 체결함으로써 영독전쟁(英獨戰爭)에서 이익을 본 일도 있고, 침략자 독일과 싸우기 위하여는 후고(後顧)의 걱정을 덜고자 독일의 동맹자 파쇼 일본과의 중립조약에 충실한 일도 있었다.

소련을 견제하기 위하여 영국은 나치의 육성(育成)에 힘을 빌렸고 길러낸 이 강아지가 자기의 발뒤꿈치를 깨물 때에는 소련과 손을 잡고 힘을 합하여 나치 독일을 타도하기도 하였다. 이 제2차 세계대전에 참전하기 전날까지의 미국에게 소련과 싸우는 핀란드는 칭찬할 만한 용사였는데, 미소에 우의가 생긴 뒤에는 핀란드는 일조(一朝)에 미국의 동정(同情)을 잃었을 뿐 아니라 대소전(對蘇戰)을 계속하는 소위(所爲)가 비난을 받았던 것을 우리는 기억한다.

이것이 정치다. 내 나라의 안전과 이익을 위하되 그것이 정당한 국제노선에 어긋남이 없는 한에서는 어제까지의 우방이 구적(仇敵)이 되거나, 어제까지의 구적과 흔연(欣然)히 동맹자도 될 수 있다. 국가와 국가 간에서도 이러하거늘, 하물며 국내문제에 있어서랴. 4천 년 전부터 골육이었던 동포끼리 한 국가를 세우자는 이 마당에 있어서랴.

독소(獨蘇)가 친해졌을 때 텔만*은 옥에서 놓여나와 베를린(伯林) 시가(市街)를 활보할 수 있었고, 대독전(對獨戰)을 수행하기 위하여는 소련 치하에도 다시 종교의 부활이 허락되었던 것을 우리는 기억한다.

여기 정치의 탄력성이 있다. 정치는 움직이는 것이요 결단코 요지부동의 것이 아니며, 정치가는 수학자처럼 '콤마' 하나에도 양보할 수 없는 고집불통이 아니라 국가의 휴척(休戚) 앞에서는 타협할 수 있고 시비(是非)는 응변(應變)하며 이런 경우에 호양(互讓)의 정신은 예의 이상의 '필요'에서 발휘되는 것이다. 하물며 민중은 이것을 염원하며 지도자들의 아집과 협량(狹量)을 개탄하고 있다. 물론 불통일(不統一)의 책임을 좌우가 다같이 나누어야 할 것도 알고 있다. 왜냐하면 좌우가 다 같이 자주독립 통일합작의 이념에 공통하고 있는 줄 믿기 때문이다. 그러면서도 이들은 통일합작에서 주장하는 원칙이 다르고 이것은 도저히 합치할 수 없는 '절대적'이라고 한다. '삼상회의 절대 지지', '신탁통치 절대 반대' 등등 … 조선의 정치가들은 너

---

* **텔만**(Ernst Thälmann, 1886-1944) 독일의 정치가, 공산당 지도자. 바이마르공화국 당시 두 번이나 대통령 후보로 나섰다. 소련을 제외한 나머지 지역에서 가장 강력한 공산당이었던 독일공산당(KPD)를 결성하는 데 주도적인 역할을 했다. 1933년 히틀러는 공산주의자들을 대량 검거하도록 명령했고, 이로 인해 독일공산당은 사실상 와해되었다. 텔만은 1933년 3월 3일 체포되어 11년간 독방에 감금되었고, 1944년 히틀러의 명령으로 부헨발트 수용소에서 처형되었다.

무 절대를 좋아한다. 그러나 정치는 절대로 절대가 아니다. 지금 우리에게 절대가 있다면 그것은 오직 민주주의 국제노선 위에서 완전자주 독립국가의 건설이 있을 뿐이다. 이것은 이미 국제적으로 승인되어 있고 국내의 요청이 또한 열렬한 유일의 '절대'인 것이다. 이 밖의 모든 '절대'는 민중이 믿는 '절대'가 아니라 지도자 자기네들만이 주장하는 것이요, 통일합작이라는 진정한 절대 앞에서는 얼마든지 융통자재(融通自在)할 수 있는 '에누리'다.

지금 조선은 자립하느냐 자멸하느냐의 관두(關頭)에 섰다. 문제는 조선에 도량 있고 탄력성 있는 정치가가 있느냐 없느냐에 있다.

언론과 정치

— 1947년 1월 1일, 『신천지』 제2권 제1호

우리가 해방과 함께 얻은 최초의 자유는 언론과 집회와 결사의 자유였다. 비록 군정 (軍政)을 받는 '점령지대'라고는 하지마는 우리는 미증유의 벅찬 감격과 환호 속에서 세계에 향하여 민족의 자유를 외치고 건국에의 혁명적인 경륜을 피로(披露)하며 우리의 자주 능력을 주장할 언론의 자유를 가진 오늘날 언론인의 임무는 애초부터 영예로우나 또한 지극히 무거운 것이었다.

1.

먼저 석명(釋明)하거니와 나는 이 일문(一文)을 독자 앞에 공개함으로써 선전업자가 아닌 언론계의 많은 친지들과 더불어 위대한 건국의 대업을 위하여 지성(知性)을 바친 자의 자기비판을 삼아 보려는 것이다.

외우(畏友) 홍종인(洪鍾仁)[*] 군은 '울적했던 정치의욕과 혁명적 정열을 분출시키며 다각적인 건설의 시야와 상하좌우에 거침없이 인간적 품격과 정열이 줄기찬 분류(奔流)를 지어야 할 지면을 가진 신문이 나오지 못한 것'을 탄식하였는데, 과연 이 정열적인 신문인이 했음직한 탄식인 동시에 이것이 오늘날 조선 언론계의 암울한 일면을 솔직히 시인한 것이라고 생각한다.

우리가 해방과 함께 얻은 최초의 자유는 언론과 집회와 결사의 자유였다. 비록 군정(軍政)을 받는 '점령 지대'라고는 하지마는 우리는 미증유의

---

[*] **홍종인(洪鍾仁, 1903-1998)** 언론인, 예술가. 1903년 평양 출생. 1925년 『시대일보』 평양지국 기자로 언론계에 첫발을 들여놓았다. 1929년에는 『조선일보』 기자, 1940년 『조선일보』가 폐간되자 『매일신보』 사회부장 겸 정치부장, 해방 후 『조선일보』 복간과 함께 사회부장, 정경부장, 편집국장 등을 역임했다. 1948년부터 10여년 동안 『조선일보』 주필을 지냈고, 1957년 한국신문편집인협회 집행위원, 한국신문연구소 초대 소장, 동화통신 회장 등을 역임했다. 동·서양음악, 도예, 미술, 스포츠 등 다방면에 관한 글을 썼고, 개인 미술전을 열기도 했다. 1976년 문화예술계 공로를 인정받아 금관문화훈장을 수상했다.

벅찬 감격과 환호 속에서 세계에 향하여 민족의 자유를 외치고 건국에의 혁명적인 경륜을 피로(披露)하며 우리의 자주 능력을 주장할 언론의 자유를 가진 오늘날 언론인의 임무는 애초부터 영예로우나 또한 지극히 무거운 것이었다.

우리가 자유를 그린 지 이미 오래고 또 이것을 얻기 위하여 얼마나 많은 혁명 투사가 뼈를 부수고 몸을 깨뜨려 바친 기록의 혈흔(血痕)이 마를 길 없이 임리(淋漓)한 바 있으나, 그러나 실상 이 민중에게 진실한 자유란 아직도 미지의 경지요 건국의 경륜이 또한 그저 황홀한 동경일 뿐으로서 미처 그 귀일(歸一)한 염원을 가지지 못한 채 그대로 어느 틈에 국토를 들어서 편협한 정통주의의 싸움터를 만들어 버렸고 저도 알지 못하는 새에 골육이 서로 진영을 달리하여 파쟁의 도구가 되어 버린 책임은 누가 질 것인가. 나는 이러한 비통한 현상을 초래한 책임을 정치인에게보다 더 크게 언론인이 져야 옳다고 보는 자이며 이 민족의 위기를 건져내는 책임도 언론인의 긍지에 더 지우려는 자다. 다행히 정치인들이 민족의 간절한 염원을 알아서 우리의 자주독립을 위하여 순국의 지정(至情)을 발로(發露)하고 또 균등한 인민의 자유를 분배할 성의가 있었다 할지라도 항상 그들의 양심을 감시하고 그들이 분배하려는 자유 속에 내포되어 있는 진실성 순수성을 분석할 책임자가 언론인이었거든, 하물며 국리(國利) 국책(國策)을 희생할지언정 당리당략에 충실하려 들고 그렇게도 통일을 바라는 민족의 염원을 저버릴지언정 파벌의 주장을 세우려는 정상배(政商輩)의 발호를 용인한 허물을 차마 어떻게 관대할 수 있을 것인가.

워낙 언론 자유는 아무런 조건부도 아니라고 믿는다. 조건이 있다 하면 바른 것을 바른대로, 구부러진 것은 구부러진 대로 진실한 자태를 반영하는 명경(明鏡)과 같아야 하며, 모든 문제를 정당히 관찰하고 진실하게 구명하며 그리하여 민중의 안목을 바르게 계몽하고 민중의 소리를 왜곡 없이 주창하는 그 조건이 있을 뿐이다.

그러함으로써 언론 자유가 가지는 권리에는 정부의 시책을 반대할 수도 있고 민중의 정치적 추진력의 집결일 수도 있으며, 그리하여 혼탁한 정계의 정화 작용도 여기에 의해서만 가능하고 인민의 진정한 자유 확보도 비로소 기대할 수 있는 것이다. 그러하거늘 해방 조선의 언론계는 그 숭고한 자유를 어떻게 행사하였으며 천지를 부앙(俯仰)하여 거칠 것이 없는 언론인의 긍지를 어떻게 발휘하였던가. 이미 허두(虛頭)에 지적한 바와 같이 여기서 함께 자기비판을 하기를 원하는 언론인이란 오늘날 우리 정계의 혼탁한 중에서 엄연히 옷깃을 여미고 정관(靜觀)하며 양심적으로 울고 양심적으로 민족의 위기를 비관하는 동지를 대상으로 삼는 것이요 일당 일파(一黨一派)의 기관지에 구복(口腹)을 달고 있는 선전업자가 아니다.

이때가 어느 때라고 중간적 존재를 허(許)할 것이냐, 우가 아니면 좌다, 각자의 정치적 색채를 분명히 하고 싸워야 한다는 연설을 들은 일이 있는데, 그가 어떤 신문의 주필이었기 때문에 나는 그 자리에서 실성한 자의 검무(劍舞)를 보는 것처럼 송연(悚然)함을 느꼈다.

이러한 이들이 범한 과오는 자파(自派)의 주장은 모두가 옳고 상대편 주장은 모두 틀렸으며, 불통일(不統一)의 책임은 상대편에 있고, 애족 애국은 자파만이 가진 것이며, 자기 동지는 모두가 애국자요 혁명가지마는 상대편은 모두 극렬분자요 반동분자라고 민중 앞에 무고(誣告)하는 데 있는 것이다. 이런 주필은 일당 일파의 선전을 위하여는 필요할는지 모르나 진실한 언론인의 긍지를 가졌다면 이것은 과대망존(過大忘尊)이요 분수없는 착각이다. 누구도 지지하지 아니하며 누구도 배격하지 아니하는, 오직 인민의 요구에 응하여서만 지지할 자를 지지하고 배격할 자를 배격하며 휴척(休戚)을 민족과 함께할 뿐이요, 일당이나 일파와의 정의(情誼)의 후박(厚薄)에 사로잡히지 않으려고 노력하는 이들과만이 그동안 1년 남아 걸어온 조선의 언론계를 살펴보자는 것이다.

2.

무엇보다도 우리 언론인들이 널리 세계의 공기를 호흡하고 세계 속에서 새 조선을 인식하며 그리하여 새 조선의 건설 이념을 국제노선에 결부시키려는 역량을 발휘하지 못하였음을 지적하지 않을 수 없다.

8·15해방 직후 그 감격의 분류(奔流) 속에서 아직 우리들이 어리둥절하고 건국준비위원회(建國準備委員會)*와 국민대회준비회(國民大會準備會)**가

---

* **건국준비위원회(建國準備委員會)** 1945년 8월 15일 여운형이 건국준비를 위해 자신의 지하조직인 '건국동맹'을 중심으로 건설한 정권 예비기관이다. 위원장 여운형, 부위원장 안재홍 등을 중심으로 구성되었다. 산하단체로는 치안확보를 위한 건국치안대, 식량확보와 보급을 위한 식량대책위원회가 결성되었다. 중앙 건준의 간부들은 대체로 친일파와 민족반역자를 배제시킨 진보적 민주주의를 지향하고 있었다. 1945년 8월말에는 전국적으로 145개의 건준 지부가 자발적이고 좌우통합적인 형식에 의해 결성되었다. 건준은 조선인민공화국의 급조에 의해 10월 7일 해체되었고, 대부분의 건준 지부들은 인민위원회로 명칭을 바꾸어 활동을 지속했다.

** **국민대회준비회(國民大會準備會)** 1945년 9월 7일, 송진우, 김성수 등의 우익 지도자들이 건국준비위원회에 대항하여 대한민국임시정부 지지를 표방하면서 결성한 회의체이다. 1945년 9월 6일, 건국준비위원회는 조선인민공화국 선포와 함께 좌익적 성격이 더욱 강화되었다. 이에 우익 인사들은 9월 7일 발기인 330명의 이름으로 동아일보사에서 국민대회준비회를 결성했다. 이 준비회에 참여

씨름판을 차리려던 무렵에 서울의 광화문 대로를 진주(進駐)하는 미군 부대를 바라보면서 우리는 무엇을 발견하였던가. "세계에 발견된 자아를 발견하였던 것이다." 이 진주군(進駐軍)과 함께 들어온 외국 기자들이 곧장 사진기를 들고 나서서 해방을 즐기는 민족적 감격의 이모저모를 사진 찍는 것을 보면서 우리는 그들의 노력에 의하여 민주주의의 새 세계가 발견한 조선과 그들이 경이의 눈으로 주목하는 역사의 유민(遺民)이 바로 우리 자신인 것을 인식하였던 것이다.

그러나 그들 외국 기자의 직시(直視)하에 전개된 조선인의 정치 활동은 "하룻밤에 칠십여 개의 정당이 생겼다."는 놀라운 사실이었고, "조선 사람처럼 정치를 즐기는 민족도 드물다."는 감탄을 세계에 보내게 하였던 것이다. 허나 이때만 하여도 아직 흥분의 초저녁이었을 뿐 아니라 일제하 그 주구의 역할을 하던 단 하나의 신문이 있을 뿐이던 터이라 언론인의 자유로운 활동은 별수 없이 제약을 아니 받을 수도 없기는 하였다. 그러나 이 언론의 자유를 우리가 그냥 포기하고 침묵하잔 말은 될 수 없는 일이어서 정치인들의 정당 조직열(組織熱)에 결코 떨어지지 아니할 만한 열의와 야심으로 경험 무경험의 제제다사(齊齊多士)들이 모두 신문 창간에 열중하고 독자들도 또한 암만 읽어도 물리지 않을 만한 꾸준한 구독열을 발휘하였던 것이다.

그리하여 이 언론인들의 어깨에 부하(負荷)된 최초의 중책은 민중의 혼란한 정치 의욕의 정리와 아울러 자주 국가 건설을 위한 자주적인 이념의

했던 다수의 인물들은 9월 16일 창당한 한국민주당의 핵심인물이 되었다.

창도(唱導)이어야 할 것이었음은 두말할 것도 아니었건마는 이제 반성하여 누가 감히 "내 그러하였노라."고 손을 들 수 있는가. 대부분이 정당의 기관지가 아니였던가. 기관지인지라 자당(自黨)의 논리는 모두 정당하였고 타당(他黨)의 논리는 모두 부당하였다. 물론 이것을 굳이 탓할 것은 아니다. 정치 활동이 자유요 선전이 자유요 주장이 자유이매 내 당의 주장을 주장할 기관지가 많으면 많을수록 가(可)요 조금도 불가(不可)할 것은 아니다. 그러나 민중으로서는 어느 일당(一黨)이나 그 계열하의 선전 삐라만으로 언론자유를 누릴 수는 없는 것이다.

엄정중립한 언론 본래의 면목과 긍지를 확보한 직필이 민족 언론의 근간이 되고 일당 일파의 기관지의 언론이 지엽(枝葉)을 이루어야 마땅할 것임에도 불구하고 진작부터 이 중립의 정로(正路)를 취하여 애써서 이 노선을 지키려는 자 손을 꼽아서 몇이 될까 말까 하였다. 그나마도 좌고우면(左顧右眄)하기에 눈치꾸러기가 되어 버리고 이것은 저절로 어느 편에 대해서도 시(是)를 시라 하고 비(非)를 비라고 쾌단(快斷)할 만한 용기가 없었을 뿐 아니라 단지 있는 사실, 나타난 현상을 보도하는 정도를 넘어서지 못하였다. 이래서 중립의 언론이 좌우의 과대한 자기주장에 비하여 늘 소극적이요 미온적이요 심지어 애매 몽롱한 경계를 벗어나지 못하여 이 땅에 직필이 있는가를 의아하기에 이르렀다. 자당(自黨)을 위하여 일부러 작위적인 과장과 왜곡이 공연히 성행하는 중에 이를 초연한 입장에서 쾌단하여야 할 직필의 침묵은 결국 부작위적(不作爲的) 소위(所爲)이나마 과장과 왜곡을 시인하고 조장하는 결과가 되어 버렸고, 드디어 진실된 정치인의 정치 활동을 민중에게 접촉시키고 그들과 더불어 진실된 언론 자유를 향유하여야 할 우리의 최초의 행복은 유린되고 만 것이다. 뿐만 아니라 세계에 향하여 조선을 주장하고 세계 문제로서의 조선 문제를 구명하는 열의의 부족은 실로 부족의 정도 이하라 할 것이었다. 얄타 비밀협정*에서 38도선을 설정하기까지의 유래와 동기와 또 장차 이 철폐의 대책이 중대한 세계문제로서 어떻게 규정되어야 할 것인가를 철저히 엄정히 구명해 주는 사람이 있음을 듣지 못하였다.

모스크바삼상회의가 조선의 신탁통치를 결정하였다는 그것 하나뿐이 아니라 이 삼상회의 결정이야말로 조선의 자주독립을 구체적으로 보장한 유일의 법률이라 할진대 이렇듯 삼천만의 운명을 결정하는 회의의 내용을 미리 알아보려 노력한 이가 있었다는 말도 듣지 못하였고, 4개국의 발언이 조선 독립까지에 필요하다면 이 중대한 국제회의에 조선과 일의대수(一衣帶水)요 문화와 역사를 거의 공통하고 있으며 앞으로도 그러할 인방(隣邦) 중국은 어찌하여 참가하지 아니하고 그보다는 아무래도 먼 위치에 있으며 아직도 많은 식민지를 가졌고 진실로 인도에 독립을 허여(許與)할 의사가 있는지 없는지 그 성의조차 애매한 영국은 참가하였더냐 하는 것을 연구 검토하여 그 진상을 구명하여 주는 이가 없었다.

허기는 이러한 주문(注文)까지는 현재 여러 가지 제약을 받는 신문인의 활동에 지나친 주문일는지도 모른다. 그러나 서울 장안 한복판이면 우리

---

* **얄타 비밀협정** 제2차 세계대전 막바지에 소련 흑해 연안의 얄타에서 미국, 영국, 소련의 정상들이 가진 회담(1945년 2월 4일-11일). 루스벨트, 처칠, 스탈린은 독일 패배 이후 상황을 논의하기 위해 회담을 가졌다. 패전한 독일인에 대해서는 최저생계를 마련해주는 것 외에는 일체의 의무를 지지 않는다는 원칙을 채택하고, 주요 전범들은 뉘른베르크에서 열린 국제재판에 회부하기로 합의했다. 극동문제에 있어서는 비밀의정서가 채택되었는데, 그것은 소련이 독일 항복 후 2-3개월 이내에 대일전(對日戰)에 참전해야 하며, 그 대가로 연합국은 소련에 러일전쟁에서 잃은 영토를 반환하고 또 외몽골의 독립을 인정한다는 것이었다. 스탈린은 중국과 우호동맹조약을 체결한다는 데 합의하였다.

의 신변 측근이라기보다도 우리의 품속에서 열린 미소공동위원회*이었거늘 이것이 결렬되고 나서 사흘 뒤에야 미국 방송을 듣고 비로소 알았다는 것은 어찌된 일인가. 사느냐 죽느냐의 기로에서 삼천만의 운명을 조상(俎上)에 올려 놓은 이 회의가 아니었더냐. 세계의 시청(視聽)이 함빡 조선의 서울 덕수궁에 집중되지 아니하였더냐. 우리의 눈앞에서 열리고 있는 미소공동위원회의 성불성(成不成)이 우리의 운명에 지대한 영향이 있었음을 모르는 정치인이나 신문인이 있었을 리 없거늘 이들이 이 회담의 청우(晴雨)를 살피지 아니하고 그저 싸우기에만 열중하였다는 것은 이들 정치인들의 싸움이 민족의 운명을 개척하는 신성한 과업과는 그 성격이 다르다는 것을 의미하는 것이며 이런 데 눈이 팔려 주목하여야 할 곳을 주목하지 못한 신문인의 관찰력의 빈곤은 놀랍고도 남음이 있다.

그러므로 성격은 다르지마는 남조선의 방미사절단이나 북조선의 방소사절단의 출발은 그들에게 기대하는 바가 많았다. 그러나 북조선에서는 사절단의 보고대회가 있었다고 들었는데 남조선의 방미 사절단은 "벙어리가 되어 돌아왔다."고 빈정거리는 신문 기사가 있었을 뿐이다. 그들이 어째서 벙어리가 되어 돌아왔는지 우리는 그것이라도 알아야만 석연(釋然)할

---

* **미소공동위원회(美蘇共同委員會)** 모스크바 삼상회의의 협정에 따라 한국의 임시정부 수립방안을 협의하기 위해 설립된 미소 양국의 점령군대표자회의. 1946년 1월 예비회담을 가진 뒤, 그해 3월 20일 미국측 대표 아놀드 소장과 소련측 대표 슈티코프 중장이 배석한 가운데 1차 회의를 개최했다. 회의는 모스크바 삼상회의의 협정을 지지하는 정당·사회단체만이 미소공위와 임시정부 수립 문제를 협의할 대상이 될 수 있다는 소련측의 주장과 신탁통치 반대세력들도 협의대상이 되어야 한다는 미국측 주장이 대립하여 난항을 거듭했다. 5월 9일부터는 무기 휴회에 들어갔다. 1947년 5월 21일 제2차 미소공위가 열렸으나, 1차 회의와 동일한 논쟁을 반복하다가 최종적으로 결렬되었다. 이후 미소공위의 소관사항이었던 한국문제는 1947년 10월에 유엔으로 이관되었다.

것이다. 그러면 그들에게 어떻게든지 말을 시켜 보고 정녕코 벙어리가 되었거던 벙어리 된 까닭이라도 우리에게 알려줄 임무가 또한 신문인이 아니었던가.

이러한 의미에서 합동통신 사장 김동성(金東成)* 씨가 해방 이후 최초의 신문인으로서 워싱턴(華盛頓)에 진출하여 트루먼 대통령**과 회견한 것은 그 의의가 대단히 컸다. 그가 미국 국민 앞에 발언한 제일성(第一聲)이 현재 조선 민족이 당하고 있는 암담한 현상을 호소한 것이며, "만약 미국 국민이 이러한 처지를 당하였던들 반란을 일으켰을 것이다."라 한 것은 확실히 미국 사람들에게 조선의 점령 정책과 현하의 군정 정책에 대하여 반성을 촉(促)하였을 것이라 보이는 바이다.

그러나 우리는 김동성 씨를 정치인으로 보지 아니하고 신문인으로 보려는 점에서 현재 씨의 체미유세(滯美遊說)에 적지 않은 불만을 가지는 자이다. 왜냐하면 씨의 신문인으로서의 안목에 비친 미국의 현실과 미국인의 조선 민족에 대한 관심과 미국의 조선신국가건설경륜(朝鮮新國家建設經倫)

---

* **김동성(金東成, 1890-1969)** 언론인. 경기도 개성 출신. 1920년 동아일보가 창간될 때 기자로 입사한 후, 1922년 동아일보 초대 미국특파원이 되었다. 1924년 동아일보를 퇴사하고 조선일보 발행인 겸 편집인, 1932년 중앙일보 편집국장을 지냈다. 1945년 합동통신을 설립하여 초대 사장에 취임했다. 1948년 정부수립시 초대 공보처장을 지냈다. 1950년 제2대 민의원에 당선된 이후 민의원 부의장, 민의원 사무처장을 지내기도 했다.

** **트루먼(Harry S. Truman, 1884-1972)** 미국의 33대 대통령(재임: 1945-1953). 1944년 부통령으로 당선되었고, 1945년 루스벨트 대통령의 갑작스러운 사망으로 대통령직을 승계했다. 2차대전 후 트루먼은 소련을 세계평화의 주요 걸림돌로 생각하여, 소련의 영향력을 차단하기 위해 봉쇄정책(containment policy)을 추진했다. 그는 서유럽의 경제복구를 위한 마셜플랜을 실시했고, 유럽의 비공산주의 국가를 주축으로 집단안보기구인 북대서양조약기구(NATO)를 창설했다. 한국전쟁이 발발하자 유엔을 통한 조기 개입을 결정하기도 했다.

에 대한 여론을 아직 우리에게 한마디도 통신하지 않고 있기 때문이다. 트루먼 대통령과도 신문기자로서 회견하였다 하는데, 그는 그 회견에서 조선 문제에 대하여 트루먼 대통령의 포회(抱懷)한 방침을 질문하고 그 답변을 우리에게 전하는 바가 없다. 의료품의 기부나 얻기 위하여 그가 최초의 신문인으로서 워싱턴에 진출하였다면 조선의 신문인은 마땅히 그 자존심의 유무를 다시 살펴야 할 것이다.

3.

사실 우리는 해방된 민족으로서 새로운 세계에 등장하였다고는 하나 아직도 우리는 세계의 전모를 관찰할 기회에 놓여 있지 아니하며 우리의 주장을 주장하지 못하고 있다. 그래서 어떤 의미로는 우리의 안계(眼界)가 오히려 전에 비하여 넓어진 것이 없고 우리의 주장하는 바에 대하여 아무런 권위도 인정되지 아니하기는 마찬가지라는 비애를 느끼지 않을 수 없다.

하물며 좁은 안계를 넓히고 민족의 주장에 권위를 전취(戰取)하는 그 임무가 태만이나 우유(優柔)로 말미암아 방치되어 있음을 자각할 때에 '칼보다 나은 붓'을 가진 자 다시 한번 발분(發奮)할 용기를 가다듬어야 할 것이다. 대일 관계만 하더라도 우리는 정당히 주장하고 요구할 것이 한두 가지가 아니며 현재 그들의 재흥(再興)을 위한 와신상담(臥薪嘗膽)과 우리가 영구히 포기할 수 없는 구수(仇讐)에의 적개심을 결부시킴으로써 우리 민족의 분발을 촉진시킬 조건도 한두 가지가 아니다. 함에도 불구하고 우리는 지금 일본은 아주 망해 없어지고 태평양 바닷속에 아주 가라앉아 버린 것처럼 너무도 쉽사리 그들의 죄악에 관대하고 우리가 받은 피해를 잊어버리고 있다.

오늘날 정의의 심판대 앞에서 40년 적악(積惡)을 수죄(數罪)받은 저들 전쟁범죄자들에 대하여 키난 수석 검사*는 3일에 걸쳐 준엄한 논고(論告)를 하였는데, 그 죄상은 멀리 러일전쟁(露日戰爭)까지 소급하고 러시아(露西亞)와 중국과 미국의 입은 피해에 유루(遺漏) 없는 진술이었음에도 불구하고 조선에 대한 침략과 강탈과 조선 민족을 학대하고 살육한 것은 언급하지 않았다. 일본의 마수에 가장 혹심한 희생을 당한 자가 조선을 빼고 또 누가 있었던가. 그들의 심판자가 정의라 하면 이 정의가 용서할 수 없는 죄악의 일부분이 러시아에 중국에 미국에 미쳤을지언정 그 대부분이 조선에서 자행된 것이었거늘 어찌하여 조선에 관한 죄업은 묵과되고 있는가. 이것을 말하는 정당이 하나 없고 신문이 하나 없었다. 다만 미국이나 중국이나 러시아는 일본을 타도한 승리자요 우리 조선은 그 덕에 해방된 자이기는 하다. 그러나 이제 새 세계의 빛나는 정의(正義)에 있어서도 역시 강자의 작은 피해가 약자의 큰 피해보다 과대히 평가되어야 하며 그 보상에서도 승리자가 차지하고 남음이 있은 뒤에 약한 피해자가 고려되는 것이라 해도 우리는 이것을 항의할 수 없어야 옳은가. 이것이 당연한가.

그뿐이면 또 나을 것을 일본 안에는 아직도 우리 동포가 있고 우리 동포의 재산이 있건마는 이 보호는커녕 의회에서 공공연히 전일(前日) 통치자

---

* **키난 수석 검사**(Joseph Berry Keenan, 1888-1954) 미국의 법률가, 정치가. 루스벨트와 트루먼 행정부에서 봉직했다. 제2차 세계대전이 끝난 뒤 극동국제군사재판소의 미국측 수석검사 겸 연합국 수석검찰관으로 임명되어 A급 전범(戰犯) 재판을 담당했다.

의 위엄이 연연(戀戀)하여 조선인을 모욕 중상하는 연설이 행해져도 불감증인 현상은 어찌된 일인가. 하물며 그들은 지금 이를 악물고 초토(焦土) 위에서 재흥(再興)을 도모하고 있다. 이것이 다만 자기의 죄업을 뉘우치고 진정한 동아 민족(東亞民族)의 공존 공영에 기여하려는 바이면 구태여 칭찬을 애낄 것이랴마는, 그들은 아직도 "나는 신손(神孫)이 아니다."라는 천황(天皇)을 신손으로 알고 전일(前日)의 위세를 회복하려는 복수심에 불타고 있음을 간취할 때에 정말로 복수해야 할 자가 뒤집혀서 다시 복수의 대상이 되어 있고 그래서 그들의 분발의 정신이 통일되어 있는 것을 볼 줄 모르고 주의와 경계를 소홀히 하는 것은 딱한 일이 아닐 수 없다. 이러한 사태에 대하여 경고의 책임자가 언론인이 아닐 것인가.

재외 동포 문제를 생각하면 중국에 있는 동포 문제도 우리는 생각하는 자이니, 만주의 황야를 개척한 공로를 어째서 무(無)로 돌리고 적수공권(赤手空拳)으로 쫓겨 와야 하며 만주가 침략된 이래 십유여 년(十有餘年) 우리 혁명 투사들이 얼마나 많이 대일 항전에 참가하여 공동의 운명을 걸머지고 싸웠거늘 오늘날 중국의 승리에는 우리의 피도 함께 흘렸다는 엄연한 사실이 어째서 무시되어야 하는가.

그러나 남의 탓을 하자는 것이 아니다. 저들이 설혹 그 안중에 우리의 존재가 무시되었다 하더라도 우리는 이것을 묵묵히 감수해야 하느냐 하는 것이며, 그리고 보면 결국 남이 우리를 무시하는 것이 아니라 남의 무시를 시인하는 것이야말로 스스로를 무시하는 것이 아니냐 하는 것을 언론인에게 묻는 것이다.

우리는 아직 우물 속의 개고리에서 벗어나지 못하고 있다. 허기야 국내의 허다한 문제도 여지껏 제대로 하나 규정되지 못하였거든 하가(何暇)에 눈을 밖으로 돌릴 것이냐 하는 이도 있지마는 그러면 국내문제는 어느 것 하나 제대로 규정할 열의와 성실이 있었던가.

해방 이래 친일파 민족 반역자를 숙청하라는 소리가 높았거니와 일제시 대 그 충실하던 주구요 스파이요 그래서 그 손에서 수많은 동족의 혁명 투 사가 헌병대에 끌려가지 않으면 안 되던 그러한 인물이 신문사 사장이 되 어도 '동업의 우의(友誼)'를 가진 언론계고 보면 정계의 혼탁을 정화한다는 임무에 불감당(不堪當)이기에 앞서서 자체의 혼탁조차 자숙할 역량이 의아 되는 바이었다. 그런지라 기미(己未)와 3·1이 대립되었을 때 "내가 조정할 테니 내 말을 아니 들으면 신문에 안 내준다."는 명안(名案)이 나오고 신문 기자의 새끼손가락이라도 하나 떨어져 나가야 새삼스러이 테러가 건국에 장해(障害)되는 줄을 대오일번(大悟一番)하였던 것이다.

4.

38도선이 아무리 이 땅을 양단하여 각기 다른 주견과 군정하에 있다고 는 하지만 구경(究竟)에는 이 선이 철폐될 날이 있을 것이요 우리는 그렇게 믿는 자이다. 허다면 이 선이 철폐되고 통일된다는 것은 어느 일방의 패배 에 의하는 것이 아니라 협조에 의해서 되기를 우리는 희망하는 것이요 그 러해야만 우리는 현재 이상의 다른 비극을 면할 것이다. 그러므로 우리는 현재 남북의 진실된 사태를 파악하고 그것을 민중에게 부단히 정직하게 인식시키는 것이야말로 통일의 준비요 요건이라 할 것이어서 여기에 언론 인의 공정하고 냉철한 관찰이 요구되는 것이다. 그리하여 우리는 북조선의 진실된 자태를 알고 싶어하는 자이거니와 이것이 그냥 왕래인(往來人)들의 무책임한 도청도설(途聽途說)이 있을 뿐이요 아무 신문도 여기에 대한 노력을 하는 자취가 보이지 않는다.

우선 공통되는 한두 가지 사례를 들어 보면 현재 남북에서 각기 그 군정에 협조되지 아니하는 두 명의 거두(巨頭)가 불우한 상태하에 있음을 우리는 알고 있다.

그러면 북에서 조만식(曺晩植)* 씨를 유폐시켜 둔 이유가 무엇이며 여기에 대한 소군 당국의 의향을 알 수 없는 채 남조선에서 박헌영(朴憲永)** 씨 체포령의 이유도 우리는 알지 못하고 있다.

---

* **조만식(曺晩植, 1883-1950)** 독립운동가, 교육자, 정치가. 일제강점기에는 수차에 걸쳐 오산학교 교장을 역임했고, 평양 기독교청년회(YMCA) 총무로 취임해 1932년까지 활발한 사회운동을 전개했다. 1922년에는 조선물산장려회를 조직하고 국산품 장려운동을 전개하기도 했다. 1932년 경영난과 내분으로 어려움을 겪던 조선일보사 사장에 취임하는 한편, 지원병제도와 신사참배 거부로 낙향했다. 1945년 해방 후 평안남도 건국준비위원회 · 인민정치위원회의 위원장으로 활약했고, 같은 해 11월 민족주의자들을 결집해 조선민주당을 창당하고 당수가 되었다. 신탁통치 반대 입장의 고수로 인해 1946년 1월 5일 평양 고려호텔에 연금당했다. 한국전쟁기에 사망한 것으로 알려져 있다.

** **박헌영(朴憲永, 1900-1955)** 공산주의 운동가. 1925년 4월 17일 김약수 · 김재봉 등과 함께 조선공산당 창당대회를 열어 공산당을 조직했다. 구속과 보석 출감, 그리고 소련으로의 탈출 등을 거쳐 1929년 모스크바의 동방노력자공산대학(東方勞力者共産大學)에서 교육을 받았다. 1932년 상해에서 공산주의 운동에 전념하다가 1933년 일본경찰에 검거되어 국내로 압송되어 복역했다. 1939년 출옥하여 조선공산당 재건운동의 한 조직인 경성콤그룹의 책임자로 일하다가, 검거를 피해 광주에 있는 한 벽돌공장의 인부로 위장해 피신해 있던 중 해방을 맞이했다. 해방 직후 공산당 재건에 주력하여 장안파와 재건파를 통합하여 조선공산당 중앙기구를 구성, 당책임비서가 되었다. 1946년 5월 조선정판사 위조지폐사건을 계기로 조선공산당 간부들에 대한 체포령이 떨어지자 1946년 남한을 탈출, 입북했다. 1948년 북한 정권이 수립되자 부수상 및 외상에 취임했다. 그러나 정권의 주도권을 북조선노동당에게 넘겨주고 권력투쟁에서 패배하여 결국 미제의 스파이라는 죄목으로 1955년 사형당했다.

북에 가서 치스티아코프 중장(中將)*에게 조만식 씨 문제를 질문하는 것은 무리일는지 모르나 남조선에서 박헌영 씨 체포령의 이유가 무엇인지를 민중이 모르고 있다는 것은 이해할 수 없는 사정이라 할 것이다.

우리는 지금 조선에 앉아서 미국의 탄갱(炭坑) 파업 지도자 루이스**가 어떤 판결을 받게 되리라는 것까지 예측하는 정보를 들을 수 있음에도 불구하고 조선 안에서 생긴 이러한 사실에 대하여 그 이유가 무엇인지를 모르고 있다. 좌익 계열이 한결같이 박 씨의 체포령을 취소하라고 절규하는데 체포령의 내용을 모르므로 취소하라는 절규에도 가부(可否)를 가릴 길이 없다. 조 씨나 박 씨나가 한 개인이 아니라 공인이며 더구나 조 씨가 소군정(蘇軍政)하의 우익 지도자요 박 씨가 미군정하의 좌익 지도자이기 때문에 이 문제는 작게 조선 내의 문제가 아니라 미소 간의 국제 문제에 관련되는 것임에도 불구하고 이 진상이 구명되지 아니한 채 미궁에 있다는 것은 일종의 기괴라고 할 것이다.

---

* **치스티아코프 중장(中將, Ivan Mikhailovich Chistiakov, 1900-1979)** 소련의 군인. 1945년 8월 소련군의 대일전 수행 당시 북한으로 진주해온 소련 제25군의 사령관이다. 제2차 세계대전에 참전하여 스탈린그라드 · 쿠르스크 전투 등에서 전공을 세웠으며, 1945년 소련의 서부전선인 독일과의 전쟁에서 승리했을 때 제6근위사령관이었다. 독일 항복 직후 스탈린의 명령에 따라 극동의 제25군 사령관으로 임명되었으며, 1945년 8월 일본과의 전쟁에 참전했다. 그는 북한 지역을 통치하는 소련군 사령관으로 근무하면서 북한의 정치에 직 · 간접적으로 영향을 미쳤다. 소련군은 소군정을 통한 직접통치 방식을 취하지 않고, 인민위원회를 통한 간접통치 방식을 선택했다. 그러나 해방직후 북한지역에서 소련의 정치 · 사회적 영향력은 매우 큰 것이었다. 1947년 3월 겐나디 페트로비치 코루트코프 중장에게 북한 주둔 소련군 사령관의 자리를 넘기고 본국으로 귀환했다.

** **루이스(John L. Lewis, 1880-1969)** 미국의 노동운동가. 1919-1960년 전미광산노동조합(United Mine Workers of America)의 위원장을 지냈으며, 1935년 미국노동총연맹의 지도자로서 생산직 노동자들을 산업별 연합으로 조직하는 데 성공하여 전국적인 인정을 받았다. 1936-1940년 산업별노동조합회의(Congress of Industrial Organizations)의 주요설립자 겸 초대 회장을 지냈다.

또 남조선에서 입법의원* 선거가 있고 북조선에서도 인민투표가 있었는데 우리는 이 두 가지 선거의 진실된 내용을 알기에 필요한 자료가 너무나 결핍하다. 왜 북조선의 인민투표 실정(實情)을 답사하고 와서 보도할 용기가 없는가. 입법의원 선거만 하더라도 민중은 과거 부회의원(府會議員)이나 도회의원(道會議員) 선거만한 관심도 없는 채 가(可)라 부(否)라 정쟁에만 이용되고 있어서 민중과는 너무나 유리되어 있다. 언제는 하지 중장이 삼천만 민중의 지지를 받는 이라고 미국 육군성에 유임(留任)을 진정하던 한국민주당(韓國民主黨)**(미국 민주당이 아니다)이 이번에는 또 미군정의 독단과 비민주주의를 성명하는 등 야단스러운 소음 속에서 실상 민중은 이런 일에 아무 흥미도 표시하지 않았다. 그러나 남북의 이 두 가지 선거가 모두 장차 건국사(建國史)를 쓰는 사람이나 내지 영구히 조선정치사의 중요한 자료이면서 북조선 선거에서의 인민의 의사(意思)가 충분히 발표되지 아니한 점이라든가 남조선 입법의원이 개원 당일 정각 두 시간 전에 돌연히 의

---

* **입법의원** 1946년 미군정법령 제118조에 의해 수립된 남조선과도입법의원(南朝鮮過渡立法議院)을 지칭한다. 해당 법령에 의하면, 입법의원은 모스크바 협정에 의거한 통일임시정부가 수립될 때까지 사회개혁의 기초로 사용될 법령초안을 작성하는 것을 창설 목적으로 했다. 입법의원은 의장에 김규식, 부의장에 최동오와 윤기섭, 8개의 상임위원회와 6개의 특별위원회 등으로 구성되어 관계 법안을 제정·통과시켰다. 입법의원 제정 법률은 군정장관이 동의해야 효력이 발생했기 때문에 일반적 국회의 기능과는 현격한 차이가 있었다. 1948년 5월 19일 해산되기까지 11건의 법률을 공포했다.

** **한국민주당(韓國民主黨)** 1945년 9월 16일 창당된 정당. 한국민주당(한민당)의 주요 구성세력은 보수적 성향의 지주, 자본가, 언론인 등이었다. 한민당은 충칭[重慶] 임시정부를 지지했고, 미군정청의 정치노선에 적극 협력하여 정치적·경제적 실권은 물론 경찰력까지 장악했다. 이승만과 협력하면서 반탁운동을 주도하기도 했다. 1948년 5월 제헌국회 개원 이후 한민당은 국무총리 지명과 조각 과정에서 이승만의 정치적 외면을 받게 되었고, 세력도 위축되었다. 이후 신익희 중심의 대한국민당과 결합하여 민주국민당을 창당함으로써 창당 3년 4개월만에 해체되었다.

원 규정(議院規定)이 변개(變改)된 이유 등에 대하여 진실된 비판이 오히려 기피되고 있다면 새 역사를 진발(進發)하려는 민족의 열의를 어디 가서 찾을 것이냐.

우리는 종전 후 유럽(歐州) 각국의 선거 결과를 알고 있다. 그것이 미국의 정책보다는 훨씬 좌경하였으나 그러나 아직 비율에서 좌익은 25%에 불과하다는 것도 알고 있다. 그런데 북조선에서 좌익이 아니고는 인민투표에서 신임을 받지 못하였고, 남조선에서는 아량 있는 관선(官選)에 의하여 몇 명의 좌익이 그 선임(選任)의 광영(光榮)을 입었으나, 이들이 모두 연메거부(連袂拒否)하는 실정은 무엇을 설명하는 것인가.

우리가 통일하고 나면 또 이러한 기형적인 선거가 있을 수 없을 것이며 인민의 진정한 의사가 이렇게 지역적으로 편협하게 나타날 리 없을 것은 누구나 단정할 수 있을 것이다. 허다면 여기서 우리는 현재의 두 선거가 모두 인민의 의사가 진실되게 반영된 것이 아닌 것을 지적할 수 있으며 이것을 지적할 수 있는 권리의 소유자는 언론인이 아닐 것인가.

가령 이승만 박사가 UN 총회에 조선 실정을 호소할 성의가 있었다 하면 그 출발이 어째서 총회 폐막 직전이라야 했는가. 또 박사가 가면 과연 독립을 가져올 수 있는가. 미국에서 이 박사는 그 친지 간에 그가 반소적 인물로 너무도 유명한 것을 우리는 아는 자이며 또 그가 이번 가는 길에 조선의 좌익에 대한 고소장을 품고 가는 것도 알고 있었다. 허다면 UN 총회는 과연 박사의 고소에 의하여 몰로토프*씨를 연대피고(連帶被告)로 공격하고

---

* **몰로토프**(Vyacheslav Mikhailovich Molotov, 1890-1986) 소련의 정치가, 외교관. 1945년 12월 모스크바 삼상회의의 주역 중 한 명이다. 1906년 소련공산당 창당의 주요 인물 중 한 명이며, 스탈린

조선의 우익만을 지지함으로써 몰로토프 씨는 국제회의에서 '손두'를 맞을 것이라고 볼 수 있었던가.

모두가 맹랑한 말이다. 조선은 지금 좌우가 협조하여 임시정부 수립의 대기 자세를 취하고 있다는 신빙할 만한 구체적 제시가 없이 국제 여론을 우리에게 유리하게 이끌어 올 수 없는 것은 삼척동자도 알 수 있는 일이거늘 총명한 이 박사가 모르실 리 없다. 그런데 이분이 총회에 출석하기 위함이라 하면서 폐회 직전에 고토(故土)를 출발하던 당일 인천에 있는 조선차량회사(朝鮮車輛會社)에 이르러, "극렬 분자에게 속지들 말고 내 말만 믿으라. 내가 소금섬을 물로 끌라 하거든 끌어야 한다. 그래야 독립을 가져올 수 있다."고 사자후(獅子吼)하였는데, 이 논리를 타당하게 알고 정말 소금섬을 물로 끌어들일 때에 소금은 모두 풀어지고 말 것을 모르는 인민이 몇이나 될까.

그러하건마는 이 박사의 등정(登程)에서 박사의 품속에 있는 좌익에의 고소장이 민족의 분열상을 국제무대에 광고하는 것임을 간(諫)하는 신문이 없었다. 과연 구랍(舊臘) 12월 18일 UP통신이 전해 온 크리스천 사이언

의 오랜 공고한 지지자였다. 제2차 세계대전직후의 여러 국제회의에서 소련의 주요한 대변인으로 활약했다. 1939년 외무장관으로 발탁되어, 그해 10월 독·소 불가침조약(몰로토프-리벤트로프 조약)을 체결했다. 1941년 6월 독일이 침공하자 전시 내각인 국가방위위원회에서 활동하면서 영국·미국과 동맹관계를 맺었고, 테헤란 회담(1943), 얄타 회담(1945), 포츠담 회담(1945), 샌프란시스코 회담(1945) 등의 연합국 회담에 참석했다. 연합국 회담 과정에서 서구국가들에 의해 타협이 쉽지 않은 적대적 성격의 인물이라는 악명을 얻었다. 1949년 외무장관을 사임했다가, 1953년 스탈린 사망 후 복귀하여 1956년 흐루시초프 집권 시기까지 재임하기도 했다. 1962년 흐루시초프로부터 비판을 받고 공산당에서 축출되었다.

스 모니터 지(紙)*의 논평은, '남조선 즉시 독립에 관한 이승만 박사의 견해에 의하면 이승만 박사 내지(乃至) 독립을 획득한 남조선'은 조선 통일에 관하여 북조선의 소련 측과 교섭을 진행할 수 있는 동시에 소련의 양보를 기대할 수 있는 것과 같이 보이나 이러한 태도는 약간 잠월(潛越)할 뿐 아니라 '지나치게 천진난만한 것'이라고 하였다.

그런데 이 잠월(潛越)하고 지나치게 천진난만한 노박사(老博士)의 행각에 천진난만하게 감격하여 '민족 대표'라는 어마어마한 훈장을 바치고 그를 환송하는 '민족 무슨 후원회'가 발기되었는데 거기 선전부원으로 각 신문사의 주간 주필 편집국장의 이름이 나열된 데는 다시금 일경(一驚)을 금할 수 없었다. 하물며 노박사(老博士)는 이번 행각의 여비로서 1억 원의 헌상(獻上)을 굶주리고 헐벗고 도탄의 심연에 빠져 헤어날 수 없는 가엾은 이 땅 백성들에게 명령하였다. 해방의 조국이라고 찾아와서 하늘을 이불 삼아 울고 있는 전재 동포(戰災同胞)가 노지(露地)에 방치되어 있는 이 판국에 그에게 1억 원의 대금(大金)을 쾌정(快呈)할 사람들이 어떤 계급에 속하는 어떤 인물들일 것도 짐작할 만하다. 그들이 어째서 이렇게 부당한 거액의 여비를 부담하며 그 대가로 무엇을 바라겠느냐 하는 것도 생각해 볼 일이거든, 그 선전부원의 명예를 얻은 각 신문은 이 1억 원 헌상운동을 일으키

---

* **크리스천 사이언스 모니터 지(紙)** The Christian Science Monitor(CSM). 기독교계 새로운 종교단체 크리스찬 사이언스의 후원으로 발행되는 일간 신문. 일반적으로 『더 모니터』라고 약칭하며, 본사는 보스턴에 있다. 1908년 크리스천 사이언스의 창시자인 메리 베이커 에디(Mary Baker Eddy)가 대중지의 선정주의에 대항하면서 창간했다. 신중한 뉴스 보도와 정치·사회·경제 발전을 장기적인 안목에서 심층 평가하는 것으로 유명했다. 술·담배·외설적 광고 등을 싣지 않는 것으로도 잘 알려져 있다.

어, 일찍 수해 구제금 모집에 어린아이의 벙어리 궤를 받고 칭찬하는 식의 신문 기사가 연일 게재되고 있다. 다시 이 기부금을 내지 않는 가정에는 쌀 배급을 정지하였다는 언어도단의 현상에 직면하여 아연하지 않을 수 없는 바이다.

생각할수록 우리는 해방 후 1년 남아에 실상 견디기 어려운 두 가지 시험에 견딜 수밖에 없었다. 그러나 우리의 주장 우리의 주견까지가 갈팡질팡할 수는 없는 것이며 미나 소가 아무리 이 땅에 각자의 민주주의를 수출하려 하며 또 이렇게 한쪽의 민주주의를 직수입하려는 정치인이 있을지라도 우리는 우리의 입장에서 두 민주주의의 좋은 체제를 모두 섭취 조화할 수 있는 주견 아래 오히려 미소에 대하여 각자의 고집을 버리고 새 세계에 공통할 수 있는 새로운 체제를 위하여 협조와 우의의 교환 지대로서만 이 조선을 제공하리라는 것을 주장할 책임이 오늘날 열병 앓는 정치인들보다 언론인의 지성에 기대할 수밖에 없는 것이다.

그리하여 어디로 가야 할 것인가를 모르고 헤매는 민중에게 지향할 바 정로(正路)를 계시(啓示)하는 것도 언론인이 스스로 맡아야 할 책무이다. 때는 이미 절망의 비탄 속에서 건져내 줄 자를 기다리기에 민생은 기진맥진하였다. 언론인들의 재무장 재출발을 요청함이 지금과 같이 시급한 적은 일찍이 없었던 것을 우리는 알아야 할 것이다.

민요(民擾)와 민의(民意)

─ 언론계에 보내는 충고

─ 1946년 10월 1일, 『민성』 제2권 제11호

이번 대구에서 발단된 남조선 각지의 민요(民擾)는 실로 사상(史上)에 그 유례를 찾기 어려운 사건이며 이것이 우리 건국 도상(途上)에 찍힌 오점이니만큼 앞으로 새 역사의 한 페이지가 피로써 기록된다는 점에서 또한 중대한 사건이라 할 것이다. 그런데 이 사건의 전모를 일반은 알 수가 없고 그 판단에도 정곡(正鵠)을 가려낼 만한 재료를 구할 수 없음은 한심한 일이다. 우리는 왜정시대 그렇게도 지독한 언론의 봉쇄 탄압하에서도 어떤 조그마한 지방에서나마 민중이 집단적 행동으로써 통치자에 대한 불만이 표시되었을 때에 신문은 그 보도에 충실하였고 설혹 제한된 범위 내에서나마 최대한도로 사건 진상을 조사하며 그 비판을 감행하여 위정자의 반성을 요구하던 것을 기억한다. 그런데 언론은 자유라 하며 신문기자의 임무 수행에는 각별한 두호(杜護)가 위정 당국의 방침으로서 보장되어 있다고 하는 오늘날 이러한 사건의 진상이 불투명한 채로 그 원인 규명이 구구하며 비판이 중상과 모략에 좌우되어 있음은 언론인이 마땅히 반성할 일이라고 본다.

첫째로 나는 과거 나의 신문인으로서의 경험으로 이 사건의 입전(入電)과 함께 서울의 각 신문은 당연히 기자와 사진반을 특파할 줄 알았고, 그래서 사건의 경위와 진전을 목격자로서의 통신에 의하여 들을 수 있을 줄 믿었다. 그뿐 아니라 해방 이후 각사(各社)에 포진되어 있는 쟁쟁한 신예들이 한껏 그 역량을 발휘할 수 있는 기회요 참모 격으로 앉아 있는 수뇌부 신문인들의 묵은 솜씨를 엿볼 수 있을 줄 알았다. 그러나 나의 이러한 기대와 신문인적(新聞人的) 흥미에 만족하지 못하였다는 정도 이상으로 의외에도 각사는 군정청 발표를 게재하는 정도에서 넘어서지 못하고 말았다. 물론 이 사건의 귀추 여하에 민중의 동요가 더욱 심할 것을 염려하여 자중한 것이라고도 이해할 수 있으나, 그러한 때일수록 소요(騷擾)는 진무(鎭撫)하되 소요의 원인을 들어서 책임 당국의 반성을 구하며 따라서 사건의 정곡을 독자에게 알리지 않는다면 우리는 과거의 암흑시대 그대로 있는 것과 다른 것이 없다. 사건의 보도가 불충실하였을 뿐 아니라 사건의 비판과 원인의 규명과 그 대책의 제창(提唱)이 이렇듯 미온적이라는 것 때문에 신문인으로서의 사명을 무엇 때문에 자긍(自矜)하는 것인가 묻고 싶은 것이다. 더구나 내가 들은 바에 의하면 미국 신문기자들이 이 사건을 중시하고 사진 수집에 열중한다 하는데, 그러면 이 사건을 우리는 다시 미국 통신에 의하여 역재(逆載)의 친절한 번역자를 기다려서 알라는 것인가. 하물며 미국인에게는 미국인으로서의 감정이 있고 판단이 있을 것이요 그것이 우리의 판단과 합치하도록 하기 위하여는 이 편의 정확한 사건 보도가 있고 나서야 될 수 있는 일일 것이다. 그런데 사건 원인에서도 그냥 좌익 측 모략과 선동이라는 중상(中傷)이 공연히 유포되고 그 이상 캐내는 신문이 없으니 이것은 저절로 이 중상을 진실화하는 결과가 되었을 뿐이다. 물론 선동자는 있었을 것이다. 그 선동자가 좌익이었을 것도 상상하기에 어렵지 아니하다. 그러나 우택(雨澤)이 있는 곳에 산화(山火)가 있을 수 없듯이 좌익의 선동이라고 민중은 무조건하고 생명을 내거는 이런 폭동에 가담할 것인가. 거기는 당연히 선동에 선동될 만한 여러 가지 원인이 있었을 것이다. 한 가락 촛불이 로마(羅馬)를 태울 수 있다는 말은 그것이 촉화(觸火)의 즉경(卽景)을 그려 내는 말일지언정 한 가락 촛불의 위력을 말하는 것은 아니다. 인화(引火)될 만한 원인이 없이 불은 옮겨 붙을 까닭이 없을 것 아닌가. 그렇다면 우리는 이렇듯 민중이 봉기하여 피를 흘리는 참사를 저지른 원인이 무엇이었으며 여기 의하여 반성할 자 누구누구라는 것을 대담하게 지적하지 않으면 안 될 것이다. 일찍 좌익으로부터 반동거두(反動巨頭)의 명예를 받고 있는 김구 씨조차 '이 사건을 단순히 모파(某派)의 선동이라고 함은 위험한 판단'이라고 러치 장관에게 충고하고 있다. 그렇건마는 언론계가 이 사건의 정확한 판단을 정확하게 내세우지 않고 우물쭈물하는 것은 이 사건을 세계 여론에까지 왜곡시키는 결과를 낳을 것이며 따라서 조선 민중은 그가 발표하고 싶었던 의사에 반대되는 의사가 세계에 알려지는 위험을 피하지 못할 것이다. 우리가 믿는 한에서 이 사건은, ① 해방 즉 독립으로 알았던 민중으로서 해방 후 이미 1년이 넘도록 독립이 막연하고 그것이 국내의 불통일(不統一)에 있다는 것을 인식하기에 이르러 울분이 높아졌고, ② 하필 쌀 문제뿐 아니라 일반 서민 생활이 파멸의 심연에 빠졌으되 이 민중을 도탄에서 건져 내는 대책이 없는데 민심이 악화되고, ③ 새로 권력을 잡은 이들의 지나친 권력 행사가 이 악화된 민심을 더욱 거칠게 한 것 등이 차라리 중요한 원인이라고 보여지는 것이다. 쌀을 달라는 소리도 물론 있었다. 그러나 이 문제 이외에도 이상 열거한 조건은 민중을 노하게 할 만한 충분한 조건이며 이것은 군정 당국뿐 아니라 정계의 지도자까지를 포함한 실패의 결과라고 보는 것이다. 폭동 그것이 배격해야 할 행동이었음은 두말할 것 없으나 이러한 행동이 나오게까지 만든 원인을 규명치 아니하고 단지 일부의 선동이라고 하는 것은 중상이나 모략이라고 단정하는 것이다. 만일 그러한 중상이나 모략이 고의가 아니라면 저 3·1운동을, 공동묘지 창설과 굿을 금한 것이 민심을 자극한 결과라고 판단한 당시 총독정치 협찬자들의 판단과 어긋남이 그다지 크지 아니할 것이다.

퇴역의 일기자(一記者) 감히 선배 제공(諸公)에게 이 고언(苦言)을 드리는 심중을 알아주는 이 있으면 다행할 뿐이다.

참괴(慚愧)의 신역사

해방 후 1년간의 정치계

— 1946년 8월 1일, 『민성』 제2권 제9호

민중은 흥분하고 비통하였다. 실망하고 낙담하였다. 그러나 먼저 말한 바와 같이 그저 비분강개가 능사 아니다. 다시 한번 냉정하여 생각을 민족 천년의 장래에 미치고 시야를 넓혀서 세계를 내다 보고 역사를 통하여서의 현실을 직시할 필요가 있다.

자주독립에의 행군을 출발한 지 어언 1년에 회고하여 8·15의 감격이 새로울수록 그동안 걸어온 고난의 길이 어떻게 신산(辛酸)하였던가도 새삼스러움을 느끼지 않을 수 없다.

혼란과 알력, 어느 정도 공산(公算)이 없지 아니하였으나 이것이 지나쳐서 민중은 지향할 바를 잃어 도탄에 빠졌고 이를 구하는 유일의 방법이 민족 통일에 있는 줄 번연히 알면서도 지도자들은 분열 상쟁을 일삼는 듯하여 마침내 민족의 위기라는 두려운 소리까지 듣기에 이르렀다.

그러나 거저 비분강개가 능사가 아니다. 지금까지 걸어온 고난의 길을 돌아보아 우리는 왜 이 고난의 길을 밟지 않으면 안 되었던가를 알아야 할 것이다.

첫째로 우리는 우리 몸에 묶였던 철쇄를 우리의 힘으로 끊지 못하였다. 과거 36년간 민족의 오욕을 피로써 씻으려고 뼈를 부수고 몸을 깨뜨려 바친 혁명가들이 많기는 많았지마는, 이것이 자유를 갈망하는 민족적 의욕의 표현이기는 하였으나 일제의 포학(暴虐)을 막아 낼 수는 없었다. 해외에 많은 혁명 단체가 있었으나 조국에 진군(進軍)할 만한 무력적 세력은 되지 못하였고 국내의 지하에 또한 혁명운동이 꾸준히 연면(連綿)하였다고는 하나 조직의 대중화는 불가능하여 민중은 세기에 반역하려는 일제의 진영에 그대로 예속되어 있었다.

그리하여 자유를 갈망하면서도 우리의 해방을 약속하고 오는 연합군에 항거하는 자의 전력을 보급하기에 최후의 순간까지 혹사되는, 카이로선언 그대로 노예 상태였던 것이다. 그래서 우리에게 해방은 꿈같은 일이었고 곧장 조직된 건국준비위원회가 비밀결사 건국동맹*을 모체로 하였다는 데 는 그 건국동맹이 어느 때부터 어떻게 민중과 연결이 있었던 것인지 알 수 없었던 것이다.

이 건국준비위원회라는 신성하고 거족적인 이름이 어느 한두 영웅의 사 랑방에서 조급하게 생겨지지 않고 좀 더 신중히 좀 더 냉정히 좀 더 금도 (襟度)를 폈던들 그 후의 분열과 상쟁의 절반은 면할 수 있었을 것이라고 보아야 옳고 통일합작할 수 있는 첫 번 기회에 성공했을 것이라고 본다. 건 준(建準)의 지도자가 소군(蘇軍)이 외교사절처럼 기차를 타고 올 줄 알고 여 학생에게 꽃을 들려 가지고 경성역으로 마중을 나갔다는 정도였으면 이들 이 얼마나 무정견(無定見)하게 허둥거렸다는 것을 알 수 있다. 입으로는 각 계각층을 망라한다 큰소리쳤으나 우익이 들어설 틈을 주지 아니 하였고 이렇게 좌우는 갈려서 출발하여 건국 이념은 애초부터 두 갈래로 벌어졌 던 것이다. 지금까지도 안재홍(安在鴻)** 씨는 그때 우익이 좀 더 아량이 있

---

* **건국동맹** 해방 직전인 1944년 여운형의 지도 아래 사회주의자와 민족주의자들이 모여 일본의 패 망과 조국광복에 대비하기 위해 국내에서 조직한 비밀 독립운동단체이다. 여운형 외에 조동호, 현 우현, 황운, 이석구, 김진우 등이 참여했다. 불문(不問), 불어(不語), 불명(不明)을 3대 원칙으로 삼았 고, 조선민족의 자유와 독립의 회복, 대일연합전선의 형성을 통한 일체 반동세력의 박멸, 노동대중 의 해방 등과 같은 강령을 내세웠다. 좌우를 묻지 않고 해외에 존재하는 조선인 반일단체와의 조직 적 결합을 모색했다. 해방 이후 건국준비위원회의 모체가 되었다.

** **안재홍(安在鴻, 1891-1965)** 언론인, 사학자, 정치가. 1919년 3·1운동이 일어나자 그해 5월 비밀 조직인 대한민국청년외교단에서 총무로 활약하다가 검거되어 징역 3년형을 선고받았다. 이후 20

었더면 분열을 면할 수 있었을 것이라 하지마는 이 안 씨마저 밀려나왔거나 스스로 나왔거나 간에 건준에서 실각하여 아예 이 속에 들어설 생각을 아니 하였던 우익의 비소(鼻笑)를 사지 않았던가. 그렇다고 건준에 협조하지 아니한 우익에게 건준 이상의 포용성이 있었다던가 특출한 무슨 묘책이 있는 것도 아니요 안 씨의 전철을 밟지 않으려는 신중이 있은 것도 아닌 채 그저 좌익을 혐오하는 감정을 그대로 발로(發露)하면서 일껏 빚어낸 것이 국민대회준비회였다. 이 국민대회준비회가 내세운 대의명분은 대한임시정부 절대 지지였으나 때는 이미 하룻밤 새에 인민공화국이 생겨나서 정부 행세를 하려 들었고 개인의 자격으로 왔다는데 불구하고 대한임시정부도 법통(法統)을 팔려고 내세워 국토도 찾기 전에 국권도 없는 두개의 정부가 씨름을 시작하였던 것이다.

지도를 연구하는 이 아니고는 별로 관심도 가져 본 일이 없는 소위 북위 38도라는 것이 이 땅의 절반을 찢어서 미소의 분할 점령이 있을 줄은 아무도 몰랐다. 같은 연합군이요 해방의 은인이요 민주주의라고는 하나 누구나 알듯이 하나는 자본주의요, 하나는 공산주의며, 그래서 한쪽은 좌를 편애하고 한쪽은 우를 편애할 것을 알았다. 이러한 세력의 양립과 교통의 차단 물자 교류의 두색(杜塞) 등 정치상 경제상 분열이 가져올 여러 가지 폐단을 깨달아 38도선을 철폐시키기 위하여 좌우는 급속히 통일합작해야 할

여 년 동안 9번에 걸친 투옥으로 7년 8개월간의 옥고를 치렀다. 해방 후 조선건국준비위원회 부위원장으로 추대되었지만 곧 사퇴했고, 그 해 9월 24일 국민당을 창당하고 당수가 되었다. 1946년에는 『한성일보』를 창간하여 발행인 겸 사장이 되었다. 같은 해 12월 미군정 과도정부 입법의원을 거쳐 1947년 민정장관을 맡으면서 잠시 신문사를 떠났다가, 1950년 제2대 총선에 출마하여 고향인 평택에서 당선되었다. 한국전쟁기에 납북되어 1965년 사망한 것으로 알려져 있다.

것이었음에 불구하고 이 두 번째의 기회를 우물쭈물 지나쳐 버렸을 뿐 아니라 도리어 제각기 제가 믿는 세력에 등을 대고 남이 우의 천하면 북은 좌의 천하가 되어 버리고 말았다.

삼상회의가 보내온 탁치 문제는 민족 통일을 절실히 요청하는 세 번째의 기회였다. 저 12월 31일과 1월 3일의 길거리에 추운 줄도 모르고 동원된 민중의 심리에 어떤 애절한 염원이 있었다는 것을 지도자들은 알은 체 아니하고 절대 반대·절대 지지 등 깃발을 내두르며 싸웠다. 민중은 신탁통치가 어째서 나쁜지 어째서 좋은지 채 알기도 전이었다. 그들이 들고 나선 깃발의 절대 반대는 실상 지도자들의 분열을 절대 반대한다는 의사의 표현으로 삼았으면 적절하였고, 절대 지지의 깃발인즉 통일합작을 절대 지지한다는 의사의 표현이라고 삼는 것이 적절할 것이었다. 그런데 이 기회에도 통일합작은커녕 도리어 민족 분열을 결정적으로 만들어 버려서 드디어 정치는 요술처럼 민중을 현혹케 하여 버렸다. 미소공동위원회의 개막은 통일합작하는 네 번째의 기회였다. 이 회담이 끝나면 1개월 이내에 임시정부를 조직하는 사명에 착수할 것을 성명하였을 때 우리는 그 전(前)으로 임시정부를 조직해 놓을 만한 준비 공작으로서 통일은 갈망된 것이었으나 민주의원*의

---

* **민주의원** 1946년 수립된 미군정청의 자문기관이다. 정식명칭은 남조선대한국민대표민주의원(南朝鮮大韓國民代表民主議院)이며, 약어로 '민주의원' 혹은 '남조선 민주의원' 등으로 불렸다. 1946년 2월 1일 임시정부계열 정치인들의 주최로 소집된 비상국민회의는 최고정무위원회를 조직하기로 결의하고, 그 구성을 이승만·김구·김규식 등에게 일임하여 28명의 최고정무위원을 선출했다. 그러나 미군정청의 요청에 의해 그 성격과 명칭을 바꾸어 '민주의원'이라 하였다. 주한 미군사령관 하지(John Hodge)의 자문기관으로, 미소공동위원회와 관련한 제반문제에 대해 토론했다. 좌익 세력 결집체인 민주주의민족전선과 대립했다.

모체로서 비상국민회의*와 좌익 측의 민주주의민족전선**이 생겨나서 기미(己未)와 삼일(三一)의 대립을 보았고 이것은 마침내 대한(大韓)과 조선(朝鮮)의 갈등으로 발전하였을 따름이다.

5월 6일에 미소공동회담은 결렬되어 무기 휴회가 되었다. 그 원인은 미소의 상호 견제가 절반쯤이면 좌우의 분열이 절반쯤이라고 보여지는데 우는 소련에 있다 하고 좌는 미국에 있다고 주장하고 있다. 모스크바에서 열렸던 삼상회의가 신탁통치를 결정한 것은 혹시 너무 멀어서 미처 몰랐다고 할까, 우리의 신변 측근에서 열리고 있던 이 회담이 결렬되고 나서 사흘

---

* **비상국민회의** 1946년 2월 1일 정부수립문제를 논의하기 위해 서울에서 결성된 정치단체이다. 1945년 12월 모스크바 삼상회의의 한국문제 관련 결정 사항은 신탁통치 문제를 중심으로 국내에서 격렬한 좌우대립을 발생시켰다. 특히 김구 등의 우익세력은 신탁통치 반대 입장을 분명하게 천명하면서, 국내외 각계각층 대표에 의한 비상정치회의를 통해 과도정부를 수립하여 정식정부로 나아가는 기반을 수립하고자 했다. 애초 비상정치회의는 좌우를 아우르는 단체로 출범할 계획이었으나, 좌익진영의 모스크바 삼상회의 결정 지지에 의해 우익 단독으로 결성되었다. 좌익 세력은 민주주의민족전선이라는 별도의 연합 정치단체를 결성했다. 1946년 2월 1일 서울 명동성당에서 167명의 참석 하에 과도정부 수립을 위한 최고정무위원회 수립이 결정되었고, 같은 달 13일에는 이승만·김구·김규식 등 28명을 최고정무위원으로 선출했다. 그러나 2월 14일 미군정청의 요청에 의해 미군정사령관 자문기관인 남조선대한국민대표 민주의원으로 개편되어 본래의 목적을 달성하지는 못했다.

** **민주주의민족전선(民主主義民族戰線)** 좌익과 중도파를 망라한 29개의 단체들이 1946년 2월 15일 결성한 통일전선체. 의장단은 여운형·박헌영·허헌·김원봉·백남운 등 5명이며 482명의 대의원으로 구성되었다. 민주주의민족전선은 미군정 하에서 입법기관의 위상을 지녔던 남조선대한국민대표민주의원을 우익세력이 장악하고, 충칭[重慶] 임시정부를 추대하던 세력과 이승만을 중심으로 한 세력으로 분열되었던 우익이 비상국민회의를 통해 결집되자 이들에 대항하기 위해 결성되었다. 이 단체는 미소공동위원회를 통해 임시정부가 수립되는 경우 한국 내의 유일한 정식대표로 자임하려는 목적을 가지고 출발했다. 이들이 내건 주요 내용으로는 모스크바 삼상회의 결정 지지, 비상국민회의 반대, 미소공동위원회 지지, 친일파·민족반역자 처단 등이 있다. 1949년 6월 북조선민주주의민족통일전선과 통합하여 조국통일민주주의전선을 결성했다.

뒤에야 미국 방송을 듣고 알았다는 것은 좌우의 지도자들이 이 회담에서 얼마나 유리되어 있었으며 이 회담의 청우(晴雨)에 불구하고 그저 눈감고 싸우기에만 열중하였던 것을 설명하는 것이다.

민중은 흥분하고 비통하였다. 실망하고 낙담하였다. 그러면 지도자들은 다시 한번 반성하여 통일에 노력했어야 옳은데 도리어 민중을 선동하고 야비한 욕설과 서투른 모략으로 제 주장을 세우려는 싸움으로 이 다섯 번째의 기회가 오고서 어느덧 석 달이다.

그러나 먼저 말한 바와 같이 그저 비분강개가 능사는 아니다. 다시 한번 냉정하여 생각을 민족 천년의 장래에 미치고 시야를 넓혀서 세계를 내다보고 역사를 통하여서의 현실을 직시할 필요가 있다.

역사는 어느 때나 보수 세력과 진보 세력의 대립이었고 또 항시 진보 세력의 승리에서만 발전이 있었다는 것을 생각할 때에 좌우의 분열이 조선만의 분열인 양 탄식할 것이 아니라, 세계의 어느 구석에서나 보수세력과 진보 세력의 대립 투쟁이 있고 이 양대 세력의 대립 아래 새 역사가 태동하고 있음을 볼 것이다. 그래서 세계의 일환으로서 조선에도 이러한 대립이 있고, 또 있어서 당연하며 없을 수 없는 역사의 필연인 것을 다시금 인식할 것이다.

그러나 이 대립이 결단코 민족 분열을 결과하여야 할 이유가 되어서는 안 될 것이다. 조선의 좌우가 이렇게 분열과 파쟁을 하고 있으나 각기 그들이 믿는 세력으로서의 미소(美蘇)는 보수적인 자본주의와 진보적인 공산주의의 대립이면서도 그들이 공동의 적을 격파하기 위하여 얼마나 깊은 이해와 따뜻한 우의를 발휘하였으며 현재도 국제노선이 그들의 협조에 의하여 정당한 민주주의로 발전하고 있는 것을 우리는 보고 있다. 하물며 망국의 원한과 노예로서의 쓰라림을 뼛속까지 경험한 우리요 혈통을 더듬으면 4천 년 전부터 골육인 우리로서 자주 국가를 건설한다는 천재일우의 기회를 만났음에랴.

정당한 역사관, 정당한 세계관을 가지고 피차의 의구와 경계하는 마음을 버려서 허심탄회하고 정권을 이권으로 알거나 아집의 전용물로 알지만 않으면 민족의 위기라고까지 하는 이 현실에 좌우가 다 같이 옷깃을 여며야 마땅할 것이다. 유럽(歐洲) 각국 선거의 결과는 무엇을 말하는가? 모두가 미국의 정책 그것보다는 좌경하였다는 것을 우익은 알아야 하며, 그러나 이 진보적인 세력이 전전(戰前)에 비하여 괄목할 만한 확대이기는 하면서도 25%밖에 되지 아니한다는 것을 좌익은 알아야 할 것이다. 미소의 공동회담이 휴회되고 나서 어느덧 석 달에 무더운 날씨와 함께 민중은 심신 모두가 거의 질식 상태에 빠져 있다. 이러한 때에 김규식(金奎植)* 박사와 여운형(呂運亨)** 씨의 회담은 확실히 암담한 속에 한 줄기 광명이 아니면 안

---

* 　김규식(金奎植, 1881-1950) 독립운동가, 정치가, 학자. 1919년 파리강화회의에 참석하여 대한민국임시정부 대표 명의의 탄원서를 제출했고, 임시정부의 초대 외무총장・부주석을 역임했다. 해방 후에는 모스크바 삼상회의의 결정이 전해지면서 민족 내부의 분열이 심화되자, 민족의 단합을 위해 노력했다. 1946년 5월 제1차 미소공동위원회가 아무런 성과 없이 무기 휴회하자, 여운형과 협력하여 좌우 정치세력들을 규합하기 위한 좌우합작운동을 적극적으로 전개했다. 같은 해 12월 과도입법의원이 설립되자 의장에 선임되었다. 1948년 남한만의 단독정부 수립이 적극적으로 추진되자, 민족분단을 막기 위해 1948년 4월 21일 평양을 방문하여 김일성・김두봉 등과 요인회담을 가졌다. 한국전쟁 때 납북되어, 그해 12월 평안북도 만포진 근처에서 사망한 것으로 알려져 있다.

** 여운형(呂運亨, 1886-1947) 독립운동가, 정치가. 1919년 재일유학생의 2・8독립선언과 3・1운동에 관여하고, 파리강화회의에 김규식을 파견하여 한국의 완전 자주독립을 호소했다. 1919년 대한민국임시정부 수립에 힘썼으며, 임시의정원 의원과 외무부 차장으로 활동했다. 1922년 모스크바에서 개최된 극동피압박민족대회에 참석하여 한국독립에 대한 적극적인 원조를 요청하기도 했다. 1929년 상해에서 일제 경찰에 체포되어 1932년까지 복역했다. 1933년 조선중앙일보사 사장,

되고 목이 타는 민중에게 청량제가 아닐 수 없다. 더욱이 이 회담의 성공을 바라는 하지 중장의 성명과 아직 구체적은 아니나 우선 좌우가 다 같이 이에 대응할 성의를 표시함에 이르러 그 전도(前途)에 기대되는 바가 또한 많았다.

그리하여 지나간 1년 동안 지리하였던 파쟁에의 권태를 잊고 비로소 국내의 통일이 정궤(正軌)를 찾는가 하였더니, 좌익의 5원칙 발표와 여기 응수한 우익의 8원칙 발표는 이를 대비 검토할 때에 이들이 과연 통일합작에 성의가 있는가 의아하지 않을 수 없었다.

우익은 가로되 좌의 5원칙은 조선에 공산주의 혁명을 주장하는 것으로서 결국 합작하지 않겠다는 것과 마찬가지라 반박하고, 좌익은 우의 8원칙을 매도하되 반동 노선의 고집이라 함에 이르러 합작공작은 다시 위기에 직면한 감이 있다. 지금 여기서 5원칙과 8원칙을 축조적(逐條的)으로 분석 검토할 여유가 없으나 한마디로 말하여 쌍방 원칙이 종래 각자의 주장에서 피차 촌보(寸步)도 나서지 않았다는 것을 지적하는 바로서 이럴 바에야 애당초 합작에 성의를 표시한 그것부터가 우스운 일이요, 격월(激越)을 무릅쓰고 말하라면 민중을 기만하는 것이요 우롱하는 것이라 할 것이다.

이 글을 초(草)하는 8월 4일 조선공산당은 강제 합작 절대 반대의 담화를 발표하였는데 이 담화가 시사하는 바에 미루어 8·15해방 기념행사도 3·1과 기미가 갈라졌듯이 다시 대한(大韓)과 조선(朝鮮)으로 갈라질 듯이

1934년 조선체육회 회장을 역임했다. 1944년 조선건국동맹이라는 항일 지하조직을 조직하여 해방에 대비하고자 했다. 해방 후 건국준비위원회 위원장으로서 조선 정치를 주도했다. 1946년 미소공동위원회가 결렬되자 김규식과 함께 좌우합작운동을 전개하였다. 1947년 7월 19일 서울 혜화동 로터리에서 극우청년 한지근에게 저격당해 사망했다.

보여진다.

　이론은 얼마든지 있을 수 있다. 이론이 모자라서 타협한다든가 양보한 정치는 전고(前古)에 없는 일이다. 다만 우리는 한 나라를 우리끼리 세우자는 이 절대적인 명제 아래서 일체의 아집을 떠나지 않으면 안 될 것을 이미 설파하고 남은 일이다. 슬프다, 참괴(慚愧)의 신역사(新歷史)여!

　미소의 협조에 의하여 얻은 해방의 기념식을 좌우로 분열한 채 거행하지 않으면 안 된다는 이 비극을 후일의 사필(史筆)이 어떻게 규정할 것이냐.

시련과 자유
— 해방 1주년을 맞이하며

— 1946년 8월 1일, 『민성』 제2권 제9호

1945년 8월 15일.

감격의 선풍(旋風) 속에 해방의 깃발이 이 땅에 날고 어느덧 1년이다. 굴욕의 역사, 허위와 학대가 끝나고 잃었던 자유와 문화를 찾고서 어느덧 1년이다.

그러나 지나간 1년은 반드시 희망과 광명에 찬 순탄한 1년만은 아니었다. 차라리 고통과 궁핍 속에 혼란과 상잔으로 다난한 1년이었다. 국토는 남북으로 양단(兩斷)된 채 지도층은 좌우로 분열된 틈에서 민중은 도탄에 헤매온 1년이었다. 이리하여 독립에의 형극(荊棘)의 길에 피곤한 민중이 하마 환멸을 느끼려 할 때에 우리는 감격의 8·15 첫돌을 맞이하게 되었다.

돌아보면 우리가 왜적의 철쇄에 묶이어 채찍은 뼈에 사무치고 언어조차 혀끝에서 박탈되었을 때 삼천만의 염원은 해방만 되는 날에는, 서로 붙안고 서로 도와서 자유의 천지 평화의 품속에서 낙원을 이룩하리라 하였다. 그런데 슬프지 아니하냐, 우리는 1년 동안 서로 싸우고 헐뜯기에 여념이 없었고 그리하여 지나간 1년 우리가 걸어온 고난의 길은 4천 년 역사를 통하여 미증유의 그것이었다. 그러나 우리는 덮어놓고 뭉치지 못한 것을 후회한다든가 현재의 암담을 그저 탄식만 할 것도 아니다. 지금까지 우리가 몸소 겪은 여러 가지 고통이 미증유인 까닭은 우리의 어깨에 걸머진 과업이 민주주의 새 나라를 세운다는 미증유의 것이기 때문인 것을 알아야 한다.

로마는 하루에 된 것이 아니다. 우리의 진정한 자유와 진정한 행복을 진정으로 보장하는 진정한 민주주의 국가를 세운다는 4천 년 역사상 미증유의 이 과업이 그렇게 쉽사리 성취할 수 있는 것이 아니다. 하물며 프랑스에서 중국에서 척척 숙청된 민족 반역자가, 독일에서 일본에서 처단되고 있는 전쟁범죄자가 조선에서는 아직도 어엿이 제집에서 기름진 음식으로 그몸을 기르고 있을 뿐 아니라 훌륭한 애국자로 변장하고 민중을 지도하려들고 정권도 이권이지 별거랴 하고 한몫 보자는 정상배(政商輩)가 있으며, 세계적 견지에서 잔재일까 몰라 조선에서는 생채기 하나 입지 않은 파쇼분자들이 당당히 호령하는 위치를 유지해 보려 하고 있다.

이것들이 모두 독립에의 길을 험로로 만드는 돌뿌리요 가시다. 이 장애물을 제거하지 않고서 그 길이 순탄할 수는 없는 것이다.

생각하면 우리는 지금 임산(臨産)의 고통을 겪고 있다. 이것이 하루속히 끝나기를 희망하지마는 덮어놓고 끝나는 것은 민족 위기의 연장인 것을 알아야 한다. 참자, 참아서 이 진통의 시련을 극복하자. 민족 천년의 진정한 자유의 진정한 행복을 낳기 위하여.

곡영우(哭迎又) 1년
― 민족의 지향을 찾자
― 1947년 1월 1일, 《경향신문(京鄕新聞)》

　　우리는 지금까지 우리 민족이 덮어놓고 싸운 것을 후회하지마는 덮어놓고 뭉치지 못한 것을 후회하지는 않는다. 흔히 말하기를 우리가 잃었던 자유를 다시 찾았다 하나 실상 우리는 아직까지 자유를 가져 본 일이 없었거늘 무슨 자유를 잃었다가 찾았단 말인가.

　　오늘날 민주주의의 위대한 승리에 의하여 국제노선이 비로소 우리에게 자유의 광맥(鑛脈)을 계시하기는 하였으나 우리는 아직 진실한 자유를 누리지 못하고 있다. 이 진실한 자유는 우리 전 인민이 선조 이래 지금까지의 어떤 기록을 뒤져 볼지라도 경험한 적이 없는 미지의 경지요 자유라는 용어조차 가장 근세(近世)에 이르러 남의 사전에서 얻어 낸 것일지언정 인민 전체의 평등한 복리를 보장하는 자유를 누려 본 적이 없었던 것이다. 이제야말로 우리는 몽매(夢寐) 간에도 그리던 자유의 광맥을 발견하기는 하였다. 그러나 이것이 아직 광맥일 뿐이매 우리는 이것을 발굴하고 정련(精鍊)하여 온갖 협잡물을 배제하고 순수하고 진정한 자유 그것을 가려내야 하는 어려운 공정이 남아 있다. 함에도 불구하고 이것을 정련할 때에 거기 몇 %의 자유가 함유되어 있는가를 분석해 볼 침착과 냉정과 과학적인 노력이 없이 그저 통일이란 미명 아래 협잡물이 섞인 그대로 덮어놓고 독립해 보려는 분야가 있어서, 싸움은 그칠 줄을 모르는 채 헛되이 또 1년을 보내고 전 인민이 도탄의 심연에서 그대로 울면서 새해를 맞는다.

희망에 벅찬 감격으로써 기쁘게 맞아야 할 새해를 첫해에는 절대 반대·절대 지지의 두 깃발을 들고 싸우는 지도자들에게 끌려서 추운 가두(街頭)를 떨며 행진한 이 민중이 또다시 두 번째 새해도 울며 맞아야 하는 심정의 애절함은 가슴을 저리게 하고도 남음이 있다. 얼마나 갈망하는 자주독립인가. 인민의 자유인가. 허건만도 천재일우(千載一遇)가 아니라 실로 4천 년 하고 2백 년 하고 다시 78년 만에 한 번 만난 이 기회를 가지고 우리는 서로 편협한 정통주의를 고집하여 싸우기에 세월을 흘려 버려 민생은 이제 와서 자주독립의 험로에 지치고 차라리 배부른 노예를 부러워할 지경에 이르렀다. 이것이 슬프지 아니하다면 천하에 또 무슨 슬픈 일이 있을 것이냐.

새해 아침에 옷깃을 여미고 다시 한번 우리는 정당한 역사관·정당한 세계관에 입각하여 우리 민족의 지향할 바를 엄숙히 생각할 필요가 있다. 역사는 어느 때나 보수 세력에 대립하는 진보 세력이 있었고 이 진보 세력의 승리에서만 발전하여 왔다. 그래서 우리는 종전 후 유럽(歐洲) 각국의 선거 결과가 미국의 가는 길보다 훨씬 좌경하였다는 것을 주목하는 자이며, 그러나 이렇게 좌익세력이 주목할 만한 확대이기는 하되 비율로는 25%밖에 아니된다는 것을 알고 있다. 민중은 새 발걸음을 걷는데 지도자만이 성급히 황새걸음을 걸으며 따라오라고 아무리 웨쳐도 이것은 도리어 민중과 유리될 위험이 있으며 진실된 인민의 자유를 얻기 위한 투쟁보다도 파쟁에 더욱 정열과 세월을 낭비하는 결과가 되지 아니하였던가. 다 같이 울자. 그리고 '노 카운트'를 부르자. 지금까지의 모든 파쟁에 '노 카운트'를 부르자. 그러고서 새판으로 진실한 싸움을 시작하자―인민의 자유를 위하여.

도산(島山) 선생의 최후

— 1947년 5월 15일, 『동광(東光)』 41호(속간본)

열한시 오십분, 오십오분, 호흡은 단속상태(斷續狀態)였다. 어찌보면 주무시는 것도 같았다. 땡 땡 땡….

찢어질 듯한 방 안의 긴장을 헤치는 괘종 소리는 유난히 우렁차다. 이렇게 땡 땡 소리에 모든 사람의 신경이 충동을 받는 중에 송진우 선생이 먼저 조용히 자리에서 일어섰다.

잊을 수 없는 1938년 3월 9일이다. 오후 세 시쯤 주치의 김용필(金容弼) 박사를 찾았다(그는 아직 학위논문이 통과되기 전이었으나 도산 선생은 그를 꼭 박사라고 불렀다.). 김 박사는 나에게 인사 대신에 머리를 흔들었다. 나도 그 뜻을 알았다.

"최후가 가까웠습니까?"

그는 대답 대신 이번에는 머리를 끄덕끄덕하였다.

"언제쯤?"

"오늘이나 내일은, 아마 오늘밤을 넘기시기 어렵겠지요. 이만큼 끌어오신 것도 기적이니까."

하며 김 박사는 의자에서 일어나서 뒷짐을 지고 창밖을 내다보았다.

도산 선생이 서대문감옥 병감(病監)에서 이 대학병원으로 보석입원(保釋入院)하신 지도 이미 다섯 달이다. 처음 출옥하시던 날 병원 침대에 누우시던 때 나에게,

"내 발을 좀 보오." 하시었다.

"많이 부으셨습니다." 하고 내가 말씀드렸을 때에,

"병으로라도 살이 한 번 쪘소." 하고 빙그레 웃으신 일이 있다.

"밥숟갈을 들 때도 혁명을 생각하라." 고 하신 이 늙은 혁명가가 태연히 배앝은 이 말씀이 유머러스하기에는 그의 육십 평생이 너무도 간난(艱難)

하였음을 나는 안다.

진찰 결과는 늑막염, 복막염 그리고 폐결핵이었다. 의사로서는 이미 선생의 재기는 불가능할 것을 단정한 모양이다. 그러나 선생은 늑막염은 경미한 것으로, 폐결핵은 그저 폐의 약간의 고장으로, 복막염만 치료되면 어서 동지들이 있는 옥으로 돌아가서 고생을 나누어야 할 것으로 생각하는 말씀이었다. 이렇게 석 달을 지내는 동안 선생의 병세는 날로 악화하여 주치의 김 박사는 마침내 나에게 선생의 최후를 선언하였다. 그러나 선생은 태연하여 꼭 일어나실 수 있는 것으로 믿으시고 위문 오시는 이에게마다 좀 더 차도가 생기면 전지요양(轉地療養)하실 것을 열심히 말씀하시었다. 나는 이것이 보기 딱하여서 C 선생과 상의한 끝에 다시 회춘(回春)하실 가망이 없는 것과 최후를 위하여 마음 준비를 하시도록 청하였다.

"그래?"

두 눈은 천정을 향한 채 일순 얼굴에는 엄숙이 흐르고 잠깐이지만 무거운 침묵이 나의 가슴을 눌렀다.

"이것이 김 박사의 의향이오?"

"김 박사뿐 아니라 C 선생과도 의논하고 여쭙는 것입니다."

"알았소. 나는 불민(不敏)한 사람이야. 소위 몸을 혁명운동에 바쳤다고 하면서 와석종신(臥席終身)이 당한가. 더구나 동지들을 옥중에 둔 채 나만 이렇게 뜨듯한 병실에서 정성스런 치료와 간호를 받았으니 죽기도 죄스럽소."

"필립(畢立)* 군이 곁에 없는 것이 섭섭합니다."

"아니, 아니, 나 개인으로 보면 복에 겨운 일생이오. 나이로 말하면 육십을 수(壽)했으니 부족할 것이 없고 병이 낫는대야 갈 곳이 감옥뿐이요 적의 발악이 점점 더 심할 모양이니 이때에 죽는 것이 몸으로서는 편하오마는…."

말씀 끝에는 가는 한숨이 흘렀다. 그러나 곧장 몸을 옆으로 돌려 담배 한대를 붙이시며 이렇게 말씀하셨다.

"요새 와서 김 박사가 자꾸 무어든지 먹구 싶은 대로 먹으라고 하더니 그게 그 말이었구먼. 알았소."

그 다음부터 선생은 누구에게나 전지요양할 말씀은 하시지 않았다. 그리고 이따금 나에게, "내 태도가 여상(如常)한가?" 물으시고는, "여상하십니다." 할 때에 만족함을 표하시었다. 사실 그 뒤부터 선생은 모든 것을 다 잊어버리신 듯하였다.

'체관(諦觀)이란 이런 것인가?' 하고 나는 생각하였다. 수양따님인 이응준(李應俊) 씨 부인이 눈치눈치 보다가 선생께 슬그머니, "미국에 전보 치십시다." 라고 말씀드렸다. 부인과 아드님 필립 군에게 알리자는 것이다. 그러나 선생은 들은 체 만 체 대답이 없으시어 혹시나 하고 이 부인(李夫人)이다시 말할 때에, "당치 않은 소리도 한다. 병원에서 죽는 것도 과해. 미국 있는 사람을 불러오면 무얼 하냐?"고 꾸짖으시었다.

---

* **필립(Philip Ahn, 1905-1978)** 미국의 한국계 영화배우. 안창호의 큰아들이다. 미국에서 태어나 한국 부모 밑에서 자란 최초의 한국계 미국인으로 알려져 있다. 1936년 영화 "애니싱 고즈(Anything Goes)"에 처음 출연한 후 1978년 사망할 때까지 영화와 TV작품 300여 편에서 활약했다.

"그래두." 하고 다시 한번 간(諫)할 때에 선생은,

"쓸데 없는 소리 다시는 마라." 하고 막아 버리시고 나에게는,

"내가 대보산(大寶山)을 사랑해. 묻힐 자리를 택하는 건 욕심이나 형편이 허락하거든 대보산으로 가져가고 그럴 수 없거든 망우리가 좋아. 망우리로 가게 되면 유상규(劉相奎)* 군 곁에 묻도록 하오." 하시었다. 김 박사는 그 후 20여 일을 계속하는 선생의 생명에 대하여 의사로서는 설명할 수 없는 기적이라 하고, "이건 필시 모든 것을 다 내버린 집착 없는 체관(諦觀)에서 나타나는 기적이라."고 감탄하였다.

허기는 3월에 들어 선생의 심신에는 중대한 변화가 일어난 적이 두 차례나 있었다. 간호하는 측근자들과 조용조용히 말씀하시던 끝에 돌연히 얼굴에 노기(怒氣)가 나타났다. 숨결이 가빠지고 점점 흥분하시기 때문에 모두들 웬일인가 당황할 때에 선생은 침대 머리맡에 있는 재떨이를 방바닥에 집어 동댕이를 치시며 이내 호령이 나왔다.

"이놈! 요 발칙한 놈! 쇼우와(昭和)야, 요놈! 쥐새끼 같은 남총독(南總督, 미나미 지로) 요 녀석…."

모두들 어쩔 줄을 모르고 몸을 떨었다. 피골이 상접한 그 여위고 여윈 몸 어디에 이런 노기와 우렁찬 목청이 있었는가 놀라웠다. 병실 복도가 쨍쨍 울리고 왜녀(倭女) 간호부장이 쫓아왔다가 황급히 달아났다. 좀 뒤에 김 박

---

* **유상규(劉相奎, 1897-1936)** 독립운동가, 의사. 경신중학교와 경성의학전문학교를 졸업했다. 상해 임시정부에서 안창호의 비서로 일했고, 흥사단 원동 지부에 가입하여 적극적으로 활동했다. 1925년 수양동우회에 가입하여 활동했고, 동우회 잡지 『동광(同光)』 등에 '태허(太虛)'라는 필명으로 많은 글을 실었다. 1936년 환자를 치료하던 중 감염되어 사망했다. 경기도 구리시 망우공원묘지에 안장되었다.

사가 들어와서도 얼마 동안 가만히 서 있다가 선생의 기운이 좀 지친 듯한 때에 손목을 잡고 만류하였다.

"오오 김 박사, 내가 분해서 그러오, 이런 괘씸한 놈들을…. 허지만 김 박사가 권하니 내 누으리다."

그러던 끝에 3월 9일이 온 것이요, 김 박사는 나를 만나서 인사 대신 머리를 흔든 것으로 선생의 최후를 알린 것이다. 밤중에라도 무슨 변화가 있으면 알리기를 청하고 저녁 때에 집으로 돌아왔다. 밤 열한 시쯤 신문사를 통하여 급보를 받고 병원으로 달려갔을 때는 선생은 이미 의식을 잃으시고 맥박과 호흡은 난조(亂調)였다. 산소 흡입을 하였으나 효과를 기대하는 것이 아니라 마지막 호흡의 곤란을 덜자는 것뿐이었다. 딸처럼 귀염을 받던 김려순(金麗順) 여사가 선생의 손을 부지런히 주무르고 있었다. 방 안에는 선생의 실형(實兄) 안치호(安致浩) 옹(翁), 간호하던 생질 김순원(金順元) 군, 그리고 김려순 씨 부녀와 이선행(李善行) 여사, 장회근(張晦根) 씨, 이응준 씨 부인 등이 모두 숨소리조차 삼키며 앉아 있었다. 좀 있다가 송진우(宋鎭禹)* 씨와 백관수(白寬洙)** 씨 두 분이 들어섰다. 다시 동아일보 기자 채

---

* **송진우(宋鎭禹, 1889-1945)** 정치가, 언론인. 메이지대학을 졸업하고, 귀환 후 중앙중학교 교장으로서 학생들에게 민족의식을 불어넣었다. 3·1운동에 가담하여 옥고를 치르기도 했다. 1921년 동아일보사 사장에 취임한 이후 민립대학 설립운동(1922), 충무공유적보존운동(1931) 등을 전개했다. 해방 직후 여운형이 주축이 된 건국준비위원회에 맞서기 위해 충칭[重慶]에 있는 대한민국 임시정부를 절대 지지한다는 기치를 내걸고 국민대회준비회를 결성하고 위원장에 취임했다. 이후 한국민주당의 수석총무가 되어 우익세력의 결집에 앞장섰다. 1945년 12월, 신탁통치안에 대한 첨예한 찬반양론의 소용돌이 속에서 신중론을 피력하다가 한현우 등의 극우청년들에게 암살당했다.

** **백관수(白寬洙, 1889-1961)** 독립운동가, 언론인, 정치가. 1915년 경성법학전문학교를 졸업한 뒤 일본으로 건너가 메이지대학 법학과에서 수학했다. 1919년 도쿄에서 조선청년독립단을 조직해 단장이 되었고, 3·1운동 직전 일본유학생들의 2·8독립선언을 주도했다. 1927년 조선일보사 대

정근(蔡廷根) 군이 들어왔다.

11시 50분, 55분, 호흡은 단속 상태(斷續狀態)였다. 어찌 보면 주무시는 것도 같았다. 방 안에서 괘종이 땡땡땡 12시를 치기 시작하였다. 선생이 몹시도 사랑하던 괘종이요 일부러 대보산에서 올려 온 것이다.

땡땡땡….

찢어질 듯한 방 안의 긴장을 헤치는 괘종 소리는 유난히 우렁차다. 이렇게 땡땡 소리에 모든 사람의 신경이 충동을 받는 중에 송진우 선생이 먼저 조용히 자리에서 일어섰다. 몹시도 엄숙한 얼굴이다. 손을 들어 내리쓰는 시늉을 두어 번 침대 머리맡에 앉은 안치호 옹에게 하는 것이다. 비로소 모두들 일어섰다. 안 옹(安翁)은 아우님의 눈을 감겼다. 나는 얼른 문을 열고 마침 문 앞을 지나가는 간호부에게 부탁하여 김 박사를 청하였다. 김 박사가 들어와서 가슴에 청진기를 대어 본 후 눈감은 선생께 예를 하고 이불을 얼굴에까지 덮었다.

"신문기자로 위대한 혁명가의 임종을 볼 수 있는 것은 나 하나뿐의 감격입니다." 라고, 채 군(蔡君)은 떠는 목소리로 내게 말하고 조간 보도를 위하여 신문사로 갈 때에 김순원 군은 방 안의 시계가 평소에 5분이 늦다고 일러 주었다. 비로소 서로 시계를 맞추어 보니 과연 괘종은 5분이 늦었다. 그래서 선생은 1938년 3월 10일 오전 0시 5분에 작고하신 것으로 되었다.

C 선생이 보낸 향을 피우며 날이 샌 뒤에 병실의 커튼을 제치매 뜰에는

표로 신간회에 참여했다. 해방 후에는 미군정 하에서 민주의원과 과도입법의원 의원을 지냈으며, 1948년 5 · 10 선거에서 제헌의원으로 당선되었다. 초대 법제사법위원장과 헌법 및 정부조직법 기초위원을 지냈다. 한국전쟁기에 납북되어, 1961년 사망한 것으로 알려져 있다.

큰눈이 내려서 나뭇가지마다 설경이 걸렸다. 안치호 옹과 김순원 군과 나와 세 사람은 아무도 밟지 아니한 이 눈을 밟으며 선생의 유해를 병실에서 영구실로 옮기는 뒤를 따랐다.

이날 낮에는 조각가 이국전(李國銓)* 군이 와서 선생의 데드 마스크(death mask)를 뜨기로 하였다. 경찰의 눈을 피하여 조심조심히 석고를 가져다가 이 군과 나와 단둘이서 영구실 문을 안으로 잠그고 석고를 개어서 선생의 사면(死面)을 떴다. 석고가 굳어진 뒤에 이것을 떼내는 순간 선생의 감기였던 두 눈이 번쩍 떠졌다. 평생에 인자하고 다정하시던 그 눈이시다. 지금은 아무 표정도 느낄 수 없는 이 눈에서 어쩐지 무슨 말씀이 있는 것만 같아서 두 사람은 한참이나 있다가야 다시 눈을 내려 덮어 드렸다. 그러나 저녁때 영구실을 들여다본 형사의 눈에 석고 가루가 발견되어 필경 이 애써서 성공한 비밀 작업은 탄로되고 까닭 없는 몇 사람의 조각가까지 경찰에 구금된 끝에 데드 마스크는 압수되고 나는 검사국의 취조를 받았다.

경찰은 다시 선생이 생전에 피고라는 이유로 소위 공식 장례를 금하여 일반의 조문도 금하고 친족이 상복 입는 것까지 금하였다. 다만 가족끼리만으로는 장사(葬事) 준비가 어렵다는 핑계로 나 한 사람의 관여가 허락되고 그 밖에는 일체 외인의 내왕을 간섭하기 위하여 동대문서(東大門署), 경기도 경찰부 헌병대의 정사복(正私服) 경찰관 10여 명이 파수(派守)를 보았다. 나는 하도 경찰의 이 소위(所爲)에 분격하여 동대문서 고등계 주임 와

---

* **이국전 (1915-?)** 조각가. 1937년 일본 니혼대학 예술과에 입학했다. 대학 졸업 후 1943년까지 도쿄에서 활발히 창작활동을 수행했다. 해방 후 서울대학교 사범대학 미술교수로 재직했고, 한국전쟁기 홍익대학 교원으로 있다가 월북했다. 이후 북한에서 평양미술대학 상급교원, 교통성미술제작소 제작부장 등으로 재직했다.

타나베(渡邊)라는 자에게, "일본의 무사도(武士道)가 사체(死體)에까지 채찍을 내리는 것인 줄은 나는 몰랐다. 선생은 생전에 총독정치(總督政治)를 반항하였으나, 그는 이미 망인(亡人)임에 불구하고 이렇듯 장례까지 간섭하는 것은 심하다. 그러나 우리는 선생의 유해를 당국과의 항쟁의 도구로 삼을 생각은 없다. 상복을 입지 않기는커녕 유해를 매장하지 말고 개굴창에 내버리라면 내버리기라도 할 것이다. 이것을 조선 사람이 다 보고 알게 될 것이다."라고 항의를 퍼부었더니, 그도 적면(赤面)하여 상부에 다시 교섭하겠으니 너무 흥분 말라고 말하면서 겸해서 장지를 평양으로 정하지 않고 서울로 정해서 자기네가 수고하는 귀찮음을 표시하고 물러갔다. 그날 밤에 와서 상복을 입는 것과 평양에서 내일 아침 입경(入京)할 조만식(曺晚植) 선생만은 장식(葬式)에 참여할 수 있도록 허락한다고 회보(回報)를 전하였다.

사흘째 되는 날, 전후에 경찰 자동차 경계 속에 모자 끈을 턱에 내린 경관들이 가로수 수효만큼 나열된 중에서 대학병원을 떠나서 망우리로 향하였다. 연도에는 역시 가로수처럼 경관이 늘어서고 망우리 쪽에서 시내로 들어오는 사람은 허락되었으나 시내에서 이 방향으로 나가는 통행은 일체 금지되었다.

망우리 묘지에는 옆구리에 권총을 찬 경관과 헌병 30여 명의 경계 속에서 오후 3시 선생은 지하에 들었다. 비석을 세우지 못한다는 명령과 함께 묘지에 심으려던 무궁화는 압수되고 그 대신 사쿠라를 가져왔기에 집어던지고 말았다.

오동진(吳東振) 선생을 추도함

— 1946년 2월 5일, 『민성』 제2권 제3호

비록 쇠수갑을 차고 굵은 밧줄로 얽혀매인 죄수의 모양이었지만 이런 모습에서 흔히
찾기 어려운 위엄을 선생은 그대로 지니고 계셨습니다. 일본 짚신을 신은 맨발은 새빨
갛게 얼었으나 눈에서는 그대로 불길을 뿜는 듯하였습니다.

내가 선생(오동진)*을 처음 대면한 것은 지금부터 18년 전 신의주지방법원 예심판사실에서였습니다. 그때 신문기자였던 내가 예심판사를 만나려 들어갔을 때에 마침 선생이 취조(取調)를 받고 계셨습니다.

퉁퉁한 몸집, 비록 쇠수갑을 차고 굵은 밧줄로 얽혀 매인 죄수의 모양이었지만 이런 모습에서 흔히 찾기 어려운 위엄을 선생은 그대로 지니고 계셨습니다. 일본 짚신을 신은 맨발은 새빨갛게 얼었으나 눈에서는 그대로 불길을 뿜는 듯하였습니다. 그러면서도 한갓 무변(武辨)으로만 돌리기에는 그때 내가 받은 인상은 너무도 좋은 영감이었습니다.

물론 그 자리에서 나는 선생과 회화(會話)할 권리를 가진 것은 아니었습니다. 다만 우연한 이 기회가 나로 하여금 법정에 서기 전의 선생을 볼 수 있는 호운(好運)을 곁들였던 것뿐입니다.

---

* **오동진(吳東振,1889-1944)** 독립운동가. 평양 대성학교 사범과 졸업했다. 고향인 의주에서 3·1운동에 참가했다가 체포의 손길이 뻗치자 가족과 함께 만주 관전현으로 망명했다. 간도에서 안병찬(安秉瓚)과 독립운동단체인 대한청년단연합회를 조직했다. 1920년 광복군 총영(總營)을 결성하고, 총영장이 되어 항일전투를 전개했다. 1922년 대한통의부의 교통부장과 재무부장, 1925년 정의부의 군사위원장 겸 사령장이 되었고, 1926년 고려혁명당을 조직하여 활동하다가 1927년 12월 일제 관헌에 체포되었다. 국내로 압송되어 무기징역을 선고받고 복역하다가, 1944년 공주형무소에서 순국했다.

만주에 있던 정의부(正義府)*는 기미년 독립만세 이후 조선이 가진 가장 큰 무력적인 혁명 세력이었고, 선생은 그 군사위원장이었습니다. 정의부를 조직하여 무력 행동을 영도(領導)하기 10년, 압록강을 건너서 일본군에게 항거하기 100여 회, 무위(武威)는 국경에서 일본군 공포의 적이었고, 신망(信望)은 전 만주(全滿洲)에 있는 백여만 조선인에게는 귀의(歸依)의 그늘이었습니다.

선생은 자금 조달을 미끼로 한 당시 평북경찰부(平北警察部) 고등경찰과장 김덕기(金悳基)**의 술수에 빠져 그의 손에 잡혀서 쇠수갑을 차고 고국의 옥으로 돌아왔습니다. 투옥되던 날 선생은 김덕기에게 면회를 청하여 사흘 뒤 그와 만났을 때, 선생에게서 이런 말을 들었노라고 김덕기는 조소(嘲笑) 삼아 내게 말한 일이 있습니다.

"지금 그대는 나를 이겼다. 그러나 이것이 일본 세력으로서 정의부(正義府)를 이긴 줄로 알아서는 안 된다."

나는 선생의 고택(故宅) 방문기를 쓰기 위하여 국경의 삭풍(朔風)을 안고 의주군(義州郡) 청성진(淸城鎭)으로 선생의 팔순 모당(母堂)과 사촌형 오동

---

* **정의부(正義府)** 1924년 만주에서 조직된 항일독립운동단체. 대한통의부(大韓統義府)를 중심으로 하여 길림(吉林)주민회·의성단(義成團)·서로군정서 등이 통합하여 결성되었다. 지린성 화몐현[樺甸縣]에 본부를 두었다. 이탁, 김이대, 지청천, 오동진, 김동삼 등이 지도부를 구성했고, 무장력은 7개 중대에 이르렀다. 군사행동을 주목적으로 했고, 화흥중학(化興中學)·동명중학(東明中學)·화성의숙(華成義塾)을 세워 중등교육과 간부양성에 힘썼다. 1927년 참의부와 함께 국민부로 통합되었다.

** **김덕기(金悳基, 1890-1950)** 일제시기 항일무장투쟁에 막대한 타격을 입힌 친일경찰. 16년간 평북 경찰부 주임, 고등과장을 거쳐, 1942년 평북 참여관 겸 산업부장, 이듬해 참여관 겸 농상부장을 역임했다. 오동진, 편강렬, 정창헌, 이진무 등을 체포 또는 옥사케 하여 항일무장투쟁에 막대한 타격을 입혔다. 강원도 양양 출신으로 해방 후 월남해 있다가 1949년 반민특위에 체포되어 사형선고를 받았으나, 한국전쟁 발발 직전 감형을 받아 풀려났다.

모(吳東謨) 옹을 찾은 일이 있었습니다.

청성진은 압록강 연안의 조그마한 포구였습니다. 거기 선생의 생가가 있고 교명(校名)은 잊었습니다마는 선생이 설립한 학교가 있었습니다.

선생은 일찍 도산 안창호* 선생을 사사(師事)하였습니다. 그의 우국 연설에 분발(奮發)하여 상투를 깎고 평양 대성(大成)학교에 입학하여 도산의 훈도(訓導)를 받으셨습니다. 사사하는 도산이지마는 실상 동년배로서 노학생(老學生) 중의 하나였다고 그 후 도산 선생에게서 들었습니다. 대성학교**를 졸업하고 고향에 돌아가서 학교를 세우고 사재(私財)를 기울여 교사(校舍)를 지었습니다.

그 교지(校地)가 바로 선생의 문 앞 전토(田土)로서 내가 갔을 때에도 역시 교사 앞 조그마한 주택에 선생의 모당(母堂)이 계셨습니다.

선생은 기미년 3·1운동의 계획을 듣자 곧 평양으로 나가서 손수 독립선언서를 가지고 돌아가 3월 1일에 만세운동을 일으키고 관헌(官憲)에게 쫓기어 압록강을 건넜고 모든 것은 실력이 해결하는 진리에 순응하여 곧 정의부 조직에 착수하였던 것입니다. 그때 조선 독립을 위하여 조선사람

---

* **안창호(安昌浩, 1878-1938)** 독립운동가, 사상가. 호는 도산(島山)이다. 평남 강서 출생으로 1895년 구세학당(救世學堂)에 들어가 기독교도가 되었다. 1897년 독립협회에 가입하고 평양에서 만민공동회를 개최했다. 1902년 미국으로 건너가서 한인공동협회를 만들고 『공립신보(共立新報)』를 발간했다. 1906년 귀국하여 신민회를 조직하고, 태극서관, 대성학교, 청년학우회 등을 조직하면서 민족 지도자 양성에 힘썼다. 105인사건으로 신민회가 해체되자 1913년 흥사단(興士團)을 조직했다. 3·1운동 이후 상하이로 가서 임시정부 내무총장, 국무총리대리 등을 역임했다. 1932년부터 윤봉길 사건, 동우회 사건 등으로 수감생활을 반복하다가, 1938년 감옥에서 얻은 병환으로 사망했다.

** **대성학교(大成學校)** 1908년 안창호가 평양에 설립한 중등교육기관. 안창호는 일제 침략에 맞서 인재를 양성하고 민족 교육을 실시해야 한다고 생각하여 대성학교를 수립했다. 평양의 유지 김진후의 재정적 뒷받침을 바탕으로 윤치호가 교장직을 맡아 운영했다. 일제 탄압에 의해 1912년 폐교되었다.

의 손으로 만주 각지에 여러 가지 무력 단체가 봉기하였는데 그중 정의부가 가장 꾸준히 발전하였고 날을 따라 세력이 확대된 것은 영도자의 위망(威望)을 웅변하는 것입니다.

선생은 한 번 몸을 나라에 바치자 일체의 사생활을 몰각(沒却)하였습니다. 신의주감옥으로 넘어간 지 1년 후에 선생의 부인이 어린 아들을 이끌고 길림(吉林)에서부터 도보로 면회를 왔을 때에 전옥(典獄)은 허락하였으나 선생 자신이 이 원래(遠來)의 육친과의 면회를 거절하였습니다. 이유는 나라에 바친 몸에 사친(私親)이 없다는 것이었습니다.

부인은 통곡하였습니다. 애식(愛息)도 울었습니다. 전옥(典獄)이 이것을 딱하게 여겨서 직접 선생의 감방을 찾고 면회하기를 권하였을 때에,

"다시는 면회 오지 않을 것과 오동진 가족으로서 구구(苟苟)함을 보이지 않는다."

는 서약서를 부인에게 쓰라 하였고 이 서약서를 받은 뒤에 비로소 면회하였습니다. 그 뒤 길림으로 돌아간 애식(愛息)이 화재로 인하여 소사(燒死)한 흉보를 접하고 태연히,

"생사(生死)는 사람의 뜻이 아니라."

하여 전옥으로 하여금 선생은 자기가 맡은 죄수가 아니라 모시고 있는 위대한 인물인 것을 자긍(自矜)하게 하였습니다. 그리하여 옥중에서 43일간 단식을 단행하였을 때도 그것이 일찍부터 기독교에 귀의한 선생의 신앙에서 나오는 기도 행위인 것을 알자 전옥은 애써서 이를 방해하지 않았고 간수들에게 명하여 선생의 옥창(獄窓) 근처에서는 떠들지 못하게 주의하였고 우유와 보리죽과 과즙을 마련하여 언제든지 섭식(攝食)을 개시하실 때 공궤(供饋)할 준비를 하였던 것입니다.

"40일 이상의 단식은 세계적 기록이다. 나는 그의 종교심에 경의를 표한다. 단식 중에 특히 건강에 유의하여 매일 의사로 하여금 진찰을 시키는데 과연 놀라운 기력이다."

라고, 전옥은 내가 왕방(往訪)하였을 때 대답하였습니다.

내가 선생의 고택을 방문하였을 때 만나 본 사촌형 오동모(吳東謨) 옹도 범연(凡然)한 이가 아니었습니다. 그는 자작농을 하는 소지주였는데 선생이 만주에 있는 동안 국내 동포들에게 군자금을 거두기 전에 먼저 내 땅을 팔아 쓰리라 하고 사촌형에게 부탁하여 모두 팔아 가셨습니다.

그러나 실상은 그때 갑자기 땅을 팔 수도 없어서 사촌형은 아우의 토지를 맡고 빚을 얻어 보냈더라 합니다. 그 후 이 사실을 아신 선생은 신의주에 투옥되면서 곧장 당신의 재산은 전부 당신이 설립한 학교에 기부하라고 사촌형에게 다시 부탁하여 말하자면 선생은 토지를 이중매각을 하신 셈이었습니다.

"아우는 큰 사람이요, 그가 하라는 대로 학교에 기부하였소."

하고, 오동모 옹은 서류를 내게 보여주었습니다.

모당은 생모(生母)가 아니었습니다. 생모는 선생 소년 시절에 타계하셨고 비록 계모(繼母)지마는 그 애정이, 비록 계자(繼子)지마는 그 효성이, 동리의 칭찬을 받았다는 말도 들었습니다. 선생이 잡혔다는 말을 듣고 모당이 기절하였다는 사실로써 이 칭찬이 헛칭찬이 아닌 줄을 알 수 있습니다.

선생은 최후까지 일본 법률을 무시하였고 강제는 당할지언정 순응하지는 않았습니다.

선생은 김덕기의 손에 체포되기 전에 이미 궐석판결(闕席判決)로 10년 징역을 지고 계셨습니다. 그러므로 일단 체포된 바에는 기왕의 궐석판결을 복역하면 이여(爾餘)의 다른 모든 사건은 법률상 연속범으로 인정되어 불문에 붙이게 되는 것이었습니다. 말하자면 일제가 아무리 선생을 죽이고 싶을지라도 법률상으로는 10년 징역 이상을 더 지울 수 없는 것이었습니다. 그러나 선생은 이것을 불응하였습니다. 처음 선생을 취조하던 일인 검사는,

"궐석판결에 복죄(服罪)하는 것이 피고에게 유리하다. 이를 불복하고 다시 재판을 받게 되면 궐석판결 이후의 사건도 묻게 되므로 사형이나 적어도 무기징역을 면치 못할 것이다."

라고 설명하였으나 선생은 불응하였습니다.

"내가 바르고 네가 그르거던 복죄(服罪)란 무슨 말이냐?"

는 것이 선생의 일관한 답변이었다고 합니다. 본도(本島)라는 검사는 나에게

"오동진은 우직(愚直)한 자다."

라고 말하였습니다.

선생은 예심(豫審)만 6년이 걸렸습니다. 이것은 일본이 정치범을 예심한 이래 최고 기록이었습니다. 아니, 세계사상 정치범을 학대한 최고 기록일 것입니다. 3개월로 한정되어 있는 예심 기간을 20회 이상이나 갱신하였고 끝까지 독방에 가두었습니다. 이리하여 일시(一時)는 선생의 발광설(發狂說)까지 나도록 되었던 것입니다. 6년 만에 예심이 종결될 때 예심판사는 또 한 번 10년 징역의 궐석판결을 복죄하는 것이 유리할 것을 권고하였다고 합니다.

그러나 선생은 거절하였습니다. 결국 공판(公判)으로 넘어가서 1심, 2심까지 끝끝내 법정투쟁으로 일관하여 재판에 응하지 아니하였고 3심에서

서류 심리로 무기징역이 확정되었습니다.

"일본 법률은 일본인에게 쓸 것이지 조선 사람에게는 부당하다."

는 것이 선생의 태도였습니다.

내가 선생과 만나서 직접 회화(會話)할 기회를 얻은 것은 선생이 신의주 감옥에서 평양감옥으로 이감(移監)되실 때였습니다. 도중(途中)에까지 마중 나가서 열차 맨 끝 침대차에 형사 두 명에게 호송되어 오는 선생을 발견하였을 때 선생은 3년 전 신의주지방법원 예심판사실에서 보신 내 얼굴을 기억하셨고 쇠수갑 찬 두 손을 들어 절그럭 소리를 내면서 악수를 주셨습니다. 내 성명을 듣자 종씨(宗氏)라 하여 더 반갑다 하시었고 내가 고택을 방문하였던 것을 말하였을 때에 첫마디가,

"그 이듬해 봄에 어머니가 돌아가셨소."

라고 모당이 작고하신 것을 말씀하였습니다.

세상 형편을 묻고 특히 도산 선생과 대성학교 출신들의 성명을 대면서 안부를 물었습니다. 내가,

"복심(覆審)에서도 재판을 아니 받으시려는가?"

고 물었을 때 선생은 소이부답(笑而不答)하셨습니다. 물을 것도 없다는 뜻이거나, 대답할 것도 없다는 뜻이었던 줄 압니다.

선생은 일본의 패망과 조국의 광복을 굳게 믿고 계셨습니다. 그로부터 다시 5년의 세월이 흐른 뒤 중일전쟁이 개시된 직후 내 집에 찾아온 어떤 청년은 이상한 서신 몇 통을 전하였습니다. 감옥에서 쓰는 휴지에 연필로 잘게 쓴 편지였습니다. 이 비밀 편지를 가지고 온 청년은 경성형무소(京城刑務所) 의무실 급사였습니다. 선생은 경성형무소에서 의무실 간병부로 계셨던 것입니다.

"내가 늘 기억하고 사랑하는 오기영 군아 대강도, 대악마, 대헤롯 일본놈이 망할 시기가 도래하였다. 우리 대한의 광복을 볼 시기도 가까웁다."

이러한 문구를 여러 번 중복하여 쓴 편지였습니다. 선생은 중일전쟁의 종말이 일본을 패망시키고 조국에는 광복이 올 것을 믿은 증거입니다.

선생이 믿었던 그대로 일본은 패망하였습니다. 우리는 그 철쇄로부터 해방되었습니다. 그런데 지금 선생은 타계에 계십니다. 이 해방을 위하여 일생을 바친 선생은 드디어 옥중에서 다시 자유의 천지를 밟지 못하고 돌아가셨습니다.

일본 법률을 시인하지 아니하고 무기징역을 강제당한 선생은 마침내 옥중 생활 16년 만에 1944년 12월 1일, 시체로서 옥문 밖을 나오셨습니다. 8개월만 더 사시었더면 조국의 해방을 몸소 보실 것을. 몸소 누리실 것을.

망국 36년에 대강도, 대악마의 손에 목숨을 잃은 혁명가가 손으로 꼽기에 그치리까마는 선생을 생전에 한 번 더 뵙기를 바랐더니….

이제 이 회고기를 선생 영전에 울며 바치는 바입니다.

(1945. 12. 15)

좌우합작의 가능성
— 불합작(不合作) 구실의 축조적(逐條的) 검토
— 1946년 7월 1일, 『민성』 제2권 제8호

우리는 지금 민족 천년의 운명을 좌우할 관두(關頭)에 서 있는 자신을 충분히 인식한다. 그래서 우리는 자멸과 갱생 두 가지 중에 갱생의 권리를 선택하였고 또 그 기회가 정히 지금인 것도 알고 있다.

"38도선이 제거되어 경제상 정치상으로 적당한 통일을 못 본다면 극동에서의 독립국가로서 재기할 조선은 결국 천재일우의 호기를 잃고 말 것이다."라고 경고하는 폴리 대사(大使)*의 이름을 듣기 전부터 우리는 이 사실을 몸소 느껴온 것이다.

그러면서도 여태까지 지도자들의 분열과 파쟁은 조국을 들어서 점점 더 파멸의 구렁으로 끌고 가는가 싶어 드디어 민중은 해방의 기쁨에서 환멸을 느꼈고 독립에의 험로는 피곤할 뿐이었다.

그러나 한 번 더 냉정(冷靜)하여 조용히 생각을 민족 장래에 미치면 봉건의 유물 일제의 잔재가 소탕되기는커녕 오히려 이것을 은근히 육성하는 온상이 뻐젓한 오늘날 피차의 냉철한 비판과 규탄이 설혹 예의에 벗어났다고 비난은 할망정 깡그리 비탄하고 낙망할 것도 아닐 수 있다.

---

* **폴리 대사(Edwin Pauley, 1903-1981)** 연합국배상위원회의 미국 대사 에드윈 폴리를 지칭한다. 폴리는 석유 사업가로서 민주당 재정 부문에서 중요한 역할을 담당했던 인물이다. 트루만의 각별한 친구로서, 1941년 소련과 영국을 위한 렌드-리스(Lend-Lease) 지원 정책의 석유 담당관으로 활약했고, 트루만 취임 후 배상위원회 대사를 역임했다. '포레 사절(使節)'로 표기되기도 했다.

그리하여 "현재의 고통은 바야흐로 새 자유를 빚어내는 임산(臨産)의 고통인 것이다. 목전의 현실은 암담하여 보일는지 모르나 장구한 기간을 두고 본다면 이는 분명히 발랄한 기운이 떠돌고 있는 과정이라 할 것이다."라고 갈파한 《뉴욕(紐育) 타임스》의 사설 '동양의 진통'은 그것이 중국과 인도의 상태이면서 아울러 조선의 실정이기도 한 것이다.

우리는 독립하지 않으면 안 된다. 완전히 자주독립하지 않으면 안 된다. 그 절대적인 요건이 통일합작에 있고 보면 우리는 독립을 단념할 수 없기 때문에 또한 어떻게 하여서든지 통일에의 원칙을 찾아야 하고 합작에의 방법을 세워야만 한다.

불행히 우리는 어떠한 조선을 건설할 것이냐 하는 근본적인 건국이념에서부터 좌우의 대립을 보고 있었다.

그러나 우리는 우(右)의 희망하는 지주 자본가의 이익만을 위하는 착취장(搾取場)으로 이 땅을 다시 내맡길 수도 없는 바이며 그렇다고 지금 이 조선에 급격한 공산주의 혁명을 희망하지도 않는 바다. 그래서 우도 토지국유론에 겨우 기술문제를 운운할지언정 근본적인 반대를 아니하고 있고 좌가 또한 현단계를 프롤레타리아 혁명 과정이라 아니하고 부르주아 민주주의 변혁 과정으로 규정하고 있는 것이다.

하물며 공산당 박헌영 씨의 말을 빌리면, "인민공화국은… 인민적이며 민주주의적임은 틀림없으나 좌익적이라는 구실하에 우익 측의 극력 반대를 가져오고 있음에 감(鑑)하여, 또한 국제관계를 고려함에서 이것을 정권으로 끝까지 고집한다면 타협점을 발견하기 극히 곤란할 것이다. 그러므로 우리는 우익과 분열을 막기 위하여 즉 통일을 위하여 그러한 주장을 겸손(謙遜)하는 것이다."라고 하고 있다. 그러면 지금 이 인민공화국은 해소된 것으로 인정하여 마땅하고 김구 주석을 중심으로 한 임시정부 또한 완전히 자기모순과 자기 무력(無力)을 폭로하였다. 좌우는 다시 민주의원과 민주주의민족전선으로 대립을 보고 있으나 이들이 피차 '조선적 관념'에 귀일(歸一)하지 않으면 결국은 또다시 인민공화국과 임시정부의 전철을 밟게 될 것을 두려워하는 바다.

좌익 세력의 집결체를 그대로 정권으로 주장하지 아니하고, 우익이 또한 항상 성명하는 대로 일계급 일당의 독재를 원치 않는다는 그것이 비록 좌익만의 정권·좌익의 독재를 원치 않는다는 말이지마는, 따라서 우익만의 독재도 당연히 부정되는 주장으로 이해할 것이다. 여기서 우리는 좌와 우의 주장이 '조선적(朝鮮的)'이라는 새 이념 아래 귀일할 가능성을 발견하지 않으면 안 된다. 이미 세계의 대세와 국내의 정세가 우익으로서는 아무리 싫거나 좋거나 좌익이라는 엄연한 세력이 있음을 시인할 것이요, 좌익으로서는 장래의 이상 그것은 장래의 문제요, 현단계에서 소비에트 조선의 건설기가 아닌 것을 자인하는 것이면 그것은 결국 조선 인민에게 알맞는 조선적인 건국이념에로 한 걸음 더 나서야 할 것이다.

둘째로 좌우 불통일(不統一)의 고질이 신탁 문제에 있다. 그러나 삼상회의 전적 지지를 주장하는 좌로서도 "그야 즉시 독립을 누가 바라지 않으랴." 하여 탁치가 삼상회의 결정이요, 삼상회의가 조선 독립을 보장하니 그대로 따를 수밖에 없다는 것이고, 우의 말에는 탁치 그것을 반대하는 것뿐이요, 삼상회의 전체를 반대하지 않는다 하고 있다. 또 좌익의 성명에 의하여 우리는 삼상회의가 결정한 조선에서의 탁치가 결단코 제국주의 시대의 위임통치*와는 성질이 다른 것도 알기는 알았다. 그러나 이것이 즉시 독립만 못하다 하는 점에서 좌우의 심정이 동일하고 보면 이것을 혐오하는 민중의 감정이 결코 김구 · 이승만 씨 등의 오도(誤導)에 의함이 아니며, 하물며 이 반대만으로써 친일분자가 되거나 파쇼 분자일 리는 없어야 옳다고 본다. 우리는 이 신탁이, 미국의 제창을 소련이 승인한 것뿐일 줄로 이해하려는 것이다. 그러면 최초 10년의 신탁을 주장한 미국에 대하여 이를 5년으로 단축시킨 소련의 조선에 대한 이해와 우의(友誼)는 확실히 높게 평가할 것임은 물론이다. 그러나 이 결정이 본시 조선인 의사의 반영이 없었던 삼상회의에서 된 것이요, 그 후 이를 반대하는 민중이 많고 또 그 반대를 이해하려는 일국(一國)이 있는데 이를 끝까지 고집하는 일국이 있다 하면 여기 조선인의 취할 태도는 무엇일까.

우리의 해방이 우리의 손으로 전취(戰取)한 혁명이 아니요, 연합국 승리의 산물이기 때문에 우리의 의사만으로써 독립국가에까지 도달하기 어려운 것은 사실이다. 그러나 우리는 우리의 통일된 의사의 표시가 있을 때, 우리를 위하노라 하면서 우리가 원치 아니하는 결정을 지은 것이 있으면 이것은 능히 제거에 성공할 수 있지 않을 것인가. 설혹 성공하지 못한다 하더라도 우리는 정당한 주장을 주장할 권리의 소유자이어야 할 것이다.

미국 해럴드 트리뷴 지(紙)의 논평을 보면, "전 세계에 긍(亘)하여 민주주의와 소련과의 사이에 전체적으로 양해와 타협이 성립된다면 조선에서 어

---

* **위임통치** 제1차 세계대전 후 국제연맹규약에 의하여 인정된 후진지역에 대한 식민지적 국제통치 형태를 지칭한다. 1차대전 승전국인 영국 · 프랑스 · 일본 등이 독일 · 터키의 식민지 및 여기에 준하는 영토에 대해서 국제연맹의 위임을 받아 수행한 통치형태이다. 위임통치지역은 그 지역 주민의 수준에 따라 세 가지 형식으로 구분되었다.

떤 문제도 해결키에 곤란한 문제는 없을 것이다." 하였는데 가령 이것을 신탁통치 문제에 비겨 볼 때에 삼상회의가 만일 그 결정을 정정하여 탁치를 아니하기로 한다면 그때 좌익은 물론 쌍수를 들어 환영하리라고 믿는다. 그것은 신탁이 즉시 독립만 못하다는 것은 일찍부터 시인하는 터였고, 다시 삼상회의 결정은 절대 지지하는 좌익이기 때문이다. 이리하여 탁치 문제 그것이 그다지 좌우 불통일(不統一)의 중대한 문제가 되어야 한다는 것은 좌우 쌍방의 정치적 빈곤을 의미하는 것이요, 금도(襟度)가 좁고 타협에 불성실하였음을 설명하는 재료일 뿐으로서 이 문제를 통일에 대한 전제 조건으로 서로 버티고 있을 것이 아니라고 본다.

미소공동위원회 휴회의 원인을 38도선 철폐 여부와 탁치 반대 진영의 정치 활동을 금지하는 여부에 있다고 하여 민중은 흥분하고 비분하였었다. 그러나 우리가 다시 냉정하여 지금 미소 간에 개재한 여러 가지 세계 문제의 해결 여하를 관찰할 것이다. 미소는 공동의 적을 격파하기 위하여 유럽(歐洲)에서 동아시아(東亞)에서 일찍 인류의 역사에서 유례를 볼 수 없는 최대의 우의와 협조를 발휘하였다. 그러나 지금 재건되는 유럽에서, 동아시아에서 인류는 다시 제3차 세계대전을 수근거릴 만큼 은근한 알력과 심각한 견제가 미소간에 끊임없이 연면(連綿)하고 있음을 체험하고 있다.

이렇게 보면 우리는 조선의 불통일을 세계 문제의 하나로서 미소 간의 양해와 견제에 청우(晴雨)가 달린 것으로만 알기 쉽고, 또 그래서 피차 자기 등을 밀어 주는 세력에 귀의하기에 열중하기 쉽기도 하다.

과연 민주의원을 중심 세력으로 한 우익 단체의 거개(擧皆)가 공위(共委)의 참가 단체로 결정되면서 좌익 단체의 거개를 제외하였다는 것은 단순히 미국 측 위원의 창의였던가를 우익은 반성할 것이다.

이러고서 북조선에서 좌익만을 옹호하는 세력을 어떻게 비난할 것인가.

문제는 결국 좌우 쌍방이 다시 한번 냉정한 자기비판과 반성으로써 족히 해결할 수 있을 것이다.

일제의 잔재, 봉건적 유물과 파쇼 분자를 거느리고 있다고 지탄을 받는 우익은 냉정히 자기반성을 다시 한번 할 것이요, 또 이것을 정당히 지탄하는 좌익 자신도 그 산하에 이러한 분자가 조직에 편승(便乘)하고 있음을 솔직히 시인하고 이 과오를 청산함으로써 진정한 좌익으로서 조직을 정비할 것이다.

물론 세계는, 지금 보는 편에 따라서는 공산주의 세력이 그리 클 것이 없을 수도 있고, 또 현재는 비록 우세하다고 하나 필경은 몰락되고야 말 역사적 운명을 걸어가고 있는 자본주의 세력일 수도 있다.

그러나 조선으로서는, 현재 38도선으로 양분되어 있는 조선으로서는 어느 한 편 세력을 과대히 신뢰한다든가 과대히 경멸할 것이 못 된다. 저간(這間) 정계의 내막을 들여다보면 이른바 '수(數)'의 문제가 알력의 골자요, 불통일의 원인이지 기여(其餘)는 모두 이 원인을 합리화하려는 이론에 불과하는 것임을 알 수 있다. 그러면 이 '수'의 문제를 어떻게 해결하느냐 함에 있어서 아직 민주주의에 익숙하지 못하고 선거가 무엇인지도 모르는 민중을 상대로 내 세력 네 세력을 다툰다는 것부터가 솔직히 말한다면 권력에 대한 싸움밖에 아무것도 아니다. 그러므로 각자의 승리와 패배는 장래에 두고 우선 현재의 극우와 극좌만을 겸손케 함으로써 이 또한 가능한 방도를 발견할 수 있을 것이다. 좌도 독재를 주장치 아니하고, 우도 독재를 주장치 아니하면 이 세력의 균등이 어려울 이유가 어디 있으며 '수'의 문제 해결이 어려울 것이 어디 있으리오. 요는 좌우가 다 같이 한 번 더 조선적인 이념에 충실하는 자아에의 복귀에 있다.

공위(共委)가 휴회되고 나서 이미 두 달이 지났다. 그 재개를 열망하는 심정이 좌우에 한결같으나 필경 좌우의 통일이 없이 재개는 바랄 수 없고, 재개된다 하여도 성과는 바랄 수 없을 것이다.

3당 합동(合同)의 생리(生理)

— 1946년 9월 1일, 『민성』 제2권 제10호

　북조선에서 공산당과 신민당(新民黨)* 합동의 뒤를 이어 남조선에서도 공산당·인민당**·신민당의 합당 공작이 진척되고 합동의 방법과 기술과 자색(自色) 청산 등 과제를 싸고도는 좌익 계열의 파동(波動)은 주목할 만한 바가 있다.

　이것은 원래 북조선에는 인민당이 없었고 남조선의 신민당이란 출장소적 존재였으므로 결국 남북을 통하여 공산당·신민당·인민당의 3당 합동으로 볼 수 있다. 그러면 이 남북에서의 좌익 계열 3당의 합동은 어떤 의의를 가지는 것인가. 이제 합당에 이르기까지의 3당의 창화(唱和)한 바를

---

* **신민당**　1946년 2월 평양에서 창당된 조선신민당을 지칭한다. 중국 옌안(延安) 지역에서 주로 활동했던 조선독립동맹 계열 공산주의자들을 중심으로 창당되었다. 1946년 8월 북조선공산당과 합당하기까지 6개월간 존속했다. 1946년 1월 서울에 경성특별위원회를 조직했고, 같은 해 6월 경성특별위원회를 남조선신민당중앙위원회로 개칭했다. 북한지역 신민당은 주석 김두봉, 부주석 최창익 등에 의해, 남한지역 신민당은 위원장 백남운, 부위원장 정노식 등에 의해 지도되었다. 마오쩌둥의 신민주주의를 북한의 현실에 적용하려 했으나, 북조선공산당의 대중정당화 방침에 호응하여 1946년 8월 북조선노동당으로 합당되었다.

** **인민당**　1945년 11월 여운형이 중심이 되어 창당한 조선인민당(朝鮮人民黨)을 지칭한다. 건국준비위원회 조직을 모체로 하여 창당되었고, 중도좌파적 성향을 갖고 있었다. 위원장 여운형, 부위원장 장건상이었다. 1946년 남조선신민당·조선공산당·조선인민당의 3당 합당운동이 일어나자 당내 찬반 대립으로 심한 갈등이 발생했고, 결국 남조선노동당의 결성으로 기울어졌다. 이 와중에 여운형은 좌파세력을 중심으로 따로 사회노동당을 조직(1946.11.12.)함으로써 조선인민당은 창당 1년 만에 해체되었다.

요약하면,

1. 근로대중의 일층 광범한 통일적 행동이 요구되는 것,

2. 동일한 민주주의 과업을 부하(負荷)하고서 정당으로서의 별립(別立)은 세력의 분산이므로 합당에 의하여 세력을 확대 강화하고 무용(無用)의 마찰을 절멸(絶滅)하려는 것,

3. 3당의 좋은 특색을 종합적으로 혼연히 발전시킬 수 있는 것,

4. 그리하여 민족 통일의 기초를 구축하고 민족 발전의 주도체를 완성하려는 것

등을 지적할 수 있다. 그리고 이것은 현단계에서의 역사적 필연이며, 이러한 민주 정당의 합동에 의하여 기본적인 민주 개혁을 완수할 수 있다 하였다.

물론 우리는 이상의 모든 원칙적인 이념을 이해할 수 있고 또 그 이념을 구현함으로써 대동단결에 의한 진보적 민주주의 세력의 총집결을 정당하게 높이 평가할 것이요, 그 과감한 자기청산은 획기적 용단이라 할 것이다.

특히 공산당이 그 국제적 역사적 전통을 벗어나서 우당(友黨)이라고는 하나 그 근본이념이 똑같을 리 없는, 즉 공산당적이 아닌 정당과의 합동을 위하여 쾌히 간판을 떼어 내린다는 것은 우익이 이를 비웃어서 조선에서는 이미 공산당이란 이름으로는 행세할 수 없기 때문이라는 거의 무식에 가까운 비판은 도외시할지라도 우선 그 급진적인 과격한 극좌적 인상을 어느 정도 완화할 수 있음은 불무(不誣)의 사실이라 할 것이다.

그러나 우리는 이 획기적인 사실을 표면만의 관찰로써 정곡(正鵠)을 얻을 수는 없다. 첫째로 이 합동이 역사적 필연임을 인식할 때 이 필연을 누가 인식한 결과 그 인식이 합당에까지 추진되었느냐 하는 것이다. 북조선

에서는 신민당이 먼저 제안하였고 남조선에서는 인민당이 이를 제안하여 공산당으로서는 남북을 통하여 모두 우당(友黨)의 제안을 수락하는 형식이 되어 있다. 그런데 북조선 신민당 김두봉* 주석의, "신정세(新情勢)는 신전략과 전술을 요구하고, 신전략전술은 신조직체계를 요청한다." 하는 북조선 공산당과의 합당에 관한 결론과 남조선에서 인민당 합동 제안을 수락하는 공산당 박헌영 씨 담화에, "새로운 정세는 새로운 전략과 전술을 요구하는 것이며, 새로운 전략과 전술은 새로운 조직 체계를 요구한다."는, 어떻게도 그렇게 똑같은 표현의 합치인지 기이(奇異)타 아니할 수 없다. 그래서 우리는 이 합당에까지 추진된 역사적 필연에 대한 인식이 신민당이나 인민당이나 또는 남북의 공산당에 앞서서 어떤 다른 곳으로부터 이미 공식화한 것이 아닌가 의아할 여지가 있다.

눈을 한 번 해외로 돌릴 때에 우리는 이미 지난 4월 독일에서 공산당과 사회당이 합당한 사실을 알 수 있고, 또 폴란드(波蘭)와 불가리아 등 현재 소련의 독자적 세력 범위 밖인 미소(美蘇) 또는 미소영(美蘇英)의 세력권 내에서 공산당이 모두 그 간판을 떼어 버렸다는 사실을 알 수 있다. 공산당은 그 국적이 어디 있든지 이미 국제적 정당인 것을 우리는 알거니와 이 국제

---

* **김두봉**(金枓奉, 1889-1960) 독립운동가, 한글학자, 북한 정치가. 주시경의 제자로 『조선어문전』의 편찬에 참여하고, 『조선말본』을 저술했다. 1919년 3·1운동에 참여한 뒤 상해로 망명하여 본격적으로 독립운동에 가담하기 시작했다. 1924년 대한민국 상해임시정부 의정원 의원에 선출되었고, 상해 인성학교 교장을 맡기도 했다. 1935년 민족주의자 김원봉(金元鳳)이 조직한 조선민족혁명당 중앙집행위원을 맡았다. 1942년 옌안[延安]에서 항일투쟁을 하던 조선독립동맹에 가담하여, 그 해 7월 주석에 취임했다. 해방 후 북한에서 북조선노동당 위원장, 최고인민회의 상임위원장을 지냈다. 그 후 김두봉은 자신의 지지기반이던 연안파의 종파주의적 행동과 관련하여 1958년 3월 조선노동당 대표자회의의 결의에 의해 당으로부터 제명당했다. 1960년 지방협동농장에서 사망한 것으로 알려져 있다.

적 정당이 독일에서 폴란드에서 불가리아에서 그리고 조선에서 인민전선적 정치 노선에로 진로를 전환하고 있음을 간취할 때에 아무리 북조선 신민당이 합동을 먼저 제안하였고 또 남조선 인민당이 '우리 당이 먼저 하려던 것이다.'라고 다투어 남조선 공산당에 이를 제안하였다 하더라도 우리는 여기서 이 합당에의 공식(公式)이 어떤 다른 지도원천(指導源泉)에서 강하(降下)된 것으로 추단할 여지를 발견하는 것이다.

그러나 이것도 그리 크게 흠잡을 것이 아님은 물론이다. 왜냐하면 지금 세계는 어느 국가나 국제적 민주주의 노선 위에서 제약을 받고 또 그 노선 위에서만 존립이 가능할 때에, 설혹 좌익 계열의 이 3당이 조선 정세에 입각한 조선의 역사적 필연이라는 독창적 인식이 아니었더라도 그것이 국제 노선에서 유리치 아니하는 것이면 누구의 공식을 모방하였거나 무관할 것이기도 하다.

다만 우리는 이 3당이 그중에도 특히 인민당과 신민당이 이 공식을 따라가는 방법에서 따라가기에만 급급하여 당연히 그 전에 있었어야 할 각자의 냉철한 자기비판을 토대로 한 자기청산의 단행이냐 아니냐 하는 것을 묻고 싶은 것이다.

하물며 이 3당이 해체되고 새로 나오는 당의 주도 세력이 어디에 있을 것이냐를 생각할 때에 결국 당중당(黨中黨)으로서 공산당이 엄존할 것은 한 개의 상식이라야 옳을 것이며, 이러므로 북조선 신민당이 아무리 "양당 합동은 다른 일당이 다른 일당을 흡수하는 것이 아니라, 현단계의 역사적 필연성에 의한 무조건 합동이다."라고 할지라도 결국 주도권에 순응치 아니하고 조직 속에 있을 수 없을 것이 아닐까.

허기는 지금까지도 좌익 계열에서 공산당이 그 주도 세력이었던 것은 누구나 아는 일이다. 북조선에서 신민당이 얼마마한 역할을 부담하여 왔는지는 모르나 남조선의 실정으로 볼 때에 비록 민전(民戰) 산하의 같은 계열이라 할지라도 인민당·신민당을 이끌고 나간 것은 공산당이었다. 저 좌우합작 공작이 여운형 씨와 김규식 씨 개인 회담에서부터 출발하였으므로 좌익 측 의사는 여 씨가 대표까지는 아니라 해도 그중 무게 있는 발언자일 줄 알았으나 결국 여 씨 자신이 반대한 합작 5원칙이 생겨났다는 것 하나만으로도, 가령 합동당의 당수에 여 씨가 추대된다 할지라도, 이것은 자기 자신을 로봇으로 시인하지 않고는 될 수 없는 일일 것이다.

그러면 이미 지적한 바와 같이 신민당이나 인민당이 좌익이면서도 공산당적이 아니었던 점에서 민중은 그 중간적 역할을 기대함이 있었던 것인데 이제 합당의 구호 아래 두 당이 해체되고 신당(新黨)의 주도권은 당중당이 장악하고 나서 우리는 중간적 역할을 기대할 곳이 없고 그렇다고 공산당이 그 간판을 떼었듯이 그 정강 정책도 전적 변개(變改)가 아닐 것이매 과연 조선의 현단계가 이러한 중간 역할이 불필요할 만큼 일로(一路) 급진할 단계냐 의아하는 바이다.

그러나 이것은 우선 기우일 수도 있다. 공산당이 그 진로를 공산당 독자의 노선에서 전환하여 인민전선적 노선으로 중간적 계열 제당(諸黨)과의 합당을 단행한 것이고 보면 이미 급진적인 방향에서 한 걸음 물러선 것이라 이해할 수 있고 그러므로 이 합동당의 노선은 급격한 공산주의 폭력 혁명이 아니라야 할 것이다. 하물며 이것이 이미 소련과 미영(美英) 세력의 접촉 지대에서의 국제적 방향인 것을 알고 보면 조선에서도 이 합동당이 구태여 중간당의 역할을 기다릴 것 없이 국내 통일전선에 기여함이 있을 수도 있다고 기대할 수 있기 때문이다.

요는 이 성부(成否)에 합당의 의의는 결론을 얻어야만 타당할 것이다. 다만 이 합동당의 장래가 영구하여 아주 조선에서 공산당의 간판을 볼 날이 없을 리 없고 응당 '새로운 역사적 필연'이 이 합동당을 공산당에로 비약시킬 날이 있으리라고 볼 때에 그동안에 완전히 공산주의 혁명 세력화하지 못한 인민당계와 신민당계의 잔재, 좋게 말하여 '여세(餘勢)'의 운명은 이미 각오하고서의 합당이라고 보아서 어느새의 예단(豫斷)은 조급할 것이리라.

민족의 비원

하지 중장(中將)과 치스티아코프 중장을 통하여
미소 양 국민에 소(訴)함

— 1946년 10월 1일, 『신천지』 제1권 제9호

나는 믿기를 지금 이 글을 쓰는 나의 서재에는 비록 나 혼자 앉아 있지마는 이 글에 나타나는 모든 호소는 조선인 양심에 공통되는 바로서 마침내 은인(隱忍)의 한도가 지나쳐서 보내는 호소인 것을 이해하시기 바랍니다.

경애하는 치스티아코프 중장(中將)과 하지 중장,

내가 양 장군에게 이 서한을 쓰는 것은 결코 부질없는 흥미가 아닌 것을 이해하기 바랍니다. 또 이 서한을 이렇게 잡지에 공개하는 이유는, 나는 양 장군에게 직접 서한을 보낼 만한 훌륭한 지위에 있는 자가 못 될뿐더러 될 수 있으면 이 서한이 양 장군과 그 막료(幕僚)들이 다 같이 읽어 보고 그리하여 양 장군이 오랫동안 횡포와 억압 속에 신음하던 이 땅에 새로운 민주주의 국가를 세운다는 광영스런 임무를 하루속히 완수하고 군대와 더불어 본국에 개선하기를 고대하고 있는 미소 양 국민도 읽을 수 있기를 바라는 동시에, 현재 남북에서 각기 양 장군의 모든 방침을 결정하는 데 도움이 되는 의견을 제출할 수 있는 조선인 정치가들도 읽어 주기 바라는 때문입니다. 나의 이러한 소망은 보는 편에 따라서는 대단히 엉뚱한 생각일 수 있습니다. 그러나 나는 믿기를 지금 이 글을 쓰는 나의 서재에는 비록 나 혼자 앉아 있지마는, 이 글에 나타나는 모든 호소는 조선인 양심에 공통되는 바로서 마침내 은인(隱忍)의 한도가 지나쳐서 보내는 호소인 것을 이해하시기 바랍니다.

치스티아코프 중장과 하지 중장

우리는 오랫동안 왜적의 독아(毒牙)에 물려 저 카이로선언이 밝혀 준 그대로 노예 상태에 있었다는 것은 이미 세계의 상식입니다. 그런지라 우리를 해방하여 준 연합국에 무한한 감사를 보내는 것이요, 미소 양국이 조선에 진주하기까지에 입은 모든 희생과 이 신성한 승리를 위하여 피를 흘리고 목숨을 잃은 장병에게 무한한 동정을 표하는 바입니다. 그러나 우리는 오늘날 해방의 은의(恩義)가 크다고 하여서 과거에 우리가 품었던 비분과 원한을 일조(一朝)에 모두 잊어버리기에는 오늘의 이 현실이 너무도 여러 가지로 우리 마음에 의구를 일으킵니다.

우리는 아직 무력하지마는 그러나 이제부터 우리 자신을 위하여 우리의 정당한 권리를 주장할 권리의 소유자라고 믿습니다. 그러므로 과거 러일전쟁(露日戰爭)을 조정(調停)한 미국에 향하여 일본의 조선 침략을 시인한 포츠머스조약*의 창의(創意)에 대한 원한이 있었다는 것을 말할 수 있다고 생각하며, 제정 러시아(露西亞)의 조선 정책과 당시의 러시아 주한 공사 웨베르**의 음험한 야욕을 규탄하는 것이 오늘날 약소민족 해방을 위하여 싸

---

* **포츠머스조약**   1905년 러일전쟁을 끝내기 위해 미국 뉴햄프셔주에 있는 군항도시 포츠머스(Portsmouth)에서 러시아와 일본 간에 맺은 강화조약. 러일전쟁은 1904년 2월 만주와 한국에 대한 배타적 지배권을 둘러싸고 러시아와 일본 사이에 일어난 제국주의 전쟁이었다. 1905년 1월 뤼순항(旅順港)이 일본군에 의해 함락되자, 루스벨트(Theodore Roosevelt)의 중재로 포츠머스에서 강화회의가 열렸다. 회의의 결과로 체결된 포츠머스 조약의 주요 내용은 한국에 대한 일본의 지도·보호·감리권의 승인, 뤼순(旅順), 다렌(大連)의 조차권 승인, 장춘(長春) 이남의 철도부설권 할양 등이다. 이 조약을 통해 일제의 한국 지배가 국제적으로 확인되었다고 볼 수 있다.

** **웨베르(Karl Ivanovich Veber, 1841-1910)**   러시아의 외교관. 1884년 텐진[天津] 주재 영사로 있을 때 전권대사로 조선을 방문하여 조러수호통상조약을 체결했다. 1885년에는 주한 러시아 대리공사 겸 총영사로 부임하여, 능란한 외교술을 발휘하기 시작했다. 청의 지나친 간섭을 배제하려던 조선정부에 접근하여 러시아 세력의 확대를 도모했다. 1896년 고종을 러시아 공사관으로 옮기게 한 아관파천(俄館播遷)을 후원하고, 친러내각을 조직하도록 했다. 고종이 러시아 공사관에 머무는 1년 동안 친러시아 정책을 실시하도록 했고, 군사교관과 재정고문을 파견했으며, 많은 경제적 이권을 탈취했다. 1897년 멕시코 주재 공사로 전임되었다.

워 주는 소련에 대하여 아무런 실례가 아니라고 생각하는 바입니다.

만일 제정 러시아의 극동 정책이 그렇게 음험하지 아니하였고 조선에 대한 야심이 없었다면, 동시에 일본의 조선에 대한 야심도 견제하기에 정의로써 할 수 있었을 것이요, 그래서 러일전쟁은 없었을는지도 모르며 불가피하였더라도 그 성격이 달랐을 것이며 오늘날 소련군이 조선의 해방을 위하여 과대한 희생을 지불하지 않았을는지도 모릅니다. 일본으로 하여금 조선 침략을 전제로 한 강화조약을 꾸며내지 못하기까지 루스벨트 대통령*이 노력하였다면 40년 후 그 아들** 루스벨트 대통령***으로 하여금 조선의 해방을 위하여 노심(勞心)하지 않아도 좋았을 것입니다.

우리는 이렇게 포츠머스조약에 의하여 노예 생활이 시작되었습니다. 정작 조선의 주인 되는 조선 사람의 의사와는 아무 상관이 없이 미국은 러일

---

* **루스벨트(Theodore Roosevelt, 1858-1919)** 미국의 제26대 대통령(재임: 1901~1909). 대기업과 노동조합 사이의 쟁의에 직면하여 대통령 및 연방정부의 권한을 강화함으로써 전체 국민의 이익을 도모하고자 했다. 1906년 러일전쟁을 종식시킨 공로로 노벨평화상을 수상했다. 러일전쟁 후 포츠담 회담을 주선하여 양국의 중재에 나선 루스벨트의 의도는 동아시아의 세력균형을 통하여 미국의 국익을 도모하겠다는 것이었다. 그러나 미국은 1905년 '카쓰라-테프트 밀약'과 포츠모스 조약을 통해 일본의 조선 지배를 사실상 인정해줌으로써, 일본에 의한 노골적인 한반도 식민화의 계기를 제공해 주었다.

** Franklin D. Roosevelt가 Theodore Roosevelt의 아들이라고 되어 있는 것은 필자의 착오로 보임.

*** **루스벨트(Franklin D. Roosevelt,1882-1945)** 미국의 32대 대통령(재임: 1933-1945). 미국 유일의 4선 대통령이다. 시어도어 루스벨트의 조카딸인 애너 엘리너 루스벨트(Anna Eleanor Roosevelt)와 결혼하긴 했으나, 시어도어 루스벨트의 아들이라는 설명은 필자의 착오로 볼 수 있다. 국내적으로는 1930년대의 대공황의 타개를 위하여 뉴딜정책을 추진하였고, 대외적으로는 제2차 세계대전 동안 연합국을 지도함으로써 이후 미국이 세계평화에 기여하는 토대를 마련했다. 카이로선언(1943)과 포츠담선언(1945) 등을 통해 전후처리 문제에서 주도적 역할을 담당하면서, 한국의 독립을 국제적으로 보장해주기도 했다. 1945년 4월 세계대전의 종결을 보지 못하고 뇌출혈로 사망했다.

전쟁의 승리자를 위하여 조선땅과 그 인민의 운명을 강제처분하는 권한을 허락하였던 것입니다. 이로부터 우리는 40년의 긴 세월을 노예로서 국제 장리(國際場裡)에서 격리되어 살아왔습니다. 압박자의 채찍은 뼈에 사무치고 약탈은 모어(母語)와 성명에까지 이르렀습니다.

그러면 미소 양국 군대는 저 포츠머스조약에 기인한 한일합방의 부당함을 시정하기 위하여 조선에 진주하였는가? 이렇게 일본의 독아(毒牙)에서 조선을 해방하기 위하여 진주한 것인가?

아닙니다. 만일 일본이 자기 실력을 과신하지 아니하고 대중(對中) 침략을 어느 한도에서 끝마치는 동시에 진주만을 습격하지 않았다면 미국은 태평양 출전이 그렇게 긴급하지 않았을 것이며, 일본을 항복시키는 날은 러일전쟁 당시 일본의 배신적 공격에 의하여 빼앗겼던 러시아의 모든 권익을 회복한다는 얄타협정이 없었던들 소련이 과연 대일전(對日戰)에 참전하였을 것인가?

생각이 여기 미칠 때에 조선의 해방은 연합국의 적 파쇼 일본 타도의 부산물일지언정 이번 전쟁의 주목적은 아니었던 것입니다.

8월 31일 하지 중장이 조선 민중에게 보내는 말 가운데서 '조선의 해방이 연합국에 의하여 일본을 참패시킨 결과라는 것은 세계가 공인하는 것'이라 하였는데, 만일 일본이 독일과의 부연(腐緣)을 끊어 버리고 이번 전쟁에 개입하지 아니하였던들 조선은 그냥 노예일 뻔하였다는 견해도 부당한 견해가 아닐 것입니다.

치스티아코프 중장과 하지 중장,

노예 생활 40년에 모든 것을 빼앗기고 궁핍과 허위 속에 학대받던 우리로서는 이제는 더 빼앗길 것이 없다고 생각하였습니다. 장차 우리가 더 잃어버릴 것은 없다고 생각하였습니다. 그래서 우리는 한 개의 진리로 '잃을 것은 철쇄뿐, 얻을 것은 자유'라는 것을 굳게 믿어서 연합군의 승리를 기원하고 일본의 패망을 기다린 점에서 결코 결단코 연합국민(聯合國民)에게 지지 아니하였습니다.

드디어 그날이 오기는 왔습니다. 그날이 오고 이미 1년이 넘었습니다. 그러나 우리는 정말 잃은 것은 철쇄뿐이요 얻은 것은 자유인가? 탄식하거니와 그렇게 알고 싶으나 그렇지 못하였습니다.

38도선이 이 땅을 양단한 것은 비극 중에도 비극이며 우리는 이러한 구속을 전고(前古)에 받아 본 일이 없습니다. 1,300여 년 전 신라 시대부터 통일된 민족이요 혈통을 더듬으면 4천 년 전부터 골육으로서 언어와 문화의 공동체였던 이 단일민족이 이렇게 양분된 것은 연합국의 창의(創意)요 연합국의 책임입니다. 처음에 우리는 일본군의 무장해제를 위한 군략상(軍略上) 일시적 방편이라는 말을 믿었으나 이제 와서 이것이 극동의 화약고 조선땅 한복판에 획정된 미소의 국경선처럼 의아하지 않을 수 없습니다.

과연 "조선은 이제는 미국의 새 국경의 일부분이다. 이곳에서 우리는 러시아의 동방전략선의 측면에 접촉하고 있는 것이다."라는 미군 참모본부의 지배적 견해를 어떤 고급장교로부터 들었노라고 조선을 방문하였던 에드가 스노* 씨는 말하였습니다.

---

*   에드가 스노(Edgar P. Snow, 1905-1972) 미국의 신문기자, 작가. 중국공산당에 대한 보도와 저서로 잘 알려져 있다. 1928년 중국으로 가서 『차이나 위클리 리뷰』의 부편집장이 되었으며, 이후 십수 년 동안 중국문제 연구와 보도에 전력했다. 1934-1935년 옌징대학[燕京大學] 강사를 지내는 한편, 1934-1937년 『뉴욕선』, 1932-1941년 『런던 데일리 헤럴드』 등의 잡지 특파원으로 일본 및 동남아시아, 서남아시아의 여러 나라를 방문했다. 1936년에는 서방측 기자로는 처음으로 옌안지구

우리는 저 러일전쟁의 원인으로서의 당시 러일(露日) 간에 끼어 있던 조선을 회고할 때에 러시아가 일본에 향하여 북위 39도 이북을 양국의 중립지대로 하자고 주장하고 양보치 아니한 것이 개전(開戰)의 도화선인 것을 기억하고 있습니다. 그것이 오늘날 와서 39도선보다 더 남하한 38도선으로 미소의 접촉 지대가 형성되고 이것을 해방이라고 은혜로 알아야 한다는 것은 진실로 약한 자의 슬픔이 아닐 수 없습니다.

40년 전에 러시아는 39도 이북의 세력을 주장하다가 패전에 의하여 많은 권익을 잃었고 오늘날 일본의 패망에 의하여 포츠머스조약의 무효와 함께 그때 빼앗긴 모든 권익의 회복과 아울러 38도선이 생겼다는 것을 생각할 때에 우리는 40년 전 제정 러시아의 극동정책과 현재의 소련 극동정책이 근본적으로 전자는 침략이요 후자는 해방인 것을 믿기는 하면서도 어디엔가 공통되는 그 무엇이 섞여 있지나 않나 하는 의구를 가지는 것은 결코 무리가 아니라고 이해하기 바랍니다.

이것은 미국에 대하여도 마찬가지입니다. 언제는 일본을 위하여 조선의 멸망을 시인하고 이제는 또 38도선을 규정하였다는 것은 도대체 40년 전이나 40년 후나 그 안중에는 정작 조선땅의 주인은 없는 것이 아닌가 묻고 싶은 것입니다.

소련이나 미국이나 우리에게 오직 해방의 은의(恩義)만을 남기고 이런 의구를 일소하는 것은 간단하고 용이한 일입니다. 그것은 다른 것이 아니

[延安地區]에 들어가 마오쩌둥[毛澤東]을 회견하고 『중국의 붉은 별』을 저술하여 중국공산당의 실상을 세계에 소개했다. 1960년 이후에도 여러 차례 중국을 방문하여 마오쩌둥, 저우언라이[周恩來] 등과 회견하기도 했다.

라 두 군대가 다 하루속히 물러가는 그것입니다. 우리는 일본군의 무장해제를 위하여 진주하는 해방자를 환영하였습니다. 그뿐이었습니다. 독립까지 당신네의 군대 주둔하에, 말하자면 양군의 무력 대치하에서가 아니면 아니될 이유는 추호도 없습니다. 양군이 진주하던 그때는 아직 일본의 무력이 우리를 위협하고 있던 때요 또 너무 파리하였던 민중이 마음으로만 가득할 뿐으로서 환영조차 변변히 못 하였던 것은 부끄러운 일입니다마는 이제 양군이 철퇴(撤退)할 때는 우리는 우리 맘껏 성의를 다하여 환송할 것입니다. 독립은 우리끼리의 통일에 맡기고 물러가 주면 우리는 우리의 자각에 의하여 좌우의 등뒤에 있는 무력의 눈치를 살필 것 없이 완수할 수 있습니다. 허건마는 양국은 모두 조선의 독립을 보고야 갈 것을 기회 있는 때마다 성명하고 있습니다. 그러나 실상은 피차 상대방이 물러가지 아니하니 혼자만 물러갈 수 없다는 것이 진실일 것입니다.

에드가 스노 씨는 "양국의 군대가 과연 철퇴할 의사가 있는지를 의심하며 조선이 영구히 분할 점령되지나 않을까 두려워한다." 하였는데, 이것은 우리의 은근한 걱정을 솔직히 대변한 것입니다.

그러므로 우리가 양국의 군대에 향하여 똑같이 간절하게 희망하는 것은 그만 조선을 놓아 달라는 것입니다. 그것이 진정한 해방이요 진정한 원조요 진정한 친선인 것을 강조하는 바입니다.

치스티아코프 중장과 하지 중장,

조선 격언에 "고래 싸움에 새우 등 터진다."는 말이 있습니다. 강자의 틈에 끼인 약자의 처지를 말하는 것입니다.

"38도선이 제거되어 정치상 경제상으로 적당한 통일을 못 본다면 극동에서 독립국가로서 재기할 조선은 결국 천재일우의 기회를 잃고 말 것이다."라는, 폴리 대사의 경고를 듣기 전부터 우리는 이 두려운 사실을 몸소 느껴 오는 것입니다. 그래서 우리는 미군 종군기자 존스톤 씨의 기사에 의하여 '조선이 미소 양대 강국에 의하여 분점(分占)되어 있고, 이 분점에 의하여 정치적으로 질식되어 있다는 이 불행한 상태가 미래의 역사에 중대한 의의를 가지고 있다는 것을 세계 각국은 이해하기 시작한 것'을 믿고 그 이해가 어서어서 조선의 진정한 해방에까지 추진되어지기를 열원(熱願)하는 것입니다. 또 그는 사소한 문제 하나 해결할 수 없는 양대국의 반복된 실패는 조선을 절망의 심연에 빠뜨렸다 하였습니다. 우리는 이 진실한 관찰자에게 경의를 표하는 불행을 슬퍼합니다.

미소는 그 공동의 적을 격멸하기 위하여 역사상 최대의 협조와 우의를 발휘하는 것을 우리는 보았습니다. 그러나 그 공동의 적의 격멸전을 끝낸 이튿날부터 세계는 다시 승리자끼리 제3차 세계대전을 수근거릴 만큼 미소 간의 심각한 알력과 끊임없이 연면(連綿)하는 마찰이 있음을 보고 있습니다. 그것은 전후의 새 세계 건설에까지는 자본주의와 공산주의가 그 이상(理想)을 같이할 수 없기 때문입니다. 그래서 우리는 미국의 넬슨* 전전시생산국장(前戰時生産局長)의 "우리가 화성(火星)과 싸워야 할 이유가 없는 것과 같이 미국이 소련과 싸워야 할 이유는 없다."는 견해에 안도하기보다는 차라리 로열 미 육군 차관의 "미국의 잠재 전력은 세계 각국 간의 전제(專制)를 방지하는 최대의 보장이 될 것이다." 하여, 또다시 전쟁 준비를 강

---

* 넬슨(Donald M. Nelson, 1888-1959) 미국의 사업가, 관료. 1941-1942년 미국생산관리국장(United States Office of Production Management), 1942~44년 전시생산국장(War Production Board)을 역임했다.

조하는 연설과 하원 군사위원 쇼트 씨의 조선을 현금(現今) 세계의 최대 위험지구로 삼는 견해에 불안을 느끼며 장구한 억압에서 파리한 우리 조선이 등장한, 소위 새로운 세계의 위험하고 혼란한 상태를 인식하는 것입니다.

3월 6일 이래 서울에서의 미소공동위원회의 무기 휴회는 그것이 양대국의 외교전이겠지마는 이 외교전이 상호 타협점에 도달하기까지 두 틈에 끼어서 막연한 독립에 초조하는 조선의 불행이 얼마나 크다는 것을 몰라 줄 당신네가 아닙니다. "알지마는 할 수 없다."는 것이 당신네의 심경일 것이며 설혹 이해와 동정이 자별(自別)하다 하더라도 그것이 체험에는 미칠 수 없는 것이어서 우리의 불행이 곧장 양국의 불행은 아닌 것입니다. 그것은 공개된 8월 6일 치스티아코프 중장의 서신과 8월 12일 하지 중장의 회신을 읽을 때에 더욱 그러합니다.

모두들 조선의 입장에 서 있지 아니하고 각자의 입장에 당연하게 충실하다는 것을 증명하였기 때문입니다. 미소를 '고래'라 하면 조선은 정히 '새우'의 처지에 있습니다. 고래는 새우 등의 파열을 생각하지 않는 듯하며 또 새우 등의 안전을 위하여 싸움을 그칠 생각은 없는 듯합니다.

더구나 우리가 체험한 1년 이상의 남북의 두 가지 다른 군정에서 생긴 의구는 이미 의구의 정도를 넘어 버렸습니다.

일본의 압박하에서는 그래도 우리는 한 나라였으며 한 민족이었는데 지금 우리는 두 개의 정의(定義)와 주견(主見)하에 각기 다른 군정을 받는 운명에 있습니다. 이것은 패망한 일본의 현실보다 훨씬 불행한 현실입니다.

남한국(南韓國)에는 미국인의 성정(性情)에 맞는 민주주의가 실시되고, 북조선에서는 소련인의 혁명의 경험에서 체득한 민주주의가 실시되고 있습니다. 에드가 스노 씨에 의하면 영어를 잘하고 외국식의 좋은 양복을 입어서 일견 부유하게 보이는 사람들만이 미군에게는 시민으로 신뢰할 수 있고 직무를 맡길 수 있다고 보였으나, 소련군에게 이런 자격자들은 반역자나 파쇼의 위험인물로 지정되었습니다. 반면에 소련군은 못박힌 손을 가지고 남루한 의복을 입고 사회주의 용어를 쓰는 사람들과 손을 잡았는데 미군에게 이런 위인들은 무법한 폭도가 될 위험 분자로 보였습니다. 하지만 이것은 미소가 모두 편견적인 조선관을 가진 결과는 아닙니다. 백결(百結)의 남루 속에서도 애국의 열정이 불타고 있음을 알지 못할 미군이 아니며 좋은 양복을 입었거나 영어에 능하다고 모두가 파쇼분자가 아닌 것을 모를 소군(蘇軍)이 아닙니다. 다만 모르는 체 무시하는 것이 필요한 때문일 것입니다. 그러나 이것은 우리의 원하는 바가 아닙니다. 우리의 민족혼은 의복이 좋고 나쁜 것을 가려서 깃들어 있는 것이 아닙니다. 일제를 반항함에는 다 같이 애국자였고, 새 나라를 세우자는 열의에는 다 같은 애국자입니다. 함에도 불구하고 미소는 각기 자기 성미에 맞는 사람만을 신뢰하려 들고 우리가 원하는 지도자를 우리의 선택에 의하여 발견하는 것을 신뢰하지 않습니다. 그리하여 작년 8월 15일 감옥 문이 열려 민중과 격리되었던 우리의 수많은 혁명가들이 자유로운 천지로 나올 때 다시는 이 땅에서 일제시대 모양으로 애국자를 위하여서는 감옥이 불필요하다고 믿었던 우리가 오늘날 실망하였다는 것을 알아주기 바랍니다.

경애하는 치스티아코프 중장과 하지 중장,

군정이라는 것은 잠정적인 것으로 우리는 이해합니다. 군정에는 백년대계가 있을 수 없고 근본적 국책(國策)이 있을 수 없습니다. 구경(究竟) 조선 문제의 일체는 조선에 완전히 자주적인 조선 인민의 정부가 수립된 후에로 밀려 있다고 믿습니다. 함에도 불구하고 자주독립은 의연히 막연하고 군정은 이미 4백 일이 넘었습니다. 우리가 애당초 군정을 받는 그날부터 내일이나 모레나 하면서 우리의 자주정부가 우리나라의 독립을 세계에 선포하기를 고대하여 온 것을 생각하면 지나간 4백 일은 실로 끔찍히 지리한 세월이었습니다.

그러나 우리는 명목만의 독립이 아무짝에도 쓸데없는 것을 역사의 교훈에 의하여 잘 알고 있습니다. 국제회의에 의하여 독립하였던 체코슬로바키아가 국제 흥정에 의하여 다시 소멸되는 것을 목격한 우리이며 일찍 러시아의 기반(羈絆)을 벗어났던 발트삼국이 인민투표의 형식에 의하여 다시 소비에트연방이 되는 것을 보았습니다. 솔직히 말하거니와 우리는 우리 국토의 지리적으로 타고난 운명을 자각하는 자이며, 이번 대전(大戰)을 통하여 협소한 영토와 소수의 국민을 가진 자의 무력(武力)이 하찮은 것을 보았습니다. 그렇지 않더라도 워낙 평화를 사랑하며 자유를 희구하여 온 우리로서는 일찍 국제적 무도장(武道場)에 나갈 것을 생각한 일은 없습니다. 다만 국제 문화 전당을 산명수려(山明水麗)한 이 땅에 이룩하여 세계문화 향상에 이바지하려는 것이 고작입니다. 이러하기 위하여 우리에게는 자급자족할 자원이 있고 역사적 문화유산이 있으며 이를 계승할 천품(天稟)의 우수한 두뇌가 있습니다. 그러하건마는 우리는 군정하에서 백년대계를 세우기에는 너무나 조건이 불리하며 그렇게도 긴절한 산업의 부흥조차 군정하에서는 강력한 추진이 불가능하여 오늘이나 내일이나 정계의 안정만을 고대하면서 산업계는 황폐한 그대로 있습니다. 조선의 전력(電力)은 해방 직전까지 120만 킬로와트의 발전을 하고 있었는데 현재는 남북조선을 통하여 20만 킬로와트밖에 쓰려야 쓸 곳이 없습니다. 이 20만 킬로와트는 등화용(燈火用)을 조금 초과한 정도로서 산업계가 빈사 상태에서 재기하지 못하였다는 증좌(證左)입니다.

이러한 산업계의 빈사 상태를 미처 만회시키지 못한 결과로서 드디어 심각한 민생 문제를 초래하였습니다. 이제야말로 삼천만은 헐벗고 굶주린 채 지폐의 홍수에 빠져 허덕이고 있어서 아무리 근로인민의 자각에 의하여 산업계가 이 암담한 상태에서 벗어나려 하여도 배가 고파 불가능합니다. 자주적인 경제 건설이 없이 완전한 자주독립이 없는 것은 너무나 평이한 진리입니다. 나는 이것을 믿어서 작년 해방 직후 정치에의 관심 혹은 신문인으로서의 경험을 일척(一擲)하여 버리고 비재(菲才)인 줄 알면서 다만 성심성의를 무기 삼아 감연(敢然)히 산업계의 일졸(一卒)로 발족하였습니다. 그러나 1년간의 경험으로 보건대 실제로 근로인들은 배가 고파 능률을 내지 못하였습니다. 내가 있는 직장에서 1년 동안에 전주(電柱)에 올라가 작업 중에 배고픈 것이 원인으로 현기(眩氣)를 일으켜 추락 절명된 자가 10명이며 주의력 상실로 감전되어 팔을 잘라 내는 수술을 받은 자가 3명이나 있습니다.

나는 월봉 3천 원을 받습니다. 이것은 현재 조선에서 고급자(高級者)의 수입입니다마는 6천여 명의 종업원을 가진 대회사를 운영하는 수뇌부의 한 사람이 월 25불(弗)의 수입으로 그 생활이 보장되는 예는 세계에 없을 것입니다. 그러나 나는 구태여 그 예를 세계에 구하려는 자가 아닙니다. 조선 사람으로 조선에서 살 수 있는 수입이면 족하다고 생각합니다.

아시는 바와 같이 조선은 경제 토대가 미곡(米穀)에 있고 물가지수는 미가(米價)에 조종되고 있습니다. 그러면 월 3천 원은 쌀 몇 말에 해당하는가? 서 말입니다. 인플레가 습래(襲來)하기 전 나의 월봉은 4백여 원이었는데 그때 쌀값은 4원 20전이었으니 4백여 원은 쌀 백 말에 해당하였습니다.

백 말과 서 말의 차에서 오는 생활의 파탄을 건져 낼 방도를 군정에 구하여 나는 실패하였습니다. 수뇌부 간부의 일 인(一人)이 이러할 때에 수입이 월 2천 원 미만의 수입을 가진 종업원의 생활의 참상은 더 말할 나위가 없습니다. 나는 이들을 위하여 최소한도의 생활비는 과연 얼마면 될 것인가를 조사한 결과 월 5,830원이란 숫자가 나왔습니다. 4인의 가족 중에 유아 1명, 소학교 통학 1명이며, 남편의 하루 담배 한 갑, 가족들이 한 달 한 번의 목욕과 양말 한 켤레를 소비하는 정도로 두 칸짜리 셋방에 사는 계산이었습니다.

그런데 그 후 종업원들이 대우개선을 탄원하여 왔는데 그들의 계산은 월 5,335원이었습니다. 나는 이 계산을 보면서 울었습니다. 그 계산이 나의 계산보다 500원이나 적은 까닭은 한 달에 한 번 목욕비도 없고 하루 한 갑의 담배값도 없고 아이의 교육비도 없었습니다. 교육과 위생과 기호 등 일체를 포기하고서 다만 아사(餓死)를 면하게 하여 달라는 탄원이었습니다. 그러나 이것을 승낙할 수 없는 데 비통은 더욱 심각하였습니다. 이 회사는 미군정 직속하에 있는 전기회사로 이들의 탄원에 응하기 위하여는 현재보다 배 이상으로 전기료와 전차요금을 인상하지 않으면 안 됩니다. 그 결과는 명약관화로 대중 생활을 위협하고 나아가서 인플레의 조장(助長)이 될 뿐 종업원들의 현재의 궁핍을 구하는 방도가 아닌 것을 알기 때문입니다. 두말할 것 없이 화폐 그 자체에는 영양 가치는 없습니다. 나의 동료의 일 인(一人)은 전후 상해에서 돌아왔는데, 그는 거기서 월 1,900만 원(元)을 받았으나 생활의 궁핍은 면하지 못했다고 합니다.

모든 문제는 기아를 면할 정도의 식량 확보에 있습니다. 지금 조선 사람은 누구나 배만 고프지 아니하면 나라를 위하여 충실히 일하려는 열의에 불타고 있습니다. 내가 있는 회사의 종업원들이 집에 굶고 누운 가족을 두고 자신의 고픈 배를 냉수로 채우면서 그래도 96%나 출근한다는 것이 무엇보다도 증거가 됩니다. 그런데 이들에게 줄 쌀이 없다고 합니다. 혹은 말하기를 이 기근 상태는 세계에 공통한 현상이라 하지마는, 우리는 과거에 우리 농민이 지은 쌀에서 해마다 천만 석(石)이나 왜지(倭地)로 보내고도 살았거늘 이 지독한 강탈이 없어지고 풍년까지 들었는데 기근을 겪는다는 것은 알 수 없는 일입니다. 만주의 황야를 개척하여 옥토를 만든 공로자가 우리 농민이며 이 땅에서도 항상 저 먹을 것을 먹고 남을 만큼 생산하는 자가 우리 농민입니다. 허거늘 해방이 기아와 동반하여 올 줄은 아무도 몰랐고 사실 우리가 이러한 해방을 희망한 것은 아닙니다.

치스티아코프 중장과 하지 중장,

우리가 겪고 있는 현재의 이 모든 고난은 우리의 4천 년 역사를 양 장군이 연구할 때에 미증유의 고난인 것을 양해할 것입니다. 그야 현재 우리에게는 민주주의국가를 세운다는 미증유의 과업이 있는 것을 우리는 이해합니다. 그리하여 "현재의 고통은 바야흐로 새 자유를 빚어내는 임산(臨産)의 고통인 것이다. 목전의 현실은 암담하여 보일는지 모르나 장구한 기간을 두고 본다면 이는 분명히 발랄한 기운이 떠돌고 있는 과정이라 할 것이다."라고 갈파한 《뉴욕(紐育) 타임스》의 사설 '동양의 진통'은 그것이 중국과 인도의 상태이면서 아울러 조선의 실정인 것을 충분히 이해하는 것입니다. 또 우리는 새 자유는 결코 우연히 벌판에 돋아나는 잡초가 아니라 인민의 순정과 혈한(血汗)을 비료로 하여서만 자라나는 것인 줄도 잘 알고 있습니다. 그래서 우리는 현재의 이 고난으로 인하여 해방의 기쁨에서 환멸을 느끼고 독립에의 험로에 하마 피곤을 느끼다가도 다시금 용기를 진작

(振作)하고 이 고난을 참아 옵니다. 참으로 우리가 이렇게 미증유의 인내력을 발휘하는 것은 미증유의 희망이 아니면 절대로 불가능하였을 것입니다. 허나 임산의 고통은 단시간이기 때문에 생명을 내건 그 고통을 참을 수 있는 것이지 이 고통이 오래 끌면 드디어 절명되는 것을 우리는 알기 때문에 이 현실을 '민족의 위기'라고 두려워하는 것입니다.

허기는 저 이집트(埃及)의 노예였던 이스라엘 민족이 그 철쇄에서 풀렸을 때 조국을 향하여 40년이나 광야로 유랑하였던 그 고난을 우리는 압니다. 그러나 그때 이스라엘 민족을 위하여는 한 가지 정의(定義)와 주견(主見)하에 자기 민족의 지도자에게 지도되었던 것입니다. 이제 조선은 이미 지적한 바와 같이 두 가지 정의와 주견하에 남북이 분점(分占)되어 있습니다. 그리하여 아시아의 한 귀퉁이에 있는 이 조선이 지금 미국의 민주주의와 소련의 민주주의 두 가지의 시험을 받고 있습니다. 뉴욕 타임스는 조선을 세계문제 해결의 시험장이라고 규정하여 "그는 우리가 도처에서 희망하는 종류의 문제를 해결 짓는 시험장인 것이다." 하였습니다. 이것은 소련으로서도 그 저의에 있어서 마찬가지일 것입니다. 여기서 우리는 의사의 연구실 시험대 위에 누워 있는 토끼의 신세를 생각해 봅니다. 그러나 이 토끼는 연구하는 의사에 의하여 그 영양 상태에 항상 세심한 보장을 받는 것이며, 또 결단코 한 몸으로서 두 의사의 상반되는 시험용으로는 되어지지 않는 것을 생각할 때에 우리의 기구한 운명은 차라리 이 토끼를 부러워할 정도입니다. 그러나 우리의 기구한 운명을 탄식하는 데 대하여는 관심을 아니 두는 듯이 미소는 이 조선에다 각자의 민주주의를 실시하려는 엄숙한 시험에 열중하고 있습니다. 이로 인한 상호의 견제와 국제적 흥정이 오래 끌면 끌수록 우리의 고통은 날을 따라 더욱더 심각해 갈 것이요, 북조선과 남한국은 각기 그 점령 군대의 정의와 주견에 맞는 사회 형태가 굳어 가고 그럴수록 우리 단일민족이 다시금 단일화하는 데 실망할 조건이 늘어 갈 것입니다.

치스티아코프 중장과 하지 중장,

동양의 격언에 '대간(大奸)은 사충(似忠)'이라 합니다. 크게 간사한 자는 충성된 자와 비슷하다는 것입니다. 지금 북조선이나 남한국에서 양 장군의 뜻에 맞는 듯이 조선 민중의 의사를 전달하는 소위 정치가들을 경계하여 그중에서 진실된 우리 민중의 지도자의 충고만을 경청하여 주시기 바랍니다. 우리 민중은 결코 미소 두 나라를 가려서 어느 한편만 친선하려는 자가 아닙니다. 강조하거니와 친미반소도 우리의 뜻이 아니요 반미친소도 우리의 뜻이 아닙니다. 함에도 불구하고 북조선에서 우익은 모두 반동 분자로 숙청의 대상이 되어 버렸고, 남한국에서 우익에 지기는커녕 차라리 우세한 정치력의 비중을 가진 좌익임에 불구하고 '일부 소수파'라는 용어가 책임 있는 이의 성명에서 가끔 들리는 것은 요외(料外)입니다. 실제에 있어서 우리는 이 조선이 새로운 민주주의국가로 생장(生長)하기 위하여는 미소 두 나라의 좋은 체제를 모두 다 우리 자신의 것으로 섭취 조화해야만 할 줄 믿고 있습니다. 그러므로 정치체제는 소수 의견까지도 경청 존중하는 민주주의를 좋아하지마는 그렇다고 경제체제에까지 미국의 자본주의 그대로를 용납할 바가 못 됩니다. 우리는 미국 국민처럼 부유한 신사가 아니라 소련 인민과 같이 가난한 백성입니다. 그래서 우리는 부를 서로 획득할 수 있는 미국의 경제체제보다는 빈곤을 같이 분배할 수 있는 소련의 경제체제에 더욱 관심을 가지는 것입니다. 여기서 우리는 대담 솔직히 미국식 민주주의나 소련식 민주주의의 어느 하나라도 그대로 직수입하기를 원하는 자가 아니라, 우리끼리 한 나라를 세우고 우리끼리 경영할 포부로서 새로운 조선적 이념을 창조하려는 자라고 선명(宣明)하는 것입니다.

이것을 도와주는 한 양국의 은의(恩義)는 길이 이 민족 천년 후의 자손에까지 미치려니와 현재와 같이 두 나라가 서로 자국의 입장에서 이 땅과 삼천만을 토끼보다도 가엾은 시험용으로 삼는다면 당장 우리의 원망이 있다는 것을 알아주기 바랍니다.

치스티아코프 중장과 하지 중장,

생각하면 우리는 이미 4백일을 낭비하였습니다. 현재의 일일이 민족 장래에 있어서 백 년에 필적할 귀중한 시간이면서 그것이 우리의 무자각(無自覺)으로 인한 안일과 향락 속에서 낭비된 것이면 탓할 수 없으려니와 우리의 책임이 아닌 장벽에 의하여 국토가 쪼개지고 단일민족이 분열되고 이러한 속에서 그렇게도 고픈 배를 졸라매고 노력하였건만 결국 새 나라를 위한 기초를 세우지 못하고 허망하게 흘려 버린 세월입니다. 우리는 이 귀중한 시간을 얼마나 더 낭비하여야 하며 이 미증유의 고난은 언제나 종언(終焉)이 올 것인가 함에 대하여 끝없는 불안과 초조가 이 땅을 뒤덮고 있는 것을 살펴 주기 바라는 것입니다.

속(續) 민족의 비원

경애하는 지도자와 인민에게 호소함

— 1946년 11월 1일, 『신천지』 제1권 제10호

그러나 생각을 돌이켜 다시 한번 그 원인을 반구소명(反求疎明)할 때에 책임의 전부가 남에게 있는 것이 아니라 당연히 그 일반(一半)을 우리의 지도자와 우리 민족 자신에게서 발견할 수 있고 그래서 이 불행한 운명에서 우리 자신을 건져내는 책무는 남에게 미룰 것이 아니라 우리 스스로가 떳떳하게 져야 옳다는 양심에 입각하여 우리의 지도자와 인민 대중에게 호소할 필요를 느낍니다.

경애하는 좌우의 지도자 여러분,

나는 본지(本誌) 전호(前號)에서 치스티아코프 중장과 하지 중장을 통하여 미소(美蘇) 양 국민에게 오늘날 조선의 암담한 현실과 이로 인하여 우리의 마음에 일어나고 있는 여러 가지의 당연한 의구(疑懼)를 호소하는 서한을 공개하였습니다.

나는 거기서 미소에 향하여 그들의 조선 정책이 40년래로 오늘날까지 정작 조선의 주인 되는 조선 인민의 의사와는 아무 상관이 없이 각자의 세계정책의 시험에 열중하고 있음을 지적하여 우리의 밟아 온 기구한 운명에 대한 그들의 책임을 물었습니다.

그러나 생각을 돌이켜 다시 한번 그 원인을 반구소명(反求疎明)할 때에 책임의 전부가 남에게 있는 것이 아니라 당연히 그 일반(一半)을 우리의 지도자와 우리 민족 자신에게서 발견할 수 있고 그래서 이 불행한 운명에서 우리 자신을 건져 내는 책무는 남에게 미룰 것이 아니라 우리 스스로가 떳떳하게 져야 옳다는 양심에 입각하여 우리의 지도자와 인민 대중에게 호소할 필요를 느낍니다.

물론 이러한 일은 이미 여러 사람의 필설(筆舌)을 거쳐서 설파되고 논진(論盡)된 것입니다. 그러나 아직도 우리는 불행한 채로 언제나 이 불행에서 벗어날 것인가 막연하고 보면 어느 때까지든지 우리의 불행이 끝나는 날까지는 다시 거듭할 수밖에 없는 일이기도 합니다. 하물며 민족 전도(前途)에 내리덮인 어둠은 더욱 깊어 가고 불행은 날로 심각하여 갈 뿐으로서 드디어 민족의 위기라는 소리가 과장이나 비명이 아니요 진정한 자기 인식인 것을 인정하게 됨에 이르러 더욱 우리는 송연(悚然)함을 금할 수 없는 것입니다.

경애하는 좌우의 지도자 여러분,

조선 민족이 열강에 대하여 과거 40년간 품었던 비분과 원한이 저 포츠머스조약에 시초된 것은 이미 전호에서 지적한 바와 같습니다. 허나 우리는 당시의 조선 · 청국(淸國)과 러시아와 일본의 틈에 끼어서 자기 운명을 자기가 휘어잡지 못하고 3대 세력이 서로 다투는 호이(好餌)로서 국토와 민족의 생명이 찢기었던 것을 회상하며 사대주의가 우리를 멸망시켰던 것을 누구나 다 아는 바입니다. 그러면 이제 우리가 갱생할 기회를 얻어 자립하려는 이 마당에서는 당연히 이 멸망의 근본이었던 사대주의는 청산하지 않으면 안 될 것입니다. 그런데 과연 사대주의는 청산되었는가? 청산은커녕 새로운 형태와 화미(華美)한 이론을 들고 더욱 왕성한 세력으로 대두하고 있는 현상(現狀)입니다. 누구보다도 이 사대화(事大禍)의 방지를 위하여 민중의 머릿속에서 그 뿌리를 뽑기에 노력해야만 할 지도자 여러분이 그냥 사대의 노예에서 해방되지 못하였다는 것은 실로 통탄할 일이 아닐 수 없습니다.

38도선이 이 땅을 양단한 것은 비극 중에도 비극으로서 이것은 연합국의 창의(創意)요 책임에 속하는 것이며 따라서 조선 사람은 누구나 모두 이 장벽의 시급한 철폐를 희망하는 동시에 미소 양군이 하루속히 물러가 주기를 바라는 것이 민족의 이름으로 이미 세계 여론에 호소되고 있습니다.

그러나 과연 조선의 지도자들은 입으로 주장하는 바와 같이 그 진심에서도 38선의 철폐와 양국 군대의 철퇴를 희망하고 있는가? 감히 공언하거니와 나는 지도자 여러분이 이것을 진정으로는 희망치 아니하면서 다만 민중의 의사를 무시할 수 없어서 공염불로 외치고 있다고 단정할 만한 판단에 도달한 자입니다. 소위 적색 극렬분자를 꺾어서 미국식 민주주의 남한국(南韓國)을 세우고 그 기초를 굳게 하기까지는 미군의 주둔이 필요하다고 생각하지 않습니까? 북조선이 또한 그 혁명적인 민주 과업을 완수하기까지는 소군의 주둔이 필요하다고 생각할 것이 아닙니까. 남에서나 북에서나 각기 이러한 필요를 위하여는 38도선은 엄중한 국경선으로 필요하다고 생각하지 않습니까? 나는 전호에서 미소 양 장군을 향하여, '우리는 당신네 군대 주둔하에 두 무력의 대치하에서가 아니면 독립 못할 이유가 없는 것'을 지적하여 우리의 통일은 우리 손에 맡기고 물러가 달라고 말하였습니다마는 아마 당신들은 정치를 모르는 이 서생(書生)의 철없는 직언을 웃었으리라고 스스로 부끄러울 지경입니다. 지도자의 의중을 모르는 말이기 때문입니다.

한말의 친러파(親露派)나 친청파(親淸派)나 친일파나 그들도 모두 말인즉 자기네는 애국자라 하였고, 36년 동안 왜구의 앞잡이 노릇을 하던 사람도 모두 조선을 위하노라고 하였습니다. 그들 대부분이 자기 일신의 영화를 위하여 민족을 팔고 나라를 판 것이지마는, 개중에는 한 개의 정치 이념으로서 러시아와 친해야 조선은 살 수 있다고 보았다든가 혹은 청국(淸國)을, 혹은 일본을 친해야만 살 수 있다고 보았던 까닭에 그 신념대로 행동한 양심적인 인물도 있었을 것입니다. 우리는 그렇게 믿어야만 할 이유로서 과거 조선의 정치가들의 전부가 나라와 민족을 제 몸을 위하여 팔아먹은 자였다는 민족적 치욕을 벗어날 수 있다고 봅니다. 그러나 아무리 그러한 양심적 정치 이념 아래서 친러를 했거나, 친청을 했거나, 친일을 했을지라도 구경(究竟) 그들은 어느 하나도 진정한 구국자(救國者)는 아니었습니다. 왜냐하면 나라는 망하고 말았기 때문입니다.

오늘날 미국을 믿는 이, 소련을 믿는 이 모두가 조선을 위해서 그러한 줄도 알기는 압니다. 그러나 우리가 지금 친미반소나 반미친소나 또는 어느 한편에만 치우쳐 신뢰하여서 나라의 독립을 꾀하는 것은 이미 40년 전의 전철이 있고 그 이래 40년 동안 우리 노예 생활의 피묻은 기록이 있습니다.

함에도 불구하고 지도자들은 그냥 한쪽에만 눈을 팔고 있습니다. 미소의 협조에 의하여 우리는 해방되었고 다시 미소의 협조에 의하여 독립해야 할 우리인데 좌우는 싸움으로 세월을 허비하고 있습니다. 제 힘만으로 싸우기에 힘이 부쳐서 이제는 미소의 알력에 기대를 붙이고 있습니다. 미소 전쟁이 일어나면 미국을 믿는 이는 소련의 패퇴와 거기 의하여 북벌(北伐)을 꿈꾸고, 소련을 믿는 이는 미국의 패퇴와 거기 의하여 남정(南征)을 꿈꾸는 모양입니다. 이렇게 해서 38도선을 철폐하고 통일해야만 제 성미에 맞는 통일이 될 것이라 합니다. 그러면 지금 우리끼리의 협조로서 자주독립을 생각지 아니하고 미소 전쟁을 꿈꾸고 있자는 말이 과연 애국적 양심인가?

경애하는 좌우의 지도자 여러분,

1,300여 년 전 이 나라를 통일한 신라의 업적은 크다고 할 것이나, 그러나 그때 어떤 비열한 수단을 썼다는 것을 우리는 기억합니다. 당나라 군사를 불러왔던 그것입니다. 소위 이 나당 연합군에 의하여 통일의 목적은 달(達)하였으나 그러나 외세를 불러들여 동족을 친 죄악은 씻을 수 없는 죄악

으로서 영구히 남아 있습니다.

그러하거늘 이제 미소 협조에 의하여 얻을 수 있는 독립을 구태여 미소 전쟁에 의하여 얻으려는 생각이 들었다면 당나라 군사를 불러들였던 그것보다도 더욱 비열한 생각이 아닐 수 없습니다.

하물며 우리는 열강의 경고에 의하여 우리 조선이 극동의 화약고라는 위험한 운명을 걸머지고 있는 것을 잘 인식하고 있습니다. 허다면 우리는 우리 스스로 화기(火氣)에 주의를 태만히 할 수 없는 처지에 있건마는 주의는커녕 이것이 한 번 터졌으면 하는 위험천만의 망상을 하다니 기맥힌 일입니다. 그래서 나는 일찍 다른 기회에 "화약고 안에서 금연은 상식이며 또 필수 조건임에 불구하고 자꾸만 성냥불을 켜 대고 싶은 충동에 사로잡힌 이들이 있다."고 탄식한 일이 있습니다. 지난 9월 일본을 시찰하고 돌아간 미국 하원 군사위원 소트 씨는 조선을 현금 세계의 최대 위험지구라 하였는데, 이런 발언에 우리는 당연히 불안을 느껴야 옳고 그래서 우리끼리의 합작통일에 의하여 이러한 위험의 제거에 노력해야 마땅할 것을 도리어 이런 발언에 기묘한 흥미를 느끼고 어떤 스릴에 만족을 갖는 이가 있는 것은 배격해야 할 일입니다. 더구나 이 소트 씨의 말에 의하면, 미소전(美蘇戰)이 열리는 날 일본인은 미군복을 입을 것이라 하였는데, 우리는 이와 아울러 관동군(關東軍)* 50만이 소련 배하(配下)에서 소련식 군사훈련을 받

---

* 　**관동군(關東軍)** 중국과 소련을 침략할 목적으로 1906년부터 1945년까지 중국 동북지방을 강점하고 있던 일본육군 주력부대의 하나. 관동군은 일본 군국주의의 중국 침략 첨병이 되어 장쭤린 사건(1928), 만주사변(1931) 등을 일으켰고, 1932년 일본의 꼭두각시인 만주국을 설치하는 데 주도적인 역할을 수행했다. 1932년부터는 관동군 사령관이 주만(駐滿) 대사를 겸임하면서 중국 동북지방 전역을 실질적으로 통치했다. 이들의 군사력은 계속 증강되어 1933년 10만 명이었던 병력이 1941년

고 있다는 공연한 비밀을 듣고 있습니다. 이 두 가지 사실은 조선땅이 바로 전장(戰場)으로 화할 가능성에 관련되는 것이며 따라서 이미 지적한 바와 같이 동족 간의 남정(南征) 북벌(北伐)을 꿈꾸는 사실까지를 겸(兼)쳐서 이 화약고가 터지는 날의 참화가 어떠하리라는 것은 생각만으로서도 몸서리가 쳐지는 일입니다. 이러한 위험한 망상이 모두 사대주의에서 생겨난 것은 두말할 것 없습니다. 그러므로 나는 사대주의의 노예에서 해방되지 못한 채로 우리 민족의 완전한 해방이 있을 수 없다고 생각하며 그래서 우리는 군정 하에서라는 이유 외에도 이 해방이 완전한 해방이 아니라고 보는 것입니다. 허건마는 지도자들은 편견적인 정통주의를 고집하며 제각기 제 주장을 세워서 굽히지 않으려 하고 모략과 중상과 이간에 열중하고 있습니다. 이들이야말로 일찍 망국의 커다란 원인의 하나로 3백여 년 계속한 당쟁을 아는 이들이면서 이것을 되풀이하는 자신에 대하여는 지나친 변호를 하고 있습니다. 그러나 사상으로 인하여 골육상쟁이 이렇듯 극심했던 적은 과거 어느 시대에도 없었던 것입니다.

"동인(東人)이라 하여서 어찌 다 소인(小人)이며 서인(西人)이라 하여서 어찌 다 군자(君子)랴."고 율곡(栗谷)은 울었다지만, 오늘날 좌라 하여 모두가 극렬분자일 리가 없고 우라 하여 모두가 반동분자일 리가 없는데 좌우 양 노선이 달랐기로 그렇게도 불공대천(不共戴天)의 구수(仇讐)가 되어야 할 까닭이 어째서 항상 상대편만의 책임이라고 하는지 한심하며, 조선 민족이 이렇게도 도량이 좁은 민족인가를 슬퍼하지 않을 수 없습니다.

에는 70만 명으로 늘어났다. 그러나 1945년 8월 대일 선전포고와 함께 쳐들어온 소련군의 공격으로 관동군은 급속히 괴멸되었다.

경애하는 좌우의 지도자 여러분,

지금 정치를 운운하는 이들은 확실히 열병 환자라고 보게끔 되어 있습니다.

모두 냉정을 잃고 무엇이나 제 편이면 다 옳고 제 편이 아니면 모두 그르다고 합니다.

나는 실상 아직 『공산당선언』조차 똑똑히 읽어 본 일이 없는 사람인데 공산주의자라는 말을 우익 측 지인(知人)으로부터 듣는 이유는 우익 정당에 가입하지 않은 것과 우익의 비(非)를 비라고 한 까닭 이외에 아무것도 없습니다. 또는 나를 기회주의자라, 심하게는 반동분자라는 비난을 좌익 측 지인으로부터 많이 듣고 있는데 이것도 내가 좌익 정당에 가입하지 않은 것과 좌익의 비를 비라고 한 까닭 이외에 아무 이유도 없습니다. 지금 이 판이 어느 판이라고 중립적 존재가 있을 수 있느냐 하지마는 암만해도 나는 우나 좌나 시(是)는 시요 비(非)는 비라고 하고 싶지, 결코 비를 시라고 하거나 시를 비라고 할 수는 없습니다. 뿐만 아니라 이러한 비판은 필요한 일이라고 나는 믿습니다. 그런데 지금까지의 경험으로 보건대 자기의 시를 시라고 하는 것은 좋으나 비를 비라 하는 것이 틀렸다는 것입니다. 충고를 들을 줄 몰라야 정치가의 자격이 있다고는 생각할 수 없건마는 당신들은 충고를 원치 않고 어떤 억설(抑說)로나 자기만을 옹호하고 지지하고 따라오라 합니다. 쉽고 작은 일례를 들면, 나는 지난번 본지를 통하여 좌의 5원칙과 우의 8원칙을 비판하였는데 이 합작 공작이 시작될 때부터 '김여(金呂) 회담'이라는 우(右)와 '여김(呂金) 회담'이라는 좌(左)가 이 성명(姓名)의 선후를 다투는 눈치가 있었기에 특히 주의하여 '여김(呂金)' '김여(金呂)'를 섞어 쓰기로 하였습니다. 그런데 이 문구가 세 번밖에 쓰이지 않아서 여김

(呂金)을 한 번, 김여(金呂)를 두 번 썼습니다. 이것이 시빗거리가 되었으니 진실로 웃어야 할 일인지 울어야 할 일인지 알 수 없습니다. 우측(右側)의 말에 '여김'이란 문구를 쓰는 것으로 보아 이 사람은 좌라 하는 것이요, 좌측(左側)의 말에 '김여'를 두 번 쓰고 '여김'을 한 번 쓰니 반동분자의 소위라는 것입니다. 또 본고(本稿)의 전회분(前回分)에 역시 미소와 소미 치스티아코프 중장과 하지 중장의 선후를 가리기 위하여 국명(國名)은 모두 미소(美蘇)로 쓰고 양 장군명은 치스티아코프 중장과 하지 중장으로 하였더니 이것이 역시 같은 이유로 시비가 되었습니다. 이렇게 좀스럽고 현미경을 써야 정치가가 되는 것이라면 나는 정치가가 아니된 것은 다행하나 붓을 드는 일과 말을 하는 것마저 포기하여야 아주 행복할 것입니다. 물론 나 개인이 공산주의자라는 지목을 받는 것이 문제될 가치는 없으나 요는 지금 내가 앉아 있는 직업상의 지위가 공산주의자에게는 부적당하다는 이유가 있기 때문에 이런 문제가 일어나는 것입니다. 중상과 이간과 모략은 이런 정치적 사상적인 것만이 아닙니다. 실로 현재의 조선은 정계나, 산업계나, 교육계나, 관계(官界)나 모두가 이 열병에 걸려 있습니다. 창고만을 들여다보고 욕심이 발동하여 생산 책임을 고려할 새 없이 적산(敵産) 관리인이 되고 싶으니 이미 돼 있는 사람을 몰아내는 모략이 필요하며 지위만을 탐이 나서 거기 따르는 책임과 자기의 역량을 고려할 새가 없이 그 지위에 앉아 보고 싶으니 먼저 앉은 자를 쫓아내는 중상이 필요하게 되어 있습니다. 미국인의 눈에 조선 사람처럼 저희끼리 칭찬할 줄 모르고 욕할 줄만 아는 민족이 없다고 보여지는 것은 그들의 인식 착오가 아니라, 그들은 적어도 조선 사람에게서 고가의 요리 접대를 받아 가면서 정직하게 인식한 결론입니다. 확실히 조선 사람들은 과거 1년 동안 정치나, 산업이나, 교육이나, 행

정이나 모든 직장에서 각기 자기 임무에 써야 할 시간과 노력과 정열을 이간과 중상과 모략에 더 많이 허비하였고 이것이 얼마나 더 허비되어야 하려는지 아직 그칠 줄을 모르고 있습니다. 그 결과는 불을 보는 듯이 분명합니다. 친일파와 민족 반역자와 모리배의 천하가 될 것이라는 것입니다. 해방 이후 내가 다시 붓을 잡는 시초(始初)에 나는 전 민족이 총참회(總懺悔)를 하자고 외쳤고 오십보(五十步) 소백보(笑百步)일 뿐으로서 따지고 따져 보면 일본에 협력 않은 자 누구랴 하여 친일 분자·민족 반역자 처단의 주장을 삼가자 하였으나 이제 와서 나는 그 일문(一文)을 취소할 수밖에 없으며 친일 분자·민족 반역자·모리배 등 반동분자의 무자비한 소탕이 없이 인민의 나라를 건설할 가망이 없다는 주장을 찬성하지 않을 수 없습니다.

경애하는 좌우의 지도자 여러분,

지금 우리는 세계의 환시(環視) 중에 있습니다. 4천 년의 문화와 수려한 산천과 풍요한 전토(田土)와 거기 자급자족할 자원을 갖추어 가진 이 역사의 유민(遺民)이 이제 한때 피정복의 압력에서 벗어나서 자립하느냐 못하느냐 하는 흥미도 흥미려니와, 미국이나 소련이나 자기류(自己流)의 한 나라를 세우는 시험장으로서의 조선이 과연 어떤 형태의 국가로서 등장할 것이냐 하는 것을 주목하고 있습니다. 그런데 우리는 이러한 세계의 환시(環視) 중에 부끄럽게도 성격 파산적 모든 추태를 연출하여 관찰자를 실망시키고 있습니다.

이렇게도 도의가 깨어진 적이 언제 있으며 기강이 무너지고 염결(廉潔)이 흐려진 적이 언제 있었던가. 이렇게도 삼천만이 모두 삼천만의 일등급 인물인 적이 언제 있었으며, 내 잘못은 괜찮고 남의 잘못은 용서할 수 없다는 논리를 주장하는 몰염치가 어느 시대에 이렇게 심하였던가.

우리가 다 같이 한 사슬에 묶여서 채찍이 뼈에 사무칠 때 우리에게 자유가 오는 날은 서로 부여안고 도와서 평화의 낙토를 이룩하리라는 것이 염원이었더니, 이제처럼 서로 못 믿고 서로 헐뜯고 서로 미워한 적이 과거 어느 시대에 있었던가.

나는 지난번 경성 지방의 파업 선풍이 일어났을 때에 천여 명 철도 종업원들을 마당에 무릎 꿇려 앉혀 놓고 두 팔을 들게 하고서 이를 감시하는 몽치 든 청년들을 보면서 가슴이 무너지는 듯하였습니다. 땅바닥에 꿇어앉아 무장 경관의 조사를 받은 자 누구며 그들을 감시하기 위하여 총 대신 몽치를 들고 섰는 자 누구인가. 똑같은 조선의 젊은이요 조선의 주인입니다. 그들에게 다른 것이 있다면 다만 그들이 택한 지도자가 서로 달랐다는 그뿐입니다.

민생 문제는 드디어 절정에 도달하여 누구의 입에서나 "무슨 일이 나구야 만다."는 불안한 탄식이 아침저녁 거듭하기 여러 달에 드디어 일어난 파업이었습니다. 왜놈에게 해마다 천만 석이나 빼앗기고도 살아오던 우리였거늘 이렇게 배가 고파 본 적이 또한 어느 옛날에도 없었던 일입니다. 파업 그것이 파괴적이요 비건설적인 것을 누가 모르리오마는 이 파업에 가담하는 자 가담할 만한 그들의 사정이 있지 아니하고서 될 수 있는 일이었을까?

드디어 대구를 중심으로 남조선 지방에서는 산비(酸鼻)할 참극을 연출하여 새 역사의 첫 페이지는 열리기도 전에 피에 젖어 버렸습니다.

나는 일찍 만보산(萬寶山) 사건*을 빌미로 일어났던 중국인 배척 사건을 평양에서 목격하고 제 살을 깎고 뼈를 저리게 하는 압박자에게는 지친 듯이 유순하던 조선 사람이 이역에 와서 날품팔이하는 고독한 중국인에게는 어이 이리 잔인한가를 통탄하였습니다. 그러나 그때는 그래도 만주에 있는 동포가 학대되었다는 적개심에서 폭발된 참극입니다마는, 40년이나 우리의 피를 빨던 왜구는 뺨 한 대 친 일 없이 주지 말라는 돈까지 몰래 주어서 고이고이 돌려보내더니, 이제 골육 간에 이런 피를 흘리다니 이래도 이 땅에 풍년을 주는 하늘의 은혜가 그지없이 두렵습니다. 외적에게 무력하고 내쟁(內爭)에는 용감한 백성이라고 나의 어느 선배는 말한 일이 있는데, 이번 사건을 통하여 나는 이것을 통감하는 자입니다.

　이것을 일부(一部)는 다른 일부의 선동이라고 합니다. 물론 선동인 것은 인정할 수 있습니다. 그러나 우택(雨澤)이 있는 곳에 산화(山火)는 없는 것입니다. 그들의 생활이 안정되고 그들 앞에 옛날보다 더 아니꼬운 권력의 행사자가 없고 해방 즉 독립으로 믿었던 것이 오늘날 와서 지도자들은 싸움만으로 세월을 이미 1년 남아를 낭비하고도 오히려 통일은 막연하고 그래서 이 불안에서 벗어날 수 없는 절망적인 몸부림이 폭동이 아닐 것이냐는 견해는 지당한 견해라고 믿습니다.

　경애하는 좌우의 지도자 여러분,

---

* **만보산(萬寶山) 사건** 1931년 7월 중국 지린성[吉林省] 만보산 부근에서 일제의 술책으로 중국인과 한국인 사이에 벌어진 유혈사태. 일제는 7월 1일과 2일 한인과 중국인의 충돌사건을 과장·왜곡하여 대대적인 허위기사를 만들어냈다. 이 과장 보도로 인해 한·중 양국민 사이에 격렬한 반감이 생겼고, 조선에서는 한인에 의한 화교 습격 사건이 잇달아 발생했다. 일제는 한·중 공동의 적인 일본 제국주의에 대한 연대의식을 약화시키려고 했다.

위기는 드디어 난숙(爛熟)했다고 봅니다. 민심은 극도로 악화되어 이미 발화점에 도달하여 있습니다. 이번 영남(嶺南)의 폭동(暴動)이 그대로 무력에 의하여 진압되기는 하였으나 이것이 어느 때 다시 어디서 폭발되지 아니하리라고 보증을 요구하기 어려울 형편입니다. 이것을 그저 모파(某派)의 선동이라고 매도만 하며 그렇게 군정 당국에 진달(進達)하는 편으로서도 좀 더 조선의 현실을 살펴 주기 바랍니다. 당신네의 생각에 의하면 3·1운동 당시 선언문 발표만으로써 전 민중이 봉기하였던 것을 회상하고 그 과거의 성공에 집착하여 의례히 민중은 내 편을 따라올 것인데 다만 극소수의 모파(某派)가 방해하고 선동하며 오도하는 것이라고 합니다. 그러나 이러한 과거에의 집착에 수정을 요할 점은 없는가? 물론 3·1운동 당시 전 민중은 당신들의 지도에 의하여 봉기하였습니다. 어디서나 선언서와 태극기만 보면 헌병의 총칼을 두려워 아니하고 빈주먹으로 독립 만세를 불렀습니다. 그때는 지도자는 오직 민족이라는 이것만을 내세워서 넉넉하였던 것입니다. 그러나 이미 한 민족으로서도 계급을 발견한 오늘의 민중으로서는 그 지도자가 자기와 같은 계급에 속하는 인물이냐 아니냐를 고려하고서야 따라 서게 되었습니다. 대지주와 자본가도 애국은 할 것입니다. 그러나 그들 중에는 대부분이 여전히 농민과 노동자를 착취해 가며 부유로운 생활을 독점하는 중에서 애국하고 싶고 그러한 애국심에 따라오지 않는 것을 일부의 방해나 선동이라고 합니다. 그러나 이것은 고집이거나 무지가 아니면 고의의 중상(中傷)이요 민중의 비판을 모독하는 것입니다. 그렇다고 나에게 폭력 행위 선동자를 변호하고 싶은 맘은 추호도 없습니다. 세계가 공인하는 사실로서 공산당의 국제적 노선은 이번 대전(大戰)을 통하여 체득한 이념으로써 폭력을 회피하고 넉넉히 혁명할 수 있는 자신(自信)에 도달하였다는 것은 구태여 조선에서만, 특히 남조선에서만 거부될 이념이 아닐 것입니다.

하물며 우리의 오늘날 처지가 반드시 폭력혁명이 아니면 아니 될 이유가 있다고 보기에는 너무도 여러 가지 조건이 합치하지 않습니다. 그러므로 아무리 군정에 실패가 있고 민심이 이반되었다 하더라도 이것을 폭동에 의하여 반항하며 동포 살상을 자행하는 것은 그것이 북조선에서 일어나는 때에 관대히 볼 수 없는 행동일 것과 똑같은 이유로써 남조선에서 일어나도 부당한 행위라야 마땅합니다.

허거늘 실정은 어떤가? 나는 북조선의 민중 폭동이 사실 있었는지 알지 못하는 자이나 그런 일이 있었다는 기사를 남조선의 우익 신문에서 읽었는데 그것이 당연히 일어날 만한 일이 일어난 것처럼 독자에게 인상을 주려는 편집(編輯)의 태도에 불유쾌하였던 기억으로 이번 영남의 참사를 북조선 신문이 또한 당연한 쾌사(快事)처럼 보도하지 않았을까 상상하며 우리는 어째서 이러한 처지에 처해 있게 되었는가를 통곡하지 않을 수 없습니다.

경애하는 좌우의 지도자 여러분,

이상에 기록한 불유쾌한 모든 사실, 우리 자신의 성격 파산적 여러 가지 추태와 불안한 상태에 대하여 우리는 이 현실을 초위기(超危機)라고 인식할 것이며 이 초위기를 우리는 철저히 비판할 필요가 있습니다. 거듭 강조하거니와 우리는 이 현실을 철저히 비판할 필요가 있습니다. 이 철저한 비판에서 우리는 냉정하게 반성하고 새로운 이념을 찾아 민족 갱생의 혈로(血路)를 구할 것이라 봅니다.

생각이 여기 미칠 때에 우리는 다시금 우리 각자의 인격을 냉철히 비판하게 됩니다. 외적(外敵)의 압제로 인하여 생긴 후천적 약점과 각양(各樣)의

폐습이 드디어 민족의 활력을 쇠퇴케 하고 성격 파산적 현상을 초래하였다는 우리 자체 내의 모든 취약성을 솔직하게 인식하고 이를 과감히 청제(清除)함으로써 새로운 인격의 완성에 노력할 필요가 있습니다. 이것이 오직 갱생의 길입니다.

나는 이것을 항상 인격 혁명이라고 말하며 이 인격 혁명에 의한 자아의 해방이 민족 해방의 선결 조건이라고 믿어 왔습니다.

오늘날 우리가 해방은 되었다고 하지마는 이것이 자력에 의하여 전취(戰取)하지 못하였다는 것은 다만 무력적(武力的) 견지에서만이 아니라 우리의 인격 혁명 · 자아 해방의 선결 조건을 뒤로 미룬 채 세계의 판국이 교정(校正)되는 덕에 이루어진 것이기 때문에 우리는 이 해방을 진정한 해방이라 보기 어려우며 그래서 우리의 진정한 해방은 이제부터 완수해야만 할 숙제로서 그대로 남아 있습니다.

허거늘 도무지 이 숙제에는 관심이 없는 듯이 싸움에만 열중하여 내 눈의 들보를 두고 남의 눈의 티를 찾기에 바쁩니다. 이 싸움을 위하여 허비되는 모든 노력과 시간과 정열을 자기비판에 기울이고 상대방 주장을 경청하는 데 썼던들 4천 연래의 골육이 이렇게도 뭉치기 어려웠을 이유는 도무지 없다고 보는 것입니다. 좌우합작만 하더라도 그것이 절대적 요청인 바에야 합작하기 위하여 노력해야 옳을 것을 어째서 불합작을 위하여 더욱 노력하였는가. 그렇지 않고서야 좌의 5원칙이 나올 리 없고 우의 8원칙이 생길 수 없다고 봅니다. 김(金), 여(呂) 양씨의 7원칙은 그만하면 통일합작을 위한 기초적 원칙이 될 수 있어야 옳겠는데 역시 반대하는 편이 있음을 볼 때에 이들이 과연 어떤 양심으로써 조선을 위하노라는 말을 하는 것인가 의심하게 됩니다. 민중은 이미 지도자들의 싸움에 흥미를 잃은 지 오럽니다. 이런 싸움에 계속해서 흥미를 가지기에는 그들은 너무도 배가 고 프고 헐벗었습니다. 하건만도 지도자들은 각기 자기를 지지하고 상대편에 적개심을 가지라고 요구하고 있습니다. 사뭇 강요하고 있습니다. 그러나 우리가 이렇게 동포끼리 적개심을 가져야 옳은가? 우리는 동포끼리나 적 개심을 품을 만큼 다른 곳으로 적개심을 발산할 곳이 없는가?

한심하게 생각하지 않을 수 없는 것은, 조선은 너무도 쉽사리 왜적(倭敵) 을 망각하였다는 것입니다. 일본은 아주 망해 없어지고 일본 민족은 재기 할 수 없는 것으로 믿고 있습니다. 설사 그러하더라도 조선 민족은 왜적에 대한 증오와 적개심을 버려서는 안 되리라고 나는 생각합니다. 적어도 조 선이 앞으로 일본보다 훨씬 우월한 민족이 되고 더 훌륭한 국가를 가지는 날까지는–그리하여 지금의 유럽 사람들이 몽고족에게 대하여 옛날 정복 자에 대한 기억은 다만 한개 회고에 불과할 수 있듯이, 우리로서도 한족(漢 族)이 낙랑(樂浪) 사군(四郡)을 만들었던 것쯤 지금에 다만 역사를 읽을 때 에 불쾌감을 갖는 이외에 별달리 통분할 것이 없는–그런 날이 오기까지 우 리는 우리 자손에게 항상 왜적에 대한 적개심을 계승시켜야 하며 40년의 치욕을 기억하게 하여 이것이 민족 단결과 자립의 영양소가 되어야 할 것 입니다. 함에도 불구하고 조선 사람들은 어느새 40년의 아픈 기억을 잊어 버릴 지경입니다. 하물며 현해탄은 다시 왜적이 건너올 수 없는 바다로 착 각하는 것은 얼마나 어리석은 안심인가.

이미 지적한 바와 같이 미소 전쟁이 일어나면 일본인은 미군복을 입을 가능성이 있고 또 소련 배하(配下)에 훈련되는 50만의 관동군이 있다고 하 면 일본은 미소 어느 편이 이기거나 현재보다는 발언권이 중대할 것이며 아울러서 전장이 조선 국토라고 상정할 때에 일본의 생존을 위하여 조선의 생존에 아무 불안도 없다고 볼 것인가? 비록 이런 생각까지는 지나친 기우라 하더라도 현재 패망 일본이 그 국가 재건을 위하여 어떤 노력을 하고 있는가를 우리는 거울삼아야 할 것이라고 생각하는 바입니다. 조선에 와서 1년을 지내고 돌아가는 길에 일본을 시찰한 뉴욕 타임스 특파원 존스톤 씨는 일본의 인상을 말하여 "도시는 파괴되고 정치 이론은 역사의 휴지가 되고 사회질서는 전도되었는데도 패망당한 이 민족은 재건과 재조직에 열중하고 있다. 여기는 혼란에서 질서를 회복하고 있는 근면한 민족을 본다. 그 정력은 재기하려는 불굴의 의지력을 표현한다." 하였습니다. 그런데 조선은 어떤가? 존스톤 씨는 다시 "조선은 여기다가 비교하면 수면병(睡眠病)에 걸린 것같이 보인다. 남조선에서는 정치적 분쟁에 분열되고 북조선에서는 공산 정권에 질식되어 조선은 '제2의 해방'을 기다리고 있다." 하였습니다. 우리는 이 관찰이 세계의 안목에 공개된 사실인 것을 느낄 때에 40년이나 눈앞에서 보던 독종을 너무도 쉽사리 잊어버리고 있었다는 것을 깨닫습니다.

왜 조선은 전 민족이 신국가 건설과 산업과 교육의 부흥에 열중하고 있다는 소식을 세계에 전하지 못하는가?

기껏 전하는 소식이 "환자를 버리고 병원의 의사들이 파업을 하였다."는 것이라야 옳은가? 학생들마저 하두 정치, 정치 하고 나서는 것을 보다 못하여 필자는 "그대들 학구 생활(學究生活)의 필수품인 연필과 노트를 누가 생산하는가 생각하라…."고 소리친 일이 있습니다마는, 일본 어디서인가는 낙제한 학생을 그 동창들이 타살하였다는 말을 들을 때에 그들이 다시금 권토중래(捲土重來)를 얼마나 굳게 맹세하고 있는가를 알 수 있는 것입니다.

경애하는 좌우의 지도자 여러분,

당신들에게 보내는 민중의 신뢰나, 이 비참한 현실을 견디어야 하는 인내나 모두 한도가 있는 것입니다. 결단코 무한한 신뢰나 인내는 바랄 수 없는 것입니다. 그리고 지금 이때야말로 민중의 신뢰와 인내는 한도의 끝장이 오려는 때입니다.

중앙인민위원회에

― 남북 양대 세력에게 주는 말

― 1946년 6월 1일, 『민성』 제2권 제7호

　인민위원회는 일체의 혁명 세력을 규합한다고 크게 외쳤다. 그래서 대문은 크게 열어 놓았으나 좌익이 아니고는, 적어도 좌익의 편승자가 아니고는 중문(中門)은 열어 주지 아니하였다. 처음에 이들의 아량에 의하여 동지의 명예를 얻었던 이도 어느 틈에 민족 반역자의 낙인을 받고 쫓겨 나온 자 얼마인가.

　마침내 자기 자신 공산당원이요 지방인민위원회 조직자의 한 사람이라면서 우익 지면의 할애를 받아서 인민위원회는 공산주의자의 정치 구락부라고 자기비판을 하는 사람이 생기게까지 되었다. 그래도 좋았다. 진정한 공산주의자만의 집단이었으면 우익과 협조하지 아니한 일반(一半)의 협량(狹量)은 책할 수 있을까 모르되 일방적인 채로 순수한 혁명 세력의 규합일 수는 있었다. 그러나 불행히 그렇지 못하였다.

　통일의 원칙을 친일 분자, 파쇼 분자의 소탕에 둔 좌익이다. 그리하여 우익의 치마 밑에 숨어 있는 일제 잔재를 정당하게 지탄하는 좌익이다. 허거늘 인민위원회 속에는 과연 그러한 잔재가 없는가.

　어제까지의 대일 협력자ㆍ전쟁범죄자가 우글우글하여서 우익이 나쁘거니와 그러면 이들을 좀처럼 중문(中門) 안에 들어서지 못하게 동지를 엄선한 인민위원회 안방에도 순수한 혁명 세력보다 더 우수한 세력ㆍ비양심적이요 비진보적인 비민주주의자가 있음은 웬일인가. '밑으로부터의 조직'에 원칙을 둔 인민의 인민위원회와 성급하고 저돌적인 영웅의 인민위원회와의 거리는 너무 멀다. 하늘과 땅처럼 아득하게 멀다. 우익 속에 숨어 있는 일제의 잔재를 발견하는 그 형안(炯眼)이 어찌하여 거기도 만의 하나쯤 진정한 애국심에 불타는 민주주의자가 있음을 찾기에 어두우며 냉철한 자기반성과 무자비한 자기비판으로써 진정한 볼셰비키의 조직을 꾀하면서 어찌하여 자체 내의 사이비 공산주의자와 비민주주의적 권력의 행사자에게는 관용을 보이는가.

여기 조직력의 남용이 있다. 조직의 편승자를 떨어버리지 못하면 필경 그 조직은 약체화할 것이요 옥석(玉石)의 구존(俱存)은 구분(俱焚)의 결과를 초래할 위험이 있는 것이다.

제2차 전국인민위원회대표자대회가 열렸던 4월 24일《현대일보(現代日報)》는 놀라운 사실을 전하였다. 이 대회에 보내는 사설에, "군정청 이외에는 여하한 다른 정부도 있을 수 없다는 군정 당국의 방침에 좇아 우리의 인민공화국은 부득이 해체하고 단순한 조선 인민의 총체적인 정치 의욕의 상징 기관(밑줄은 필자 강조임)으로 자신을 새로운 자세로 조처(措處)하지 않을 수 없었던 것이며 이렇게 해서 그 대신으로 남아 있게 된 것이 중앙인민위원회를 최고 기관으로 하는 인민의 의욕의 결정체인 인민위원회의 종적(縱的) 연결이었다."고 갈파한 것이다. 인민공화국은 언제 해체하였는가…. 인민은 아직 그 해체의 사실을 들은 일이 없고 또 정부의 부서를 작성하고 각료를 발표하고 정부로서 행세하던 것이 어느 틈에 정치 의욕의 상징 기관으로 새로운 자태를 취하였는지도 모르고 있다. 하물며 지금도 지방의 인민위원회가 의연히 행정 접수의 태세 아래서 그보다도 더욱 적극적인 활동에서 가끔 궤도에 벗어나는 일이 있고 그래서 인민과 유리되는 과오가 계속되고 있는 사실은 어떻게 시정해야 할 것인가.

1월 29일 하지 중장의 성명 중에 "거짓 선지자(先知者)들은 자기네의 개인적 세력과 이익을 얻기 위하여 대중을 그릇 인도하지나 않나 저어한다." 하였는데 이것이 인민위원회에 보내는 경고처럼 인식하는 인민이 많고 또 그 경고의 정당함을 시인하는 인민이 많다는 것을 깊이 생각할 것이다. 제 2차 대표자대회에서 규정한 그 성격은 '인민의 속에서 인민의 지지를 받고 인민의 정치를 실행하는 인민 주권의 형태'라고 모지(某紙)는 주석(註釋)하였다. 이것은 지극히 정당한 말이다. 이 성격에 어긋남이 없는 인민위원회라야 인민은 환영하고 지지할 것이다. 그런데 과연 어긋남이 없는가.

5월 9일 드디어 미소공동위원회는 무기 휴회를 발표하였다. 의견의 대립이 반탁자(反託者)의 언론과 정치 활동을 제거하느냐 않느냐에 있고 38선을 철폐하느냐 않느냐에 있다 함에 이르러, 좌익의 이론의 '전부'가 옳다 하면 신탁통치를 원치 아니하며 38도선 철폐를 갈망하는 조선 인민은 어디 가서 살아야 할 것이냐 의문이다.

조선은 결단코 조선 혼자서 살 수 없는 조선이다. 세계의 일환이며 민주주의의 연쇄(連鎖)인 것을 기억할 것이다. 하물며 조선이 극동의 화약고라는 위험한 운명을 걸머지고 있는 것을 생각하면 누구나 화약고 안에서는 금연이 필요하다는 것은 상식이요 필수 조건임을 인식해야 할 것이다.

딴 사람이 와서 불을 낼까 보아 근처에까지 파수(把守)를 두고 지켜야 할 형편인데 만에 만일 화약고 안에서 자꾸 성냥불을 켜 보고 싶은 충동에 사로잡힌 이가 있다면 큰일이다. 적어도 그런 충동에 사로잡힌 듯한 인상을 인민들이 받았다면 그런 인상을 준 지도자는 자기 자신을 반성해야 하고 행동을 고쳐야 할 것이다.

한 번 불이 나면 피해는 길이 자손에까지, 내 나라와 내 자손뿐이 아니라 더 넓게 전 인류에 미치게 될 것을 우리는 피차 삼가야 할 것이다. 우익을 지지할 수 없는 동시에 좌익에도 이런 충고를 보내야 한다는 것은 필자 한 사람의 불행이 아니다.

입법의원에 여(與)함

— 무엇이 가능하겠는가?

— 1946년 12월 1일, 『민성』 제2권 제13호

이 글이 세상에 나갈 때는 이미 말썽 많던 서울시와 강원도의 재선(再選)도 끝이 난 때일 것이요, 아울러서 지금 등원(登院)을 거부한다고 신통치도 않은 객기를 부리는 한민당계(韓民黨系) 의원들도 필시 투항한 뒤일 것이다. 그러므로 본고에서 새삼스러이 이 입법의원의 왈가왈부를 논할 필요는 인정하지 않는다. 다만 이 기관에서 최소한도로 무엇이 가능하겠는가를 살펴보기로 하자. 이 입법의원이 장중한 아악(雅樂) 속에 '역사적'이라는 찬란한 장막을 젖히던 12월 12일 12시 하지 중장, 러치 소장과 미 국무장관 대리는 장래할 민주주의 조선을 위하여 동경(同慶)의 축사를 보냈는데 3자의 축사 중에서 요령(要領)을 추려서 한 문구를 만들어 보건대 "조선 국가의 운명을 작정(作定)할 기관이 조선 국민의 수중에 들어가서(러치 소장) 조선 문제에 관한 민중의 희망과 여론이 반영될 공개 논단이 될 것이며(하지 중장) 따라서 조선 국민의 정치적 사회적 및 경제적 희망을 발전할 수 있게 되었고 동시에 그 희망을 법률화할 수 있게 되었다(미 국무장관 대리)." 하는 것이다. 그러나 이런 축사는 너무 어마어마한 자화자찬인 것을 모를 만큼 조선 인민이 우매하지는 아니하다. 그래서 우리는 이 기관이 "과도입법의원(過渡立法議院)인데도 초보적 과도입법의원인 것을 명확히 인식할 것이다."라는 의장(議長) 김규식(金奎植) 박사의 개회사에서 이 의원의 '팔삭둥이적(的) 자기인식'을 간취하는 바이다. 그런지라 여기에서 신생(新生)할 국가의 운명을 작정시킬 수도 없으며, 그 단상의 사자후가 인민의 여론의 반영이기보다도 전 인민(全人民) 의사와는 동떨어진 엽관자(獵官者)의 구가(謳歌)이기 쉬울 것이며, 아울러서 이네들이 법률화할 민중의 희망이란 진실된 인민의 희망과 다를 위험도 상상하기에 어려울 바가 아니다. 이 기관의 산파역이 좌우합작위원회*였다고 보면 이 의원에 들어가기를 거부한 여운형(呂運亨) 씨나 "할 수 없이 들어왔노라."고 술회하는 김규식 박사는 그 향배(向背)가 서로 다르지마는 우리는 그 다른 향배에서 양 거인(兩巨人)의 일맥상통하는 심정을 엿볼 수 있으니, 즉 할 수 없이 들어가는 심정이나 할 수 없이 안 들어가는 심정이 결국은 마찬가지라고 볼 수 있는 것이다. 하다면 여기에 무엇을 기대하리오. 그러나 지금 전 민중은 물에 빠진 사람이 검불이라도 잡고 싶은 그런 애절한 심정을 가지고 있다. 차마 이 의원에 검불만한 기대까지를 포기하기에는 오늘의 절망이 너무도 절망적이다. 그러므로 우리는 이 의원에 대하여 최대의 기대, 화려한 국가적 운명을 맡길 것은

---

* **좌우합작위원회(左右合作委員會)** 1946년 7월 25일 좌우합작을 위해 김규식과 여운형이 주축이 되어 만든 협의기구. 1946년 5월 제1차 미소공동위원회가 결렬되면서 미국은 좌우합작을 적극적으로 추진하기 시작했다. 미국은 남한지역에서 우익 진영의 정치적 영향력이 미약하다는 사실을 고려하여, 미소공위 결렬 직후부터 극좌 세력 고립 및 중도 좌파 견인을 통해 미국의 이해를 대변해 줄 수 있는 정치세력을 전반적으로 강화하고자 했다. 1946년 7월 25일, 미군정의 주도 하에 김규식과 여운형 등이 중심적 역할을 수행하는 좌우합작위원회가 발족되었다. 그러나 7월 26일 제1차 정계회담에서부터 좌익 진영의 합작5원칙과 우익 진영의 합작8원칙이 대립했다. 첨예한 갈등을 빚던 양측 주장은 1946년 10월 여운형의 절충안인 7원칙에 의해 절충되었다. 그러나 1946년 10월항쟁 이후 미군정과 좌익의 갈등이 심화되면서 좌우합작운동은 표류하기 시작했다. 좌익 진영의 최대 세력이었던 조선공산당이 10월항쟁에 적극적으로 참여함과 동시에, 인민당, 남조선신민당과의 3당 합당을 추진하고, 미군정 또한 과도입법의원 설치에 집중하면서 좌우합작의 동력은 급속히 약화되어 갔다. 1947년 7월 여운형 암살 등을 계기로 좌우합작운동은 실질적으로 종료되었고, 김규식을 중심으로 한 일부 중간파 세력이 1947년 12월 민족자주연맹을 결성하여 그 명맥을 잇고자 했다.

생각치 아니할지라도 우선 시급한 단 한 가지 최소한도의 희망이라도 붙여 보고 싶은 자다.

그것은 무엇인가? 오늘날 우리가 차라리 배부른 노예를 부러워할 지경에 이르른 것을 알아주기 바라는 것이다. 한마디로 줄여서 민생 문제의 해결책을 세우라는 것이다. 독립이고 통일이고 우선 이젠 아사(餓死) 동사(凍死)를 면하자는 것이 그 이상 없는 시급하고 긴박한 문제로 되어 있다. 그러나 이것이 가능하겠는가? 가능하려면 먼저 이 민생을 도탄에 빠뜨린 여러 가지 원인, 그중에도 악질 관리와 모리배·친일파·민족 반역자의 배제가 있다. 그러므로 최소한도의 요구는 다시 한 등(等) 한도(限度)를 끌어내려 이 임무 하나나 성공할 수 있기를 바라는 것이다. 그러나 이것이 가능하겠는가? 가능하려면 먼저 의원(議院) 자체 내에 있는 이러한 요소부터 숙청할 필요가 있을 것이다. 그러므로 한 등(等) 끌어내린 최소한도의 요구는 다시 두 등을 끌어내려서 이 의원(議院)의 자숙 하나나 성공할 수 있기를 바라는 것이다. 그러나 이것이 가능하겠는가? 붓이 여기 이를 때에 희망의 한도를 세 번째 번쩍 끌어내려서 이런 붓대를 잡는 자도 인민의 한 사람이라는 것이나 알아주고 우리가 어째서 의원에 낙망하는가를 생각해 주기 바라는 것이다.

관료와 정치가

— 1946년 8월 1일, 『신천지』 제1권 제7호

어제는 정치가였다가 오늘은 관리가 되고 형편에 따라서는 잠시 당적을 떼어놓고 대법원장도 되고 사법부장도 될 수 있고, 그래서 사법관의 엄정중립이란 좌익을 탄압하는 것이요 좌익이면 증거가 미약해도 처벌하라는 훈시가 나오게도 되는 것이다. 이것이 모두 정치가와 관료의 혼선에서 생기는 모순당착이다. 이 혼선을 풀어야 한다.

조선은 오랫동안 관료의 나라였다. 이것은 옛날의 봉건시대를 말하는 것이 아니다. 역사가 이미 민주주의를 창조하였고 더욱 진보적 민주주의에로 발전하고 있음에 불구하고 조선은 그냥 관료의 나라였던 것이다. 횡포와 억압 속에서 파리한 민중에게는 제 나라면서도 지옥처럼 괴로운 땅이었으나 이들을 착취하여 맘대로 호화로울 수 있었던 관료에게는 낙원처럼 즐거운 땅이었다. 민주주의의 위대한 승리는 우리를 해방하였다. 우리를 박해하던 야수같이 강포(强暴)한 관료의 무리는 그들이 오던 때 모양으로 게다짝만 들려서 패망의 자기 본토로 추방할 수 있었다. 이제 우리는 민주주의 국제노선에 참가할 수 있는 일원으로서 우리를 위한 우리의 정치가를 찾고 그들을 도와서 행정을 맡아야 할 '정치가와 민중을 묶어 놓는 유대'로서의 새 관리의 새로운 이도정신(吏道精神)의 수립을 요청할 수 있는 기회에 도달하였다. 하거늘 아직도 조선에서 봉건적 잔재와 일제의 잔재를 소탕하라는 소리가 높고 그중에도 이 소리가 관료층을 향하여 더욱 치열한 바 있음은 무엇을 말하는 것인가. 물론 오늘날 우리 인민을 위하여 인민의 소리대로 행정을 맡아 보려는 우리의 국적을 가진 이들 새로 등장한 관리들이 그 건국의 초석이 되려는 열의에 불타고 있음은 충분히 이해한다. 그러나 불행하게도 이들은 새로운 이도(吏道)의 정신을 수립하기 전에 과거 관료풍에 빨리 익숙해 버리지나 않았나 저어할 현상이 나타나고 있음은 슬픈 일이 아닐 수 없다. 본시 관료라는 것은 정치가가 아니다. 이 들은 직업으로서 관리를 택하였고 생활의 수단으로서 사무(事務)의 지식 과 행정의 기술을 수득(修得)한 것이요 이들에게 새로운 정강정책의 구상 을 기대할 것은 아니다. 그들은 의식적으로 당면한 정치에 비판을 회피하 고 맹종하려 들며 그러함으로써 일신의 영달을 생각할지언정 민중의 불행 에 귀를 기울이는 아량도 없고 정치의 방향을 돌이킬 역량도 없는 것이다. 이들은 고루하여 자기들이 시행하고 있는 행정 방침보다 더 진보적인 것 을 용납하지 아니하며 시야를 자기 사무권(事務圈) 외에까지 넓혀 볼 여유 도 없고 그래서 숙련(熟練)한 관리일수록 더욱더 모형주의(模型主義)의 노 예가 되어 버리는 것이다. 하물며 조선은 오랫동안 일제의 군벌과 관료 정 치가들이 민중의 관존민비의 봉건사상에 이(利)하여 전 행정 기구에 침투 된 권력주의로서 침략 정책을 강행하여 왔던 것이고 보면 일제를 추방한 오늘날 조선 민중의 민주주의적 자립은 우선 관료에게서 봉건적 잔재와 일제의 잔재를 일소해야 한다는 것은 지극히 당연한 소리라 할 것이다. 필 자는 일찍 다른 기회에 현재 군정에 협력하는 새로운 관리들의 대개는 그 전직이 교육가적 신사였다고 말한 일이 있었거니와 말단 행정 조각 권세 나마 자기네끼리 농락하던 일본의 통치하에서는 썩고 뱃 빠진 위인이 아 니면 진정한 의미로서의 일제의 주구 외에는 유능한 인재에게 행정의 기 술과 사무의 지식을 수득할 기회는 부여되지 않았던 것이다. 이러고 보면 일조(一朝)에 일인(日人)을 모두 몰아내고서 전 행정 기구에는 인물의 빈곤 을 아니 느낄 수도 없었다. 이리하여 그들 전직자의 기능과 지식을 이용하 자던 것이 어느새 그들 전직자의 심중(心中)에 가만히 일어나고 있던 과거 의 죄악에 대한 회오(悔悟)―여러 가지의 예를 들 것도 없이 총독 통치를 맹종하며 그에 협력하여 색의(色衣)를 장려하라면 물감통을 들고 시중에 나와 상제의 흰옷에 뿌리고 창씨(創氏) 제도가 나면 이를 강요하며 조선말을 쓰지 말라며 구태여 그 위반자를 적발하기에 충실하던—이런 잘못을 뉘우치려던 생각은 어느새 사라져 버리고 역시 자기는 유능한 관리로서 다시 등장해야 한다는 긍지를 가지게 하고, 이것은 다시금 그들이 전날의 오만과 횡포를 자행케 하기까지 이르고 있다. 이들이 민주주의를 알 까닭이 없다. 폭압에 억눌려 어떻게든지 이 압박에서 벗어나서 민중을 위한 정치가 나서기를 바라던 민중 그 자체조차 민주주의가 무엇인지를 아직도 깨닫지 못한 정도이거늘 하물며 압박자의 채찍을 빌려 가지고 동족 앞에서 위세를 부리던 그들 전날의 관료가 민주주의를 알 까닭이 없다. 이들은 관리로서의 행정 기술과 사무 지식이 있어서 중용되었다고는 하나 실상 생전 써본 일 없는 조선문(朝鮮文)의 공문 쓰기가 일어 시대보다 서투르고 민주주의라는 바람에 곧잘 나오는 호령을 가끔 참아야 하는 고통을 겪고 있는 것이다. 그래서 이들이 아는 민주주의는 겨우 인민을 때리지 않으면 되는 정도다. 물론 이것은 말단의 일이다 할 것이다. 모든 비민주주의적 일제의 유풍(遺風)에서 민중과 더불어 관료가 또한 차츰 탈피해 가고 있는 것을 믿으면 이 또한 과도적인 현상이라 크게 개탄할 것이 아닐 수도 있기는 하다. 그러나 지금 문제는 관료와 정치가와의 혼선에 있다. 관료도 아니요 정치가도 아닌 이들이 행정도 아니요 정치도 아닌 것을 하고 있는 데 있는 것이다. 지금 군정에 협력하고 있는 군정 관리도 관리임에 틀림없어야 옳을 것이겠는데, 이들 새로운 군정 협력자의 대개는 그 심중에 관리를 경멸하고 있다. 관리를 경멸한다는 것은 자기는 관리 아니기를, 적어도 남이 그렇게 보고 자기도 착각하려고 노력하고 있다는 것이다. 이들의 심중을 이해하면 이들은 군정이 물러가고 자주 정부가 서면 그때는 정치 무대에 나설 정치가로 자기를 규정하고 있다. 그런지라 아는 영어를 가지고 현재 군정에 협력하는 것은 문자 그대로 협력이요 먼 장래에까지 관리로서 입신할 생각은 아니다. 사람에 따라서 이런 생각은 결단코 비난할 것은 아니다. 그러나 민중으로서는 현재의 관료는 현재에 충실하여 주기를 바라고 싶은 것이다. 먼저 지적했거니와 이들 새로운 관리는 관리로서 아무런 경험도 기능도 가진 것이 없었다. 앞으로 관리로서 입신할 목표나 있으면 또 한 번 노력이라도 있겠는데 이들은 장차 화려한 정치가로서의 활약을 생각하고 있어서 현재는 그 준비 과정에 불과한 것이다. 이것은 저절로 이들이 관리로서의 현재에 좀 더 열성 있고 연구적이며 새로운 구상에 노력할 수 없는 결과가 되고 말았다. 워낙 사무를 모르는 이들로서 사무를 아는 전직자(前職者)를 지도할 능력이 없고 행정의 최고 방침을 하부에 침투시킬 역량도 있을 수 없다. 쌀값을 38원으로 정했으나 이대로 시행할 능력이 없었고, 500원 이상의 고가(高價)로서야 겨우 풍년기근을 면하는 민중의 고통을 구제함이 없었다. 창씨(創氏)는 우리가 받았던 최대 모욕의 하나였는데 해방 후 이미 우리는 이 모욕에서 벗어났음에 불구하고 호적법에 구애되어 실상은 여전히 창씨명이 아니면 안 된다는 것은 무슨 소리며 복잡한 기류계(寄留屆)는 어째서 지금도 필요하며 치안유지법의 처벌이 소멸되지 않았다는 말을 듣게 되는 것은 무엇인가. 민주주의적 새로운 교육 체제를 갖춘다는 것이 전문학교는 모두 대학으로 개명하여 교육기관이 빈곤하기로 세계에 관절(冠絶)하던 조선의 서울이 일조(一朝)에 대학 많기로 세계에 일등 가는 문화도시로서 승격은 하였다고 하나 그 실속은 어떤 것인가. 여기서 우리는 봉건시대와 총독 시대와 새 민주주의 시대의 혼혈아에 아연하는 것이다.

앞으로 조선에서 봉건적 잔재와 파쇼적 잔재가 일소되어야 할 것은 물론 당연한 일이다.

그러면 우리는 여기서 정치가의 임무의 하나로서 관료의 민주화라는 과업이 있음을 깨닫는 것이다. '관료적'이라 하면 우선 과거의 관료를 생각하게 된다. 그들이 어떻게 맹목적인 행정의 기술자였으며, 민중의 소리를 들을 줄 모르는 고루한 사무가(事務家)였으며, 관존민비의 봉건사상에 젖을 대로 젖어 권력만을 구사하던 파쇼적 존재였던 것은 이미 지적한 바로서 이 병폐를 뽑고 민주적 이도(吏道)를 수립한다는 것이야말로 정치가의 임무가 아니어서는 안 될 것이다. 현재만 하더라도 비록 군정이라고는 하나 모든 것을 민주적 원칙에서 규정하고 있어서 72호 법령도 민의에 좇아서는 폐지되는 오늘이다. 경관의 옆구리에서 절그럭 소리를 내며 위세를 부리던 칼자루가 없어지고 그 대신 가슴 위에서 '봉사와 질서'라는 표어가 빛나고 있는 오늘이다. 그러하건마는 경찰서 문초실에서는 증거를 따지기 전에 물 뿌려 질척질척한 맨땅바닥에 피의자를 꿇어 앉히기가 예사요 이것쯤은 결코 고문이 아닌 것으로 되어 있으며, 어느 관청에 가거나 관리들의 말솜씨와 눈초리에서 우리는 아직도 관료적인 관리의 건재를 인정하지 않을 수 없는 것이다. 군정을 협력하기 위하여 새로 나온 관리들은 모두 높은 자리에 앉아 있다. 그들은 대개가 일제시대에는 관료의 억압을 당하였던 이들이요 그래서 누구보다도 관료적 잔재를 일소할 수 있는 권력 있는 높은 자리에 앉아 있을 뿐 아니라 관료의 민주화라는 임무조차 부과되어 있음에 불구하고 이를 실천하지 못하고 도리어 권력에 주렸던 그들 자신이 관료적 관료로 기울어 가는 경향은 개탄할 사실이라 아니할 수 없다. 더구나 이들이 이 관료적 존재의 이용 가치를 발견하고 심하면 자기 자신 거기 동화됨으로써 이익이 있음을 깨달았다 하면 문제는 더욱 심각하다 할 것이다. 이들이 만일 관료로서의 권력 행사에 흥미 이상의 어떤 실익을 경험하였고 또 과거의 관료풍에 젖어 있는 부하들의 아첨과 아직 관존민비의 관습에서 탈피되지 못한 민중을 상대로 현재의 지위가 자신에게 유리하다는 것을 깨달았을 때에 이들로서 비민주주의가 또한 괜찮았던 것인 줄 몰래라도 생각한 일이 없었던가 모를 일이다. 하물며 정치가들 중에 이러한 관료 심리를 이용하여 자기들의 정치적 기반을 삼으려는 수가 있다고 볼 때에 문제는 또 한 번 심각하다.

정치는 물론 책략이요, 정치가는 책략가이기도 하다. 그러나 책략만이 정치의 전부가 아니면 책략가가 곧장 정치가도 아닐 것이요, 책략 그것을 전문으로 하여서 정치라고 할 수도 없어야 마땅하다. 그런데 만일 입으로는 민주주의를 떠들면서 이러한 관료 이용을 획책한다면 여기서 파쇼의 위험성을 우리는 적발하지 아니할 수 없고 봉건적 잔재의 일소가 어떻게 시급한 것인가를 아니 느낄 수 없는 것이다.

정치를 하자면 방편도 있고 정적(政敵)을 쳐서 내 당의 승리를 얻어야 할 필요도 있기는 있을 것이다. 또 정적을 칠 때에 내 손으로 치는 것이 아니라 민중을 선동하여 민중의 손으로 치는 것이 상책으로 되어 있기는 하다. 그러나 이렇게 당리당략을 위하여 정치가가 관료를 이용한다든가 때로는 자기 자신 정치가로 자부하면서 관리의 탈을 쓰고 관료적 지위를 이용하는 것은 아무리 군정의 협력이요 건국에 헌신이라는 명분을 들고 나올지라도 그 심리의 불순함을 탓하지 않을 수 없을 것이다.

지금 군정 협력을 위하여 새로 나온 관리들은 자기네를 관리로 인식하지 않고 정치가로 착각하고 있음을 이미 지적하였거니와 정치가가 관료를 이용하는 것도 이를 정치가로 착각하고 있는 관료들인 것은 물론이다. 경우에 따라서는 이용을 당하는 정도가 아니라 자기 자신 정당의 일원으로서 당략을 위하여 방편으로서 군정 관리에 나선 이도 있을 것이다. 이런 이에게 자기를 정치가로 생각하는 것은 착각이 아니라 정당한 자기 인식이기도 하겠지마는 이러고 보면 그들이야말로 당리를 위해서의 음모와 당략으로서의 선동을 행정에 반영시키고 있지 않다고 누가 보장할 것인가. 그렇지 않고서야 행정의 기술도 없고 사무의 지식도 없이 정치가연(然)하는 이들이면서 무엇 때문에 자기 자신 경멸하는 관리가 되었으며 그래 가지고 관리로서의 규범을 벗어나는 실수들을 하는 것인가. 정치가이거든 정치에 전념하고 관리이거든 이도(吏道)에 충실하여야 할 것이다.

어제는 정치가였다가 오늘은 관리가 되고 형편에 따라서는 잠시 당적을 떼어놓고 대법원장도 되고 사법부장도 될 수 있고, 그래서 사법관의 엄정 중립이란 좌익을 탄압하는 것이요 좌익이면 증거가 미약해도 처벌하라는 훈시가 나오게도 되는 것이다. 이것이 모두 정치가와 관료의 혼선에서 생기는 모순당착이다. 이 혼선을 풀어야 한다.

5원칙과 8원칙

— 1946년 9월 1일, 『신천지』, 제1권 제8호

우익은 오원칙을 가리켜 공산주의 혁명을 고집하는 것이라 질책하고 좌익은 팔원칙을 가리켜서 반동정치 노선이라 규정하였다. 그렇게도 목이 타는 듯한 민중에게 행여 청량한 샘물을 줄 듯이 쌍방이 들고 나온 것은 결국 제 술병에서 제 술을 따라 마시고 제각기 도취하는 그 뿐으로서 이 모양을 바라보는 민중으로서는 기대가 컸던 그만큼 실망이 클 수 밖에 없었다.

여김(呂金) 양 씨의 합작회담이 순조로 진전되어 좌우 쌍방이 각기 성의를 표시하였을 때 전 민중은 질식 상태에서 벗어나는 듯한 청신(淸新)함을 느꼈다. 회고하여 보면 지나간 1년 동안 좌우는 많이 싸웠다. 물론 없을 수 없는 싸움이었다. 민족 천년의 번영을 보장해야 할 한 나라를 세우자는 이 마당에 미리부터 어떤 조선을 건설할 것이냐 하는 건국이념의 귀일(歸一)을 볼 틈이 없었고 더구나 그것이 민중과 더불어 연결될 기회가 없었던 것이고 보면 이만한 싸움은 없을 수 없었다. 차라리 건국에의 의욕을 발로(發露)하는 점에서 마땅한 싸움이었다. 하물며 세워야 할 나라가 인민의 손으로 인민의 정치를 하는 광영(光榮)의 민주주의국가이어야 할 때에, 아직도 봉건의 잔재가 우글우글하고 파쇼 분자는 그것이 세계적 견지에서 잔재일까 모르거니와 조선에서는 아무런 상혼도 입지 아니한 채 어엿하며 게다가 해방의 8월 15일 오정(午正) 직전까지 민족을 팔던 반역자가 버젓한 채로 우리의 진정한 자유와 진정한 번영을 진정으로 보장할 새 나라가 아무렇게나 쉽사리 수수팥떡처럼 뭉쳐서 될 것이 아닐 바에는 상호의 냉엄한 비판은 있어야 마땅하였다.

그러나 이 싸움은 민족 분열을 의미하는 것이 아니다. 강조하거니와 결단코 민족 분열을 의미하는 것이 아니다. 그러므로 우리의 통일이 덮어놓고 뭉쳐서 될 수 없는 것과 똑같은 이유로써 또한 덮어놓고 싸워서만 될 것도 아니었다. 하건마는 새 역사를 창조하려는 건설적인 싸움이면 거기 진지함이 있어야 할 것인데 매양 모략이 섞여서 파괴적인 싸움이 되어 버리고 냉엄한 비판일진대 응당 자기에게서부터 출발하여야 할 것이겠는데 번번이 상대편만의 규탄을 일삼아서 마침내 분열을 초래하고 드디어 민족의 위기라는 두려운 소리를 듣기에 이르렀다. 이 민족의 위기라는 말은 결단코 매약상(賣藥商)의 과장이나 비겁자의 소심에서 나오는 비명이 아니다. 지금 우리의 섰는 자리가 민족 천년의 운명을 새로이 하려는 시발점이요 뿐만 아니라 통일하면 자립하고 분열하면 자멸하는 배수(背水)의 관두(關頭)인 것을 느낄 때에 현재 도탄에 우는 민중의 모든 고난이 아무리 새 나라의 새 자유를 낳기 위한 임산(臨産)의 진통이라 할지라도 그것이 지나치면 출산에 앞서서 절명의 위험을 아니 두려워할 수 없는 것이었다.

이러한 때에 김여(金呂) 회담이 시작된 것이다. 생각하면 미소공동위원회가 결렬되어 무기 휴회에 들어가고 이미 두 달이 넘는 동안 민중은 절망에 비탄하면서 이 휴회가 좌우 쌍방 지도자들의 양심적 반성의 기회인 것을 감득(感得)하고 그렇게 반성함으로써 합작에의 어떤 혈로를 뚫을 만한 노력이 있기를 고대하던 참이었다. 그리하여 양 씨(兩氏)는 민중이 기대한 그대로 피차 반성의 결과로써 저간의 모든 알력과 마찰과 감정의 혼선을 제치고 감연히 민족의 위기를 건져 내려는 열의와 준비가 있는 줄 믿고 기대하였던 것이다. 그러나 좌익이 5원칙을 발표하고 우익이 8원칙으로써 이에 응수함에 이르러 우리는 다시 실망하지 않을 수 없었다. 우선 이렇게 각자의 원칙을 발표할 필요가 어디 있었더냐 의아하는 것으로서, 이보다 앞서서 공산당이 3원칙을 발표하였을 때 이것을 좌익 측 주도 세력인 공산당으로서 좌익 측의 합작에의 주관을 선명(宣明)하는 것으로 이해하고 일방의 주관이 이만할 때에야 상호 양보를 전제로 한 이 합작 공작은 성공할 수 있으리라고 믿었던 민중이었다. 그 후 합작위원회로서는 각기 일방적 의견 발표라든가 성명은 아니하기로 약속되었다고 측문(仄聞)하였더니 어째서 공산당의 3원칙이 합작 5원칙으로 비약하여 민전(民戰)의 장단 명의로 발표되었는지부터 알 수 없는 것이다. 더구나 이 5원칙 발표를 여운형 씨 자신은 알지 못한 것처럼 측근이 말하고 우익은 또한 우익으로서의 원칙을 어느 때든지 발표할 수 있도록 준비하였다가 5원칙에 응수하였다는 데 이르러서 애당초 김여 양 씨의 합작 공작이 어느 만한 성의의 준비가 있었으며 또 자신(自信)이 있는 것이었는가 의아하는 바이다.

게다가 쌍방은 각자의 원칙 발표에 그친 것이 아니다. 우익은 5원칙을 가리켜 공산주의 혁명을 고집하는 것이라 질책하고, 좌익은 8원칙을 가리켜서 반동 정치 노선이라 규정하였다. 이래서는 아무것도 아니다. 그렇게도 목이 타는 듯한 민중에게 행여 청량한 샘물을 줄 듯이 쌍방이 들고 나온 것은 결국 그전 그대로 제각기 제 술병에서 제 술을 따라 마시고 제각기 도취하는 그뿐으로서 이 모양을 바라보는 민중으로서는 기대가 컸던 그만큼 실망이 클 수밖에 없었다. 격월(激越)을 무릅쓰고 말하라면 민중을 속이는 것이요 놀리는 것이다. 쌍방에는 물론 각자의 이론이 있을 것이다. 그것이 5원칙을 빚어내고 8원칙을 꾸몄을 것이다. 그리고 이것을 발표한 이유는 민중의 지지를 받자는 데 있을 것이다. 그러나 정치에 관여하지 않는 야인으로서의 필자는 감히 민중의 일원으로서 이 두 가지 원칙이 모두 수정 없이는 지지할 수 없는 것임을 지적하는 동시에 좌우 쌍방이 상대방 원칙을 규탄하는 정당한 이유 있음을 시인하는 자다. 즉 두 가지 원칙은 모두가 종래의 아집에서 한 껍질도 벗어나지 않은 그대로여서 자기반성의 자취가 보이지 않을 뿐 아니라 의연히 자기 과오를 자기가 비판하지 못하고 상대방의 규탄을 받고 있다고 보는 것이다. 먼저 좌익의 5원칙을 보자.

1. 조선의 민주 독립을 보장하는 삼상회의(三相會議) 결정을 전면적으로 지지함으로써 미소공동위원회 속개 촉진 운동을 전개하여 남북통일의 민주주의 임시정부 수립에 매진하되 북조선 민주주의민족전선과 직접 회담하여 전국적 행동 통일을 기할 것.

이상 제1원칙을 분석하면, (1) 삼상회의 전면적 지지 (2) 미소공동위원회 속개 촉진 (3) 남북통일의 임시정부 수립 (4) 북조선 민주주의민족전선과의 회담의 네 가지로 나눌 수 있다.

여기 미소공동위원회 속개를 촉진하자는 것과 남북통일의 임시정부 수립에 매진하자는 것은 아무 이론(異論)이 있을 것 아니다. 다만 그 방법으로 들어가서 삼상회의 전면적 지지와 북조선 민주주의민족전선과의 회담에 거론할 여지가 있다. 삼상회의 결정은 물론 지지하지 않으면 안 될 것이다. 현재까지에 조선의 자주독립을 구체적으로 보장한 결정으로서는 이것이 있을 뿐이기 때문이다. 그러나 이 삼상회의 지지 태도에 대하여 좌익의 표현은 세 번 변화를 보이고 있다. 처음에는 절대 지지였고 이번 5원칙을 제시하기 전 공산당의 3원칙에는 총체적 지지라 하였고 5원칙에는 전면적 지지라 하였다. 절대적(絶對的)과 총체적과 전면적에 어떤 변화가 있는지 모르거니와 이번 전면적 지지라는 용어는 지난 1월 7일 탁치 문제(託治問題)에 관한 좌우 4당 공동성명에서 발견할 수 있다. 즉, "조선 문제에 대한 모스크바(莫斯科)삼국외상회의의 결정에 대하여 조선의 자주독립을 보장하고 민주주의적 발전을 원조한다는 정신과 의도는 전면적으로 지지한다." 하였다. 그러면 5원칙의 '전면적 지지'는 이 4당 공동성명의 '전면적 지지'와 합치하는 것인가? 그러하다면 이 5원칙의 '전면적 지지'에도 당연히 4당 공동성명의 후반에 규정되어 있는 '국제헌장에 의하여 의구(疑懼)되는 신탁 제도는 장래 수립될 우리 정부로 하여금 자주독립의 정신에 기(基)하여 해결케 함'이라는 원칙이 포함되어 있어야 할 것이요, 따라서 우익 측 8원칙 중 하나인 '신탁 문제는 임정 수립 후 동 정부(同政府)가 미소공위와 자주독립 정신에 기(基)하여 해결할 것'이라는 것과 구태여 균열된 조건이 아니어야 할 것이다. 그런데 8원칙을 반박하는 민전 의장단 성명 중에 "문제의 삼상회의 결정 전적 지지의 조건도 없을 뿐 아니라 정부 조직 후에 신탁문제로써 그 국제 결정을 말살하자는 종래의 주장이 그대로 지속되어 있다."는 것은 무엇인가. 지난 1월에 좌익이 내세운 조건은 우익의 완미(頑迷)로 결렬되고 이후 일곱 달의 반성을 거쳐서 우익이 그 선에까지 전진하매 이번에는 좌익이 다시 후퇴하여 더 따라오라는 듯한 인상을 주고 있는 것이다.

그다음 북조선 민주주의민족전선과 직접 회담하자는 문제는 지극히 정당한 말이다. 그리해야만 할 것이다. 그러나 우리는 현재 어찌하여 북조선에는 좌익에 속하는 민주주의민족전선만이 있고 우익을 대변할 무엇이 없느냐 하는 점이다.

단정하거니와 북조선 인민이라고 전부가 좌익은 아닐 것이다. 그러면 남에서 좌우가 합작하는 동시에 북에서도 좌우가 합작하고 그렇게 하여 남북의 통일을 꾀할 것이요 남에서는 좌우가 합하고 북에 가서 좌와만 합한다는 논리가 설 수 있을 것인가. 여기 어떻게 '전국적 행동 통일'을 기할 수 있을까.

2. 토지개혁 중요 산업 국유화 민주주의적 노동법령 및 정치적 자유를 위시한 민주주의 제(諸) 기본 과업의 완수에 매진할 것.

이것을 분석하면, (1) 토지의 무상몰수 무상분여(無償分與), (2) 중요산업 국유화, (3) 민주주의적 노동법령 및 제(諸)기본과업의 완수에 있다.

여기 중요 산업 국유화라든가 민주주의적 노동법령 등은 당연한 주장이다. 우리의 해방은 파쇼 일본의 압박으로부터의 해방만으로서 진정한 해방이 아니며 인민의 공화국을 세우자는 것이지 대한제국의 광복을 희망하는 바가 아니기 때문에 우리는 저 일제가 우리의 피와 땀을 긁은 축적으로써 만들어 놓은 모든 중요 산업 기관을 국적만 같을 뿐으로 착취자이기는 마찬가지일 자본가의 독점에 내어 주고 노동자는 의연히 피착취계급으로서 불행하여야 할 이유는 추호도 없는 것이다. 토지개혁에서도 우익이 감히 그 반대를 음모는 하는지 모르되 정면으로는 반대하지 못하고 있다. 왜냐하면 이것이 정당한 주장이기 때문이다. 그러나 문제는 몰수와 분여(分與)의 방법에서 무상으로 하느냐 유상으로 하느냐에 있다. 물론 15만에 불과한 지주의 이익을 위하여 그들을 다시 금융 자본가로 길을 열어 줌으로써 농민 착취에서 노동자 중소 시민 착취자로 전환시킬 이유도 없음은 당연하다. 그러나 중요 산업은 국유화할지라도 중소기업은 용허(容許)될 때에 이들 중소 금융 자본가에 비하여 지주는 더 불행해야만 공평할 이유가 어디 있으며 공장 노동자는 민주주의적 노동법령의 혜택을 입는다고는 하나 그들은 의연히 무산자임에 불구하고 농업 노동자만이 지주적(地主的) 호운(好運)을 만나야 하는 것이 공평한가. 우리는 지금 토지개혁이 실시된 북조선에서 농민에 비하여 노동자가 불행하며 지주계급은 일소하였으나 금융 자본가의 발호가 대단하다는 말을 듣고 있다. 문제는 현재 조선은 좌익이 규정하는 바와 같이 부르주아 민주주의 변혁 과정이요 공산주의 혁명 과정이 아닌 데 있는 것이다. 공산주의 혁명 과정이면야 다시 거론할 것도 아니지마는 부르주아 민주주의라 해서 지주라는 한 가지 조건 때문에 일조(一朝)에 적수공권으로 몰락해야 한다는 이유는 무엇인가. 토지를 몰수하되 어느 정도의 한계를 베풀어서 거기까지는 유상으로 하고 그 이상을 무상으로 하며 이것을 농민에게 분여하되 어느 정도의 한계까지는 유상으로 하거나 혹은 유상무상으로 몰수한 토지 전부를 유상으로 몰수한 토지 가격으로 환산하여 유상으로 분여하는 것이 조선 실정에 적합하지 않을까.

토지를 농민에게로 돌려준다는 이 혁명적인 과업을 토지혁명이라 하지 않고 토지개혁이라 하는 것부터 온건성이 간취되는 것이거늘 이 원칙에 대하여 공산주의 혁명이라는 반대의 구실을 우익에게 주는 것은 지나친 과감이 아닐까 생각하는 바이다.

3. 친일파 · 민족 반역자 · 친(親)파쇼 반동 거두를 완전히 배제하고 테러를 철저히 박멸하며 검거 투옥한 민주주의 애국지사의 석방을 실현하여 민주주의적 정치 운동을 활발히 전개할 것.

이것을 분석하면, (1) 친일파 · 민족 반역자 · 친파쇼 반동 거두 완전 배제, (2) 테러 철저 박멸, (3) 투옥한 민주주의 애국지사 석방의 세 가지가 되는데 그중 테러의 철저 박멸이란 물론 개인 테러만을 의미하거나 또는 정치단체의 테러만을 의미하는 것이 아니라 실로 오늘날 우익만을 편벽되게 두호(杜護)하는 권력에 향하여 보내는 경고요 항의일 것으로도 이해하는 바이다. 그러나 이런 조건은 좌우합작과 협조 여하에 의하여 저절로 해결할 수 있는 것이라 보여져서 더 길게 거론할 것이 아니다. 문제는 친일파 ·

민족 반역자 · 친파쇼 반동 거두의 완전 배제에 있다고 본다. 원래 이 문제는 어제오늘에 시작된 문제가 아니요 실로 을사조약 이래 우리는 친일파와 민족 반역자를 민족의 이름으로 논죄할 날이 있기를 절치부심(切齒腐心)하여 왔다. 함에도 불구하고 그를 마음대로 지적할 수 있는 우리의 때가 왔건마는 1년 남아를 두고 그 숙청의 원칙이 서지 못하고 있다는 것은 확실히 분사(憤死)할 일이 아닐 수 없다. 그러하다면 좌익은 그 불변의 태도로써 이것을 주장하여 오면서 어찌하여 오늘까지 구체적으로 누구누구가 친일파요 누구누구가 민족 반역자라는 것을 규정하지 않는가. 그중에는 우리가 생명을 요구해야 할 자도 있는 것이요 공권(公權) 박탈과 재산 몰수를 해야 할 자도 있을 것이다. 그런데 그것이 누구냐 하는 것을 왜 구체적으로 규정하지 않는가. 민중은 이들 친일파나 민족 반역자 처단에 이의가 있는 것이 아니라 그것이 누구냐 하는 데 있는 것이다. 왜냐하면 좌익이 항상 이런 분자는 우익에만 있는 듯이 규탄하지마는 따지고 따져서 속속들이 캐고 캐 보면 비슷비슷한 인물이 좌우에 모두 있는 듯도 하기 때문이다. 그러나 이것은 문제가 안 된다. 좌익이 이것을 주장할 때에는 반드시 구체적으로 제시할 날이 있을 것이요 그때 민중 앞에 그와 똑같은 인물이 좌에 없음을 확인하도록 좌 자체의 숙청을 전제로 할 것을 믿기 때문이다.

그다음 검거 투옥된 민주주의 애국지사의 석방도 지지하기에 주저할 것이 없다. 당연하기 때문이다. 다만 우리는 이것이 남조선만에 적용될 원칙이 아닐 것을 믿으면 족할 것이다. 현재 북조선의 감옥에도 애국지사가 투옥되어 있다고 듣고 있으며 조만식 씨는 어째서 유폐되어 있는지, 그가 어째서 반동 거두가 되어 있는지 이해하지 못하는 인민이 북조선에 많이 있음을 듣고 있는 것이다. 다시 친파쇼 반동 거두를 배제하자는 데 대하여서는 좌익의 누누한 성명에 의하여 그것이 이승만, 김구 씨 등을 지칭하는 것으로 알아서 무방하다 하면 우리는 이들을 반동 거두라 규정한 것이 탁치 문제에서 발단된 것을 기억하는 것이며, 친파쇼라는 것은 그들의 극우 편향을 규탄하는 것으로 알고자 하는데 그럼으로써 이 합작에 극우를 피하자면 극좌가 또한 피해져야 할 것이라고 보게 되는 것이다.

4. 남조선에서도 정권을 군정으로부터 인민의 자치기관인 인민위원회에 즉시 이양하도록 기도(企圖)할 것.

이것은 처음 공산당 3원칙에는 없던 것이 추가된 것으로서 기이한 것은 이 원칙 하나만이면 족할 것을 다른 네 가지 원칙이 무엇 때문에 필요하였더냐 하는 것이다. 인민위원회가 정권을 잡고 나면 고만 아닌가. 다른 합작 원칙은 구태여 무엇 때문에 필요한가. 8월 6일 공산당 박헌영 씨는 하지 중장에게 장문의 간곡한 서한을 보내고 이것을 공개하였는데 거기에 의하면, "정권을 인민의 손에 넘겨 친일파·민족 반역자·모리배들을 정권에서 몰아내고, 진정한 인민의 대표이며 수십 년간 일제에 반항하고 민족의 독립과 해방을 위하여 싸우던 애국자들에게 정권을 넘겨야 할 것이다." 하였다. 우리는 미소(美蘇)가 일제를 몰아내려고 조선에 진주하여 올 때 감사하여 환영하였다. 따라서 하루속히 그들이 우리에게 자주 정권을 허락하고 물러가면 우리는 더욱 그들을 감사하여 환송할 것이다. 하물며 현재 남조선에서 민중은 군정에 이미 염증을 내고 있다. 그 원인이 조선인을 잘 이해하지 못하는 미국 군인에게 있기보다도 그들의 조선인에 대한 무지를 이용하는 조선인에게 있음은 물론으로서 이러한 조선인이야말로 일제시대에는 일본인에게 아첨하여 그 부스러기 이권과 조각 권력을 얻어

가지고 동족 앞에 위세를 부리며 호사하던 자들이요 장래 민족 반역자·친일 분자의 범주를 벗어나지 못할 인물들이다. 설사 그러기까지는 않더라도 현재 군정에 협력하고 있는 새로운 관리에도 이미 실망한 민중이다. 필자는 본지 전호의 졸고「관료와 정치가」에서 현재의 관리들이 진정한 관리이기보다도 당리당략을 위하여 일부러 관리의 탈을 쓴 정치가요, 그래서 당리를 위해서의 음모와 당략으로서의 선동을 행정에 반영시키고 있음을 지적하였거니와, 요는 하루속히 우리의 손으로 우리를 위한 우리의 정부가 출현하지 않으면 안 될 것이다. 그러나 이 정권을 우선 넘겨받아야 할 대상으로서 인민위원회를 주장하는 것은 과연 타당한가. 박헌영 씨는 정권을 인민의 손에 넘기라는 하지 중장에의 서한에서 "작년 8·15 후 즉시 인민의 요구에 의하여, 인민의 위대한 창의성에 의하여 경향(京鄕)을 통하여 조직된 인민위원회에 정권을 넘겨 근본적으로 민족과 나라를 사랑하는 열의와 정강(政綱) 위에서 모든 정책을 수행하도록 하여야 할 것이다." 하였으나, 이것은 일찍 박 씨 자신이 "인민공화국은 가장 인민적이며 민주적인 정체(政體)임에 틀림없으나 이것을 좌익적이라는 우익 측의 반대가 있음에 감(鑑)하여 이를 끝까지 정권으로 고집하면 합작통일할 수 없으므로 우익과 협조하기 위하여 이 주장을 겸손(謙遜)한다."고 공언(公言)한 것과는 아무 모순이 없는 것인가. 하물며 이 인민위원회가 진정으로 인민의 요구에 의하여, 인민의 창의성에 의하여 생겼다기보다는 인민의 요구에 앞서서 성급한 영웅의 조작인 것은 열병 환자가 아닌 민중이 이미 다 아는 바로서 필자는 일찍 "인민위원회 안방에도 순수한 혁명 세력보다 더 우수한 세력, 비양심적이요 비진보적인 비민주주의자가 있어서 인민의 인민위원회와 영웅의 인민위원회는 거리가 하늘과 땅처럼 먼 것을 지적하고 조직의 편승자를 떨어버리지 못하면 필경 그 조직은 약체화할 것이요 옥석의 구존(俱存)은 구분(俱焚)의 결과를 초래할 위험이 있다."고 경고한 일이 있다. 이제 이 인민위원회를 대승적으로 개조하여 좌우를 포섭할 아무 조건도 없이 여기에 정권 이양을 주장하는 것은 정당한 주장이라 할 수 없는 것이다.

5. 군정고문기관(軍政顧問機關) 혹은 입법기관 창설에 반대할 것.

이것도 처음 공산당 3원칙에는 없던 조건이다. 더구나 7월 10일 민전(民戰) 의장단은 정례 기자단 회견 석상에서 "좌우합작 공작과 입법기관과의 관계 여하냐?" 하는 기자단 질문에 답하여, "양자는 완전히 별개 문제이다. 이에 대한 찬부(贊否)는 조선 현실의 판단에 의하여 결정되는 것이며 입법기관 설치를 위하여 합작 공작이 전개되고 있는 것도 아니고 합작 공작을 위하여 입법기관이 문제되는 것도 아니다."라고 하여 양자는 별개임을 선명(宣明)하였음에 불구하고 이제 와서 이것을 반대해야만 합작한다는 것은 어찌된 일인지 이해하기 어려운 바이다.

그러면 우익의 8원칙이란 어떤 것인가.

1. 남북을 통한 좌우합작으로 민주주의 임시정부 수립에 노력할 것.

2. 미소공동위원회 재개를 요청하는 공동성명을 발(發)할 것.

3. 소위 신탁 문제는 임정 수립 후 동 정부(同政府)가 미소공위와 자주독립정신에 기(基)하여 해결할 것.

이상에서 제1, 제2 조건은 구태여 이의 있을 바 아니고, 제3조의 신탁 문제에서의 태도는 7개월 전 4당 공동성명 정신에까지 전진한 것이라고 볼 것이다. 만일 우익에게 이러한 생각이 7개월 전에 있어서 그때 4당 합동성명을 거부하지 아니하고 거기 의하여 통일 공작을 추진시켰던들 그 후의 분열과 혼란은 피할 수 있었을 것을 반성하면 이제 합작의 재출발을 꾀하자는 마당에서 좀 더 허심탄회하지 않으면 안 될 것이었다. 그것은 이 신탁 문제가 삼상회의 결정의 한 부분이요 전부가 아니며 임정수립 후 4개국과 협의 해결할 여지가 미리부터 규정되어 있는 것으로서 그 밖의 모든 조건에서는 삼상회의를 반대할 하등의 이유가 없는 것이다. 그렇거늘 하필 신탁문제에만 집착되어 오히려 삼상회의 지지 태도에 석연치 못함은 완명(頑瞑)한 고집이라 아니할 수 없다. 하물며 삼상회의 결정에 의하여 그 결정이 부여한 과업을 실천하려는 미소공동위원회에 참가할 태도를 표명하였고 이제 그 공동위원회 재개를 요청하자 하면서도 그것을 지지하노라는 태도를 분명히 하지 않는 것은 우스운 일이다. 하지 중장, 아놀드 소장,* 러치 장관 등 미국 측의 누누(屢屢)한 성명에 의하여 삼상회의는 조선의 자립·독립을 보장한 유일의 법률인 것을 우리는 이해하는 자이며 이 법률에 의하여 조선 문제가 해결될 것임을 잘 알고 있다. 그런데 우익은 지금까지도 삼상회의를 지지하는 것은 곧 찬탁이라는 인상을 민중에게 주고 있으며 그래서 이번 원칙에도 신탁 문제는 추후 임정으로 하여금 해결케 하자는 조건을 끄집어내서 실상 이것은 삼상회의가 이미 규정해 놓은 것임

---

* **아놀드 소장(少將, A. V. Arnold, 1889-1973)** 미국의 군인, 미군정 초대 군정장관. 1943년 제7사단 포병대지휘관에 임명되어 태평양에서 전투에 참여했으며, 1944년 2월 하와이로 회군했을 때 사단장으로 승진되었다. 1945년 9월 8일 미국 육군 제24군단 소속의 제7사단장으로 인천에 상륙했다. 9월 11일부터 정식으로 군정장관이 임명되기까지 군정장관을 겸임, 동년 12월 9일까지 재임했고, 후임으로 러치 소장이 임명되었으며, 그는 제7사단장직에 전념하게 되었다. 이후 1946년 미소공동위원회 미국측 수석대표로 활동하기도 했다.

에 불구하고 언외(言外)에 이것이 삼상회의 지지가 아닌 듯한 인상을 주려하고 있다. 우익으로서의 우물쭈물이 여기 간취되는 것이다.

4. 임정수립 후 6개월 이내에 보선(普選)에 의한 전국국민대표회의를 소집할 것.

5. 국민대표대회 성립 후 3개월 이내에 정식 정부를 수립할 것.

6. 보선을 완전히 실시하기 위하여 전국적으로 언론 집회 결사 출판 교통 투표 등 자유를 절대 보장할 것.

이상 세 가지 조건 중에 4, 5 두 가지를 볼 때에 우익이 조선 현실을 어떻게 보고 있는 것인가 의아하지 않을 수 없다. 민주주의국가 건설이라는 광영스런 임무가 오늘날 우리 어깨에 부하되어 있기는 하지만 민중은 너무도 억압 속에 살아와서 아직 민주주의가 무엇인지 진정으로 이해하지 못하며 그래서 선거가 어떤 것인지 모르고 있다. 이것은 일반 민중만이 그러한 것이 아니라 6개월 이내에 보선을 행할 수 있을 줄 아는 이분들부터 민주주의를 아는가 모르는가 궁금하다. 아마 모르거니와 보선을 실시하려면 선거인명부 작성 준비만도 6개월의 시간은 걸려야 하지 않을까? 하물며 우리는 이 선거에 앞서서 마땅히 있어야 할, 공권(公權)을 소유할 자격자와 이것을 허락할 수 없는 반역자를 골라내는 난사업(難事業)이 있음을 생각할 것이다. 그렇지 아니한 보선의 실시는 친일 분자 · 민족 반역자에게 선거권과 피선거권을 주자는 말이며, 그러할 때에 이들이 지금까지 획책하고 있는 그들 자신의 연명과 그들 자신의 이익을 위한 음모를 8원칙 제6조가 보장하려는 보선을 위한 일체 자유를 이용하여 모든 금력과 물력을 발휘할 것이다. 이것을 골라서 투표할 만큼 민중은 데모크라시에 익숙하다고 보는가.

선거를 위한 언론 · 집회 · 결사 · 출판 · 교통 등 자유를 보장하자는 것에서도 이것이 특히 북조선에 실시되지 않으면 안 될 조건인 것처럼 보이기에 노력하는데, 그러면 남조선에서는 과연 언론의 자유 사상의 자유가 확보되고 있는가. 이 박사에게 국부(國父)라는 존칭은 어떤 인민의 총의로 헌상(獻上)한 것이며 그에게 존경을 강권(强勸)하는 남조선 지방 실정은 북조선의 그것과 대조적일지언정 결코 다를 것이 없는 것이다. 우리는 지금 한 명의 국부를 우러러 바라보기보다는 다수(多數)한 인민의 동무를 바라고 있다. 그리고 이 진정한 인민의 동무는 좌에도 있고 우에도 있는 것을 알고 있다. 그런데 우익만이 애국자로 되어 있는 남조선의 지방 실정은 누구의 선도 결과이며 이러한 정상적(政商的) 현상에서 민중이 해방되지 아니하고서 어떻게 투표의 자유가 보장될 것인가. 이것을 의아하기 때문에 여기에 의한 국민대표회의 성립 후 3개월 이내에 정식 정부를 수립하자는 것도 꿈같은 말이다. 합작의 성의가 있으면 좀 더 합작을 위한 조건이 있어야 할 것이요, 이런 조건의 나열이 어째서 구태여 필요한지 알 수 없는 것이다.

7. 정치 · 경제 · 교육의 모든 제도와 법령을 균등 사회 건설을 목표로 하여 국민대표회의에서 의정(議定)할 것.

균등 사회 건설을 목표로 하는 정치 · 경제 · 교육의 모든 제도와 법령을 지금 실시하려는 것이 아니라 장래의 국민의회에서 결정하자는 것은 이 박사의 정치 노선에서 일보도 전진하지 못한 것이라고 민전은 반박하고 있다. 이것은 지당한 비판이다. 설혹 우익의 원칙대로 수긍하려 할지라도 필자는 이 조건에 심심한 충고를 보내고 싶은 자이다. 이미 지적하였거니와 친일분자 · 민족 반역자를 제거하지 않은 보선이 어떤 결과로 나타날 것인가를 생각할 때에 이렇게 덮어놓고 뭉쳐서 성립시킨 국민의회가 가능하다면 거기서 균등 사회 건설이라는 신성한 목표에 합치할 정치 · 경제 · 교육 제도가 생겨나는 것은 단정코 불가능할 것은 의심할 여지가 없을 것이다.

8. 친일파 · 민족 반역자를 징치(懲治)하되 임시정부 수립 후 즉시 특별법정을 구성하여 처리케 할 것.

민전 담화(民戰談話)는 이것을 비판하여 '정치적 배제와 법적 처단을 고의로 혼동하는 것'이라 하였는데 우익은 이 반박을 달게 받아야 할 것이다.

우리는 과거의 친일 분자가 친일하던 수단대로 친미를 하며, 민족 반역자가 민족을 팔던 방식 그대로 정치 운동을 하며, 황민화(皇民化) 연설에 쓰던 혀로 저까지 한몫 끼우는 통일을 부르짖는 연설을 하며 여자와 요리로써 미국 군인과 교제를 하여 이익을 보고 있는 모리배가 있음을 분명히 알면서 이들을 처단할 특별법정이 없기 때문에 그대로 용인하자는 논리가 과연 타당한가. 우리는 지금 불통일의 원인의 하나로서 이들 반역자의 음모를 인식할 수 있거니와 오히려 그들을 끼고 돌며 정부 수립 후의 법적 처단이 있기까지는 현재의 상태를 유지하자는 것은 수긍할 수 없는 것이다.

이상으로써 5원칙이 종래의 과격한 좌익의 주장 그대로이며 8원칙이 우익의 완명한 고집 그대로여서 말인즉 합작 원칙인데 실상은 불합작 원칙인 것을 알 수 있다. 이제 와서 좌우합작 남북통일이 절대적인 지상명령이라든가 이것이 없이 자주독립이 있을 수 없다는 따위의 설교는 다시금 거듭할 바가 아니다. 누가 절대적인 줄을 모르며 지상명령인 줄을 모르며 이밖에 달리 자주독립의 길이 없는 줄을 모르는가. 다만 자기의 주장이 관철되지 아니할 바에는 차라리 합작 아니하여 무방하고 남북이 갈려 있어도 부득이하며 그래서 자주독립이 못 되고 민중은 도탄에 울어도 그것은 내

주장을 따라오지 않는 상대편의 책임이라고 하는 지도자들의 독선적이요 정상적(政商的)인 고집을 슬퍼할 뿐이다.

지금 이 글을 초(草)하는 창 밖으로 감격의 8·15해방 기념 축하 행렬이 세 번째 지나가고 있다. 아침에는 좌익의, 그다음에는 군정청의, 오후에는 우익의 행렬이었다. 좌우합작 공작이 원칙 발표를 계기로 다시 정돈(停頓)된 채 전도(前途)는 의연히 암담하고 이리하여 미소 협조의 산물인 우리의 해방을 우리는 좌우가 갈려서 기념한 것이다. 조선의 정치가들은 너무 절대를 좋아한다고 필자는 개탄한 일이 있거니와 우리가 알기는 정치는 타협이요 더구나 그것이 국가의 휴척(休戚)이 달린 문제일 때에 타협에 의하여서만 해결되는 것을 알고 있는 터로서 이제 한 나라를 세우자는 이 마당이 그렇게도 제 주장만 주장할 마당인 줄 아는 것은 이들이 진정으로 나라를 생각하는가 의심하게 되는 것이다.

신탁과 조선 현실

— 1946년 1월 20일, 『민성』 제2권 제2호

우리는 진리를 망각하였었다. 자유의 권리는 역시 자기의 실력으로써만 향유할 수 있는 것이요 이것이 결단코 남의 자선사업이나 긍휼(矜恤)의 선물일 것이 아니었던 것이다.

카이로회담*과 포츠담선언**이 우리의 노예상태를 인식하고 악마의 철쇄로부터 해방을 약속하였을 때 우리는 감격에 울었다. 이 해방의 실현에서 다시 우리를 가장 가까운 장래에 시급히 자주독립국가로서 세계 민주주의 국가군(國家群)의 한 가족으로 영도할 것을 약속하였을 때 거듭 감격에 울

---

* **카이로회담** 제2차 세계대전 때 이집트 수도 카이로에서 개최된 두 차례의 회담. 1차는 1943년 11월 22일-26일, 2차는 1943년 12월 2일-7일에 개최되었다. 1943년 9월 이탈리아가 항복하자, 세계대전의 수행과 전후 처리 문제를 사전 협의하기 위해 개최된 회담이다. 첫 회담은 미국 루스벨트 대통령, 영국 처칠 수상, 중화민국 장제스 총통의 세 연합국 정상의 모임으로 진행되었다. 이들은 노르망디 상륙작전에 대해서 논의했고, 일체의 점령지역으로부터 일본을 구축(驅逐)할 것을 합의했다. 또한 한국민이 노예상태에 놓여 있음에 유의하여 앞으로 한국을 자유독립국가로 만들 것을 결의하였다.

** **포츠담회담** 1945년 7월 17일-8월 2일까지 독일 교외 포츠담에서 열린 제2차 세계대전 연합국 회담. 1945년 5월 8일 독일이 항복한 뒤, 전후처리와 일본의 항복 문제를 논의하기 위해 개최된 전시 회담이다. 트루먼 미국 대통령, 처칠 영국 총리, 스탈린 소련 공산당 서기장이 주요 참석자였다. 이 회담의 주요 관심사는 패전국 독일의 통치 방침, 오스트리아 점령 방침, 동유럽에서 러시아의 역할, 대일 전쟁수행 방침 등이었다. 7월 26일, 트루먼, 처칠, 장제스가 포츠담선언에 서명했고, 8월 8일 스탈린도 대일전 참전과 동시에 이 선언에 서명했다. 포츠담선언은 일본의 무조건 항복을 요구했고, 한국 문제와 관련하여 카이로선언의 이행을 천명함으로써 전후 독립을 재확인해 주었다.

었다. 우리는 울었다.

하거늘 이제 모스크바에서의 3국 외상회의가 보내는 소위 신탁 관리(信託管理)란 무엇인가. 물론 우리는 어제까지 노예였던 것을 기억한다. 그 철쇄에 묶이어 자유로운 행보를 하지 못하였던 이 민족이 이제 갑자기 행보의 곤란을 아니 느낀 것도 아니였었다. 그러나 우리는 한때 닭의 품에 들었지마는 역시 '소리개'였었다. 하늘은 미지의 세계였거니 하는 착각이 없지 아니하였으나 우리도 또한 '소리개'인 것을 알았고 한 번 날개를 펴서 하늘에 오르매 이미 소리개의 그림자만 보아도 그늘 밑으로 숨어야 하는 가엾은 병아리는 아니었던 것이다. 우리는 4천 년의 역사가 있고, 고도의 문화를 누렸고, 그 두뇌는 우수하여 세계 어느 민족에게도 결코 결단코 떨어지지 아니하는 긍지를 가진 우리다. 이것은 우리 자신이 자아에 돌아오기 전에 이미 연합국 스스로 일본의 연막을 헤치고 발견한 사실이 아니었던가. 우리는 믿었다, 연합국의 약속을. 그래서 우리는 민족의 이름으로 연합국의 은혜를 감사하였더니 이제 새로운 실망에 비탄하는 것이다. 물론 모르는 것은 아니다. 연합국의 의도가 이미 우리와의 약속 그것을 보다 더 확실히 보다 더 튼튼히 이행하기 위하여 유감스러우면서도 '가까운 장래'를 앞으로 5년이란 시일의 범주에 넣었고 그만큼 연합국 자신의 노력과 수고가 더하는 것을 모르는 것은 아니다. 그러나 우리는 이미 소리개인 것을 알았다. 이미 하늘에 오를 수 있고 날아갈 수 있는 날개의 소유자인 자아에 돌아온 것이다. 이제 알고서 다시 이 날개를 접어 두고 땅바닥의 좁쌀 모이나 줍는 닭의 무리에 섞여서 안연(晏然)할 수는 없는 것이다.

그러나 이것은 연합국만을 야속하다 함으로써 그칠 문제는 아니다. 그들이 우리의 자주독립을 이만큼 천연(遷延)시키는 까닭의 반이 우리에 있지 아니하였던가를 반성하고 참회할 것이다. "하룻밤에 칠십여의 정당이 생겼다."고 미국 신문은 세계에 보도하였고 이것이 또 허위의 기사가 아니었던 것을 기억하지 않을 수 없다. 건국준비회는 무엇을 남겨 놓고 해소하였는가. 건준의 동지 여 씨(呂氏)와 안 씨(安氏)는 저 상상임신(想像妊娠)의 '인민공화국'을 계기로 인민당(人民黨)과 국민당(國民黨)의 영수로서 메별(袂別)하였고, 명철보신(明哲保身)을 위하여 혼란기의 출마를 주저하였다가 건준의 활동이 바야흐로 천하의 인기를 끌매 은둔(隱遁)의 불리(不利)를 깨달아 '국민대회'를 들고 대의명분을 팔며 나선 송 씨(宋氏)는 결국 가야 할 길 그대로 한국민주당의 영웅으로 등장하였다. 참새의 무리 군소 정당이 제각기 떠드는 틈에 자기를 비판하고 과거를 청산하고 나선 공산당은 역시 그중 무거운 정치력의 비중을 유지하였다고 하나 그 고집은 과(過)하지 않았던가.

"나는 미국에서 조국에 많은 정당이 일어나서 제각기 떠든다는 신문을 읽고 가슴은 터지는 듯이 아팠다."고 말하던 이 박사 자신도 결국에는 '우익의 1인'이었고 좌익을 무시하는 그 색맹적 정치관은 마침내 그의 중앙협의회를 변방 협의회로 전락시키는 동시에 혼란의 파도를 한 번 더 일으켰을 뿐으로 그가 말한 소위 '새 역사의 산실'은 드디어 고요하고 말았다. 이 모든 사실을 회고할 때 신탁 관리의 발안자(發案者)는 연합국일지 모르나 초래자는 이들 훌륭한 정당의 애국가(愛國家)들이라고 단정할 것이다. 통일을 말하되 자기 섰는 자리로 다른 정당의 굴진(屈進)을 주장하지 아니한 정당이 있거든 손을 들라. 내 당보다 내 조국을 먼저 생각하고 조국을 위한다면 내 당의 희생을 선뜻 허락할 만한 양심 있는 정당이 있었거든 손을 들라…. 이것이 만약 필자 독단의 무고(誣告)일진대 필자는 쾌히 죽음으로써 그 죄를 씻으리라. 대독전(對獨戰)에서 소련의 승인(勝因)은 무엇이었던가? 사상을 초월하여 조국애(祖國愛)로의 일체의 집결이라고 본다. 노농계급의 혁명에 의하여 해외로 유리(流離)한 백계로인(白系露人)*들의 염원은 그것이 허망한 채로 자나깨나 자기들의 이익을 옹호하는 정권 하에 고국에의 복귀였었다. 이들의 사상, 이들의 사향심(思鄕心), 이들의 스탈린에 대한 적개심에 제5열(第五列)을 기대하였던 히틀러가 우크라이나를 석권(席捲)하고 스탈린그라드를 짓밟고 레닌그라드를 육박하여 공산주의로부터 러시아를 구하는 백십자군(白十字軍)의 승리를 세계에 자랑하면서도 내심으로는 어떤 오산을 인식하고 전국(戰局)의 전도(前途)를 실망하였던가. 그는 소련 역내(域內)에서 반쪽의 왕정위(汪精衛)**도 라발***도 발견하지 못하였을 뿐 아니라, 소련 인민이 아닌 망명의 백계러시아인들마저 "정권이 좋고 싫음은 사상문제요, 조국을 외구철제(外寇鐵蹄)의 유린에 맡길 수는 없다." 하여 그들이 원치 아니하는 아니, 그들의 가산을 빼앗고 그들을 조국에서 추방한 적색 정권임에도 불구하고 그들은 조국의 방어에 일체를 기

---

* **백계로인(白系露人)** 백계러시아인(White Russian)을 지칭. 1917년 러시아혁명 이후 소비에트 정권에 반대하여 해외로 망명한 러시아 사람들을 뜻한다. 혁명세력의 상징인 붉은 색에 대항해, 보수적 반혁명세력은 백색을 상징으로 사용하면서 백위군(白衛軍)을 수립했다.

** **왕정위(汪精衛, 1883-1944)** 중국의 정치가 왕징웨이를 지칭한다. 국민당의 혁명 지도자 쑨원[孫文]을 도와 함께 일했다. 1920년대 말에서 1930년대 초에 국민정부의 지배권을 놓고 장제스[蔣介石]와 경쟁관계에 있었고, 1940년대에는 일본군이 중국 점령지에 세운 친일 괴뢰정권의 주석이 되었다. 일본에서 지병을 치료하다 사망했다.

*** **라발(Pierre Laval, 1883-1945)** 프랑스의 정치가. 건설장관, 국무차관, 법무장관, 노동장관 등을 역임했고, 1931년과 1935년에 총리 겸 외무장관이 되었다. 제2차 세계대전 때 독일에 협력하여 비시정부의 부총리와 법무장관을 지냈다. 1942년 총리직에 복귀하여 그는 독일의 승리를 열망하고 있다고 발표했다. 독일이 패망한 뒤 반역죄로 재판을 받았고, 1945년 10월 전범으로 처형되었다.

울인, 그 조국애야말로 히틀러의 기계화 부대와 항공 병력으로도 깨뜨리지 못한 금성(金城)의 철벽이었던 것이다.

자본주의 영미(英美)와 공산주의 소련은 실질에서 동지가 아니면서 그들이 공동의 적을 위하여 발휘한 우의와 협조야말로 세계의 파쇼를 격파한 최대의 무기가 아니었던가. 이 모든 사실은 오늘 세계의 인류 누구나 아는 상식이거늘 하필 조선의 모든 정당 영수들만이 몰랐다고 할 수는 없을 것이니 그러면 이들이 오늘날까지 '조국의 독립'이라는 이 공통한 절대적이요 근본적인 이념을 가지고서도 결국 통일을 보지 못하고 치사스런 싸움으로 일관하던 끝에 두 번째의 노예 생활의 기회를 초래한 책임을 어떻게 질 것인가. 각 정당들은 저마다 이 신탁 관리의 부당을 주장하고 우리들 민중에게 그 반대운동의 실행을 요구하고 있다. 가로되 파업하라, 학교와 상점문을 닫으라 등등. 무슨 염치없는 요구인가. 우리 민중은 그대들 돌현(突現)한 영웅들이 정치 운동을 하는 동안, 경제 안정책 하나 세우지 못하는 그대들 정당이 토론회를 속행(續行)하는 동안, 우리 민중은 물가고에 울며 묵연(默然)히 산업진(産業陣)을 지키고 생산에 노력하여 왔다. 이제 그대들의 실책을 위하여 다시 우리로 하여금 생산기관을 버리고 나서라는 것은 무슨 염치없는 요구인가.

물론 우리는 궐기할 것이다. 그러나 이것은 그대들 정당의 지도를 거부한다. 인민공화국도 국민대회도 인민대표대회도 우리 민중과는 유리되어 있는 자기의, 자기 이익의 필요에 의하여 움직이는 '사당(私黨)'의 소위인 것을 우리는 알았다. 모든 정당을 해체하고 무슨 대회 무슨 위원회를 모두 해소(解消)하라. 그리고 민중 앞에 진정한 참회를 할 것이다. 이렇고서 우리는 총참회(總懺悔)의 대곡(大哭)으로써 새 출발을 할 것이다. 노선은 어느 때나 분명하였던 것이거니와 이제 미국도 소련도 우리의 구주(救主)가 아닌 것을 알았으니 이제 우리의 갈 길은 오직 우리 스스로서의 택할 길일 뿐이다. 그것은 일체를 조국의 독립에로의 통일전선의 행군일 것이다.

삼상 결정(三相決定)과 대응책

— 1947년 1월 26일, 《경향신문》

우리는 처음에 해방 즉 독립으로 믿었다. 이것을 실망시킨 것이 저 삼상 결정이요 그 속에 포함된 소위 신탁통치 조항이었다. 이래서 애초에 신탁통치를 혐오한 감정은 엄연한 민족적 감정이요 설혹 최후에 막부득이(莫不得已)하게 이것을 받을 수밖에 없는 한이 있더라도 일단 거족적으로 반대를 부르짖는 것이 당연한 일이었다. 거기다가 미국은 이 신탁통치의 수창자(首唱者)요 10개년의 주창자였으면서도 우리의 탁치를 반대하는 심경에 동정의 뜻을 표한 것도 사실이요 그래서 더욱 반대의 기세가 높았던 것도 사실이었다.

그러나 반대하는 의견도 들어준다는 것과 반대하는 의견대로 들어준다는 것과는 다르다는 것을 우리는 알아야 하며, 열강이 어째서 조선의 즉시 독립을 꺼리느냐를 다시 한번 생각할 때에 우리는 새삼스럽게 우리 국토의 지리적으로 타고난 기구한 운명을 깨닫는 자이다.

소련은 이 조선이 반소 기지(反蘇基地)로 화(化)할까를 의구하며 미국은 이 조선이 적화되어 반미 병참(反美兵站)이 될까를 우려하고 있다.

우리의 정부가 서서 그 자주 외교가 결코 반소(反蘇)도 아니며 반미도 아닌, 그리하여 미소가 다 같이 희망하는 양 주의(兩主義) 공존의 세계가 이 조선에서부터 평화적으로 실현되는 것을 보고서야 안심할 것이다.

4개국 공동관리의 근거는 실로 여기에 있다 한다면 미국이 아무리 우리의 탁치를 혐오하는 심경을 동정할지라도 이 동정만으로써 그의 대소 정책 내지 세계정책을 변경할 리가 없을 것은 우리가 일찍 미국에게 버림받고 40년이나 살아 본 경험을 기억함으로써 족할 것이다.

우리가 아는 한 남조선 미군정 당국 내지 미국무성의 누차의 책임 있는 성명에서 삼상 결정만이 조선을 독립시킬 유일의 법률이며, 이 결정 지지만이 조선이 독립하는 방도라는 충고를 들었을지언정 삼상 결정을 수정하거나 신탁통치를 취소하겠다는 언질을 받은 적이 없다. 하다면 우리는 미국이 조선에 대하여 4개국 공동관리를 포기할 의사가 추호도 없는 것을 깨달아야 한다.

최근 미소 양 사령관의 교한(交翰)에서 공위(共委) 5호 성명에 서명한 정당 및 단체는 삼상 결정 전적(全的) 지지로 간주한다는 미 측(美側)의 양보적 견해에 대하여 우익은 분노하고 있다.

그러나 실상 하지 중장의 이러한 견해는 처음부터 표명되었어야 할 것이, 5호 성명에 서명할 때에 아무도 신탁통치는 반대한다는 조건부가 아니었기 때문에 이제 와서 분노하는 논리는 빈약한 것이다.

우리는 다시 한번 우리 국토가 문호를 개방한 이래 이미 두 번이나 전쟁을 유발시켰음을 기억할 것이다. 그리고 비록 일제 침략의 병참으로서는 해방이 되었으나 새로이 미소 양대 세력의 접촉 지대가 되었고 양대 세력 충돌의 위험 지대가 되어 있으며 그리하여 만약 제3차 세계대전이 발발한다면 그 발화 지대가 될 가장 많은 요소를 가진 화약고가 되어 있는 것을 신중히 생각할 것이다. 이러한 위험 사태에서 벗어나려면 하루바삐 우리 자신의 정부가 서야만 한다. 그래야만 38도선 철폐도 권위 있게 주장할 수 있고 미소 양군의 철거도 강경하게 요구할 수 있는 것이다. 도탄에 빠진 민생을 구하는 길도 오직 우리 자신의 정부가 서야만 한다. 그런데 이 정부를 세우는 길은 공위 속개에 있다. 혹은 현지 사령관 간의 교섭보다 좀 더 높은 견지에서 워싱턴(華盛頓)과 모스크바(莫府) 간에 어떤 타협이 있기를 기대하기도 하나 그러나 이미 지적한 바와 같이 4개국 공동관리가 수정될 가능성을 기대하기에는 그들의 세계정책이 너무나도 뚜렷하다.

이 신탁통치가 종래의 위임통치식의 국제 노예화가 아니라는 것과 그 기간이 최고 5개년 이내라는 것을 어떻게 믿을 수 있느냐 하지마는 그렇다 하면 오늘날 이것을 믿지 아니하고 슬프거니와 별달리 믿을 수 있는 무엇이 있는가.

우익의 분노에 대하여 하지 중장은 "국제 정세를 무시한 몇 사람에 의한 국내적 혼란과 오도된 정치 행동에 의하여 조선 임시정부 수립은 벌써 수개월 지연되었다."고 경고하였다. 이것은 무엇을 시사하는가. 우리는 국제 정세를 무시하고서는 달리 살길을 구할 수 없지 아니한가.

하물며 우리는 이 이상 현재의 상태 이대로는 단 하루를 더 견디기 어려운 도탄의 심연에 빠져 있다.

우리 민족이 이 초위기에서 구출되어 독립하는 길이 오직 국제노선에 입각하여 삼상회의를 지지하는 데서만 가능할 때에 이 이상 탁치 문제에만 집착하는 것은 이 문제를 일종 정치 파쟁의 도구로 삼는다는 비난을 면하기 어려울 것이다.

비분만이 능사가 아니매 냉정과 은인(隱忍)이 요청되는 것이며 대항만이 장거(壯擧)가 아니매 자중하며 순응의 방도를 고려하여야 할 것이다.

국제 정세와 공위(共委) 속개
— 우리의 운명을 냉정히 인식하자
— 1947년 2월 1일, 『민성』 제3권 제1,2합병호

이번 미소 양 사령관 사이에 공위 속개를 위한 교한(交翰) 내용은 지금까지의 피차 모색 중이던 대립 상태에서 양자의 의견은 대체로 접근된 것이 확실하여졌다. 즉 삼상회의 결정을 지지하는 정당 단체만을 상대로 하자는 소련 측 의견에 대하여 이미 공위 성명 제5호에 서명한 정당과 단체는 모스크바 결정을 전적으로 지지한다는 성의를 성명한 것으로 간취되므로 서명한 정당과 단체는 최초의 협의에 참가할 수 있을 것이다라는 미국 측 의견은 분명히 지금까지의 주장보다 양보한 것은 사실이다. 그러나 우리는 미국이 이만한 양보는 할 수 있는 것도 사실이라는 것을 잊어서는 안 된다. 왜냐하면 일찍 공위 성명 제5호에 우익정당과 단체가 서명할 때에 "삼상회의 중 신탁통치만은 절대 반대한다."는 조건부의 서명이 아니었으므로 이것은 서명하던 그때부터 삼상회의 결정을 전적으로 시인하였다고 해석하여서 마땅하였던 것이요 그런지라 그동안 어떠한 우여곡절이 있었던 간에 미국이 진실로 공위 속개를 희망하려면 의당 이러한 견해에까지 전진하지 않으면 안 될 것이었었다. 그런데 이 견해에 대하여 신탁 강제의 모략이라고 우익은 분노한다. 그러면 우리는 공위 속개를 절대적으로 요청하는 이 현실을 직면하여 우익의 분노를 어떻게 볼 것이냐 하는 것을 다시 한번 살펴보자.

미국은 언론 자유를 존중하는 나라이다. 소수 의견까지도 존중하는 나

라이기는 하다. 그런지라 조선인의 대부분이 신탁통치를 반대하는 소리를 존중하지 않을 이유가 없을 것이다. 그러나 우리는 이러한 기대에 수정을 요할 점은 없는가. 우리는 삼상회의 이래 1년 남아를 두고 누차에 긍(亘)하여 남조선 군정 당국 내지 미 국무성의 책임 있는 성명에서 삼상회의 결정은 조선 독립을 위한 유일한 법률이며 이것을 전적으로 지지하는 것만이 조선 독립을 가져올 방도라는 충고를 들었을지언정 삼상회의 결정의 어느 일부분이라도 취소하거나 수정하겠다는 언질을 받은 적이 없어서 미국이 삼상회의 결정을 포기할 의사가 없는 것은 넉넉히 짐작할 수는 있는 일이다. 여기서 우리는 반대 의견도 발표할 수 있다는 것과 반대하는 의견대로 될 수 있다는 것과는 천양의 차가 있음을 깨달아야 할 것이다. 그러면 미국은 왜 지금까지 반대해도 소용없는 반대를 위한 언론의 자유를 고집하여 공위 결렬도 불사하였는가. 이것이야말로 금후의 새 세계 건설에서 소련식 민주주의의 견제를 위한 미국식 민주주의의 외교전의 1막일지언정 조선의 탁치 문제는 일파문(一波汶)에 불과함을 간취하게 되는 것이다.

생각이 여기에 이를 때에 우리의 취할 길은 무엇인가? 우익이 말하는 그러한 신탁통치라면 물론 반대하여야 옳다. 그러나 다시 한번 조용히 반성할 여지는 없는가. 국제 정세를 그릇 판단하였거나 즉시 독립이라는 화려한 욕구에 붙들리어 우리의 현실을 무시하였거나 신탁이라는 어구에 지나친 의구를 가지지나 아니하였던가. 이러한 반성은 우리에게 냉정하게 국제 정세와 국내 현실을 직시하게 한다. 이미 우리는 국제적으로 우리 민족의 의사로써 위임통치식의 국제 노예화하는 식의 신탁통치를 받을 수 없음을 주장할 만큼 주장하여 왔다. 그러할 때마다 미국이나 소련이나 삼상회의 결정은 어디까지나 조선의 완전 독립을 약속한 것이요 위임통치나 국제 노예화가 아니라고 설명하고 있다. 혹은 이 말을 어찌 믿을 것이냐 하지마는 그러면 우리는 또 다른 무엇을 믿을 수 있으며 모두 믿지 아니하고서 다시 무슨 도리가 있는가. 우리는 지금 자멸 직전의 초위기에 섰다. 차라리 앞으로 5년간을 불쾌히 지낼지언정 오늘 같은 상태로는 하루를 더 견딜 수 없는 형편이다. 일본은 비록 패망의 나라로되 거기 정부가 있기 때문에 우리보다 훨씬 행복한 처지에 있음을 생각할 때에 우리도 정부를 가져야만 이 절망의 심연에서 구출될 것이요, 미소 양군도 철퇴할 것이며 38도선도 철폐될 것이다. 허다면 이 정부를 얻는 유일의 방도가 삼상회의 결정을 지지하는 것인 바에야 우리는 이 절체절명의 위기에서 그냥 그 불유쾌한 신탁 운운의 의구를 가질 것이 아니라 차라리 우리의 자주독립을 원조한다는 국제 신의(信義)를 믿어서 공위 속개를 위하여 일체를 은인(隱忍)하며 자중할 필요가 있다. 아직도 오히려 탁치 반대만 들고 떠드는 것은 지나친 흥분이요, 정쟁의 도구가 되는 것뿐임을 알고 냉정하게 우리는 우리의 갈 길을 찾아야 할 것이다. 1월 16일 하지 중장의 성명 중에 "작년 봄 미소 공동위원회가 개최되는 동안 국제 정세를 무시한 몇 사람의 국내적 혼란과 오도된 정치 행동에 의하여 조선 임시정부의 수립이 벌써 수개월 지연된 것은 사실이다."라는 중대 경고는 무엇을 시사하는가. 우리는 다시 한 번 우리의 운명을 방하(放下)의 경지에서 집착 없는 안목으로 바라보자.

미국의 대(對)조선 여론

— 1947년 2월 15일, 『신천지』 제2권 제2호

"금후 미국의 대외 정책 실행에서 유럽이 허다한 난관이 될 것은 물론이지마는 우리는 극동이 원자탄과 같은 폭발성을 가지고 있다는 사실을 잠시라도 망각하여서는 안 된다. 환언하면 만약 제3차 세계대전이 돌발한다면 그 도화선은 극동지구에서 돌발될 가능성이 많다. 조선은 8만 5천 평방리(平方哩)의 소국(小國)이지마는 세계에서 전쟁을 야기시킬 요소는 가장 많이 가지고 있는 나라다.

1. 화약고로서의 조선

　미국은 오랫동안 잊어버리고 있었던 조선을 다시 생각해야 할 지금에 이르러 이 조선이 위험한 폭발성을 가졌다는 것을 인식하고 여기에 자기네의 세계정책의 관련성에 대하여 중대한 관심을 가지기에 이르렀다. 민주주의의 위대한 승리를 구가하며 새로운 세계의 자유와 평화를 수립하기 위하여 개막된 UN 총회 벽두의 트루먼 대통령 연설 중에 "정치이념의 상극으로 말미암아 UN이 타협할 수 없는 진영으로 분열된다면 이것은 필연코 세계적 재난을 재래(齎來)할 것이다. 최근 우리는 모두 신전쟁(新戰爭) 돌발 가능성에 대한 소음(騷音)을 듣고 있으며, 신전쟁 발발에 대한 공포심은 세계적으로 파급되고 있다. 세인(卋人)이 주지하는 바와 같이 신전쟁이야말로 인류의 희망을 분쇄하며 문화를 파괴할 것이다. 그러므로 미국은 약소국에 대하여도 공평하고 또 인권과 기본적 자유를 옹호할 수 있는 평화 해결을 추진시킬 것이다."라고 강조하였다. 이렇게 세계 건설을 위하여 항구한 평화와 평등한 자유를 찾으려고 개막된 역사적 회의에서 벽두의 연설이 신전쟁에 대한 공포를 말해야 한다는 그것부터가 벌써 세계는 아직도 진정한 평화를 누리기에는 더욱 노력이 필요함을 느끼게 하는 바 있거니와, 조선 문제가 제외되어 있는 이 총회에서 강조된 신전쟁에의 공포야말로 바로 이 조선이 그 폭발의 가능성을 가진 나라라는 것을 생각할 때에 우리는 마땅히 우리 자신이 지리적으로 타고난 기구한 운명을 다시금 깨닫지 않을 수 없는 바이다. 40년 전 러시아와 중국과 일본의 틈에 끼어 두 번이나 전쟁 발발의 원인을 지었던 이 땅이요 이 양차 전쟁(兩次戰爭)의 승리자를 동아(東亞)에서의 안정 세력으로 허(許)하고 그리하여 이 땅이 일본의 철제(鐵蹄)하에 그 병참기지로서 유린되고 있던 것은 이미 지나간 악몽이라 할지라도 이제 이 불우하였던 약소민족을 영맹(獰猛)한 독아(毒牙)에서 해방하여 평화한 새 세계의 가족으로 영도하기 위하여 진주한 미소 양군이 아니었던가. 함에도 불구하고 우리가 해방자에 대한 감사와 은의(恩義)가 변하여 이 땅이 새로운 양대 세력의 각축장이 되어 버린 데 대하여 우리의 장래에 대한 의구(疑懼)를 가지게 된 것은 이것이 다만 우리의 지나친 의구가 아니라는 점에서 세계 평화는 아직 멀었다는 것을 증명하고 남음이 있다.

"조선은 이제는 미국의 새 국경의 일부분이다. 이곳에서 우리는 러시아의 동방 전략선(戰略線)의 측면에 접촉하고 있는 것이다."라는 미국 참모부의 지배적 견해라든가, 하원 군사위원 쇼트 씨의 조선을 현금(現今) 세계의 최대 위험지구로 삼는 견해는 다음 AP 시사평론가 매켄지 씨의 조선관에서 설명을 구할 수 있다. 즉 "금후 미국의 대외 정책 실행에서 유럽이 허다한 난관이 될 것은 물론이지마는 우리는 극동이 원자탄과 같은 폭발성을 가지고 있다는 사실을 잠시라도 망각하여서는 안 된다. 환언하면 만약 제3차 세계대전이 돌발한다면 그 도화선은 극동지구에서 돌발될 가능성이 많다. 조선은 8만 5천 평방리(平方哩)의 소국(小國)이지마는 세계에서 전쟁을 야기시킬 요소는 가장 많이 가지고 있는 나라다. 즉 조선은 군사적으로 그 위치가 매우 중요한 까닭에 과거에도 열강 정치의 도구가 되었던 곳이다. 1904년 러일전쟁은 그 적례(適例)일 것이다."라고 갈파한 것은 미국은 이미 조선을 위하여 조선의 독립을 생각하기에 앞서서 미국을 위하여 미국의 대소 정책 내지 세계정책의 견지에서 조선 문제를 인식하며 그 해결책이 또한 조선인의 입장에서 조선을 생각하기보다 미국인의 입장에서 미국을 생각하고 있다는 것을 우리는 인식하여야 할 것이다.

과연 미국의 여론으로써 그들 미국민은 조선을 미국의 세계 문제 해결의 시험장이라고 생각하고 있으며, 그 반영이 《뉴욕 타임스》의 사설에서, "조선을 비겨서 그는 우리가 도처에서 희망하는 종류의 문제를 해결 짓는 시험장인 것이다."라고 나타나고 있음을 간과할 수 없는 것이다. 그런데 만일 이 시험장에서 미국이 도처에서 희망하는 종류의 문제가 뜻대로 해결되지 아니할 때에 어떤 사태가 일어날 것인가, 그들은 그 희망을 포기하고 시험을 단념할 것인가. 허다면 제3차 세계대전의 공포도 있을 까닭이 없고 제3차 세계대전을 경고하는 시위적인 예측도 유포될 리가 없을 것이다. 그러나 우리는 다시 한번 이 조선이 타고난 지리적 운명을 재인식하자고 강조할 필요가 있으며 태평양전쟁에서 주도적 역할을 담당한 미국이 아시아에서의 발언권에 겸손(謙遜)하리라고 볼 수 없는 것을 생각할 때에 이 땅이 화약고로서의 위험지구인 것을 시인하지 않을 수 없는 것이다.

2. 38선과 주둔군

38도선을 경계로 미소 양군의 분할 점거가 일본군의 무장해제를 위한 일시적 군략상(軍略上) 이유라는 것은 이제 와서 우리는 믿을 수 없는 것이다. 설혹 처음 얄타협정이 진실로 그러한 단순한 이유로써 이런 결정을 한 것이라 할지라도 이제 와서 이것이 미소 양군의 정치적 대립이 완화되지 아니하는 한 철폐를 바랄 수 없는 결과를 지었으므로 이 선은 그대로 극동에서의 미소 국경선이 되어 버리고 말았다. 더구나 단순히 조선만으로서의 미소의 대립이라면 여기 그 해제의 가능성을 오히려 쉽게 기대할 수도 있지마는, 이미 전항에서 지적한 바와 같이 조선이야말로 미소가 대립하여 충돌의 가능성을 가진 가장 큰 위험지구이고 보면 이 선의 철폐는 이미 간단한 문제가 아니다. 미국은 소련의 견해를 추찰(推察)하여, 그는 조선을 중국과 연락시켜서 반소 전선의 일부로 간주한다고 보고 있다. 그래서 남조선에서 미군이 철퇴하면 소련군이 남조선에까지 진주할 것이 명백하다고 보고 있다. 그것은 조선의 적화를 결과할 것이며 미국의 희망하는 바가 아니다. 뿐만 아니라 방어하지 않으면 안 될 것으로 작정하고 있다. 이러한 미국의 소련 동양 정책에 대한 의념(疑念)은 조선에 미군 장기 주둔의 구실이 되는 것이며 다시 상대적으로 소군의 장기 주둔이 결과하는 것으로서 에드가 스노 씨는 우리가 양국의 군대가 과연 철퇴할 의사가 있는지 의심하며 조선이 영구히 분할점령되지나 않을까 두려워 한다고, 우리의 의구(疑懼)를 대변하고 있다. 또 AP 매켄지 씨는 그의 시사평론에서 "소련은 블라디보스토크(海蔘威)나 다롄(大連) 뤼순(旅順)에의 세력 보장상 그 군대를 조선에 장기간 주둔하려는 것 같다. 따라서 미(美) 측 역시 소련이 주둔할 때까지는 계속 주둔할 것이 명백하다. 이러한 위험사태를 완화시키기 위해서는 미소 양국이 가급적 속히 조선에 독립을 수여하고 그 군대를 조선으로부터 동시 철퇴하는 데 있는 것이다."라고 지적하고 38도선이 불행한 조선으로서는 철벽과 같은 것이라고 설명하고 있다. 맥아더 원수의 남조선 점령 1개년 보고에도 해방된 조선인의 반향(反響)에서 38도선 분할의 철폐를 우리가 요망하고 있다고 하였으며, 폴리 대사도 "38도선이 제거되어 정치상 경제상 적당한 통일을 못 본다면 독립국가로서 재기할 천재일우의 기회를 잃고 말 것이다."라고 경고하고 있다. 이제 와서 세계가 조선을 아는 한 38도선 철폐를 시급히 요망하는 것을 부인하는 자는 없을 것이다. 그러나 미국의 책임 있는 이들의 견해는 "조선에 강력한 임시정부를 수립치 않고 미소 양군이 철퇴한다면 조선에는 우려할 만한 상태가 발생될 것이다."라는 점에 공통되고 있는 것이 확실하며, 그리하여 미국 정책이 38도선의 조속 책철(策撤)을 위하여 성의를 쓰기보다는 이 철벽을 더욱 강화시키며 군대의 장기 주둔을 기회 있는 때마다 성명하고 있는 것이다. 국무장관 대리 애치슨* 씨가 조선 문제에 관하여 신문기자에게 "통일된 조선의 자유민주주의 국가를 수립시키려는 종래의 미 정책에는 추호도 변함이 없는 동시에 이것이 성공될 때까지는 미국은 계속 잔류할 의향을 가지고 있다."고 하여 통일독립 조선을 수립할 때까지 주둔을 계속할 결의를 토로한 것이라든가, 국무성 험버튼 씨의 객랍(客臘) 28일 방송에서 "조선을 가급적 속히 통일시키고 점령군을 철퇴하려던 1년 전의 미국 목적은 실패

---

* 　애치슨(Dean G. Acheson, 1893-1971) 미국의 정치가, 행정관료. 냉전시대의 미국 외교정책을 입안한 주요 인물이었으며, 소련을 비롯한 공산국가들에 대항하여 서방세계를 동맹 관계로 묶는데 기여했다. 1941년에 국무부에 들어가 국무차관보, 국무차관을 지내다가, 국무장관(1949-1953)을 지냈다. 1945년부터 그는 확실한 반공주의자가 되었는데, 소련이 중동지역에서 세력 확장을 꾀하고 있다고 믿어 그리스와 터키 정부에 군사 및 경제 원조를 즉각 제공하겠다고 약속한 트루먼 독트린(1947)을 입안했으며, 같은 해에 마셜 플랜의 골자를 만들기도 하였다.

하고 말았다. 그런 만치 미국은 상당한 예산하에 장기간 주둔하지 않을 수 없는 것이다."라고 천명한 것은, 해방 후 1년 동안 조선에 와 있었던 신문기자 존스톤 씨 같은 이가 아무리 "조선이 미소 양대 강국에 분점(分占)되고 이 분점에 의하여 정치적으로 질식되었다는 불행한 상태가 미래의 역사에 중대한 의의를 가지고 있다."고 세계는 이것을 이해하라고 외쳤으나 이것이 미 국무성이나 육군성의 정책 전환을 불러오지 못하였음을 증명하는 것이다. 뉴욕 타임스 논설위원 헤일리 씨가 내조(來朝)하였을 때 환영회 석상에서 그는 연설하기를, "세력만이 권리를 양성하는 것이 아니므로 약소국은 강대국과 동등하게 주장할 권리를 보유하고 있다."고 하였다. 우리는 지금 38도선을 획정(劃定)한 세력에 대하여 그것을 그대로 유지하려는 권리보다는 그 철폐를 주장할 수 있는 우리의 권리가 정당하다고 믿는 자이며 유사 이래 처음으로 양분의 비통을 겪는 이 단일민족의 질식 상태가 그대로 무시된 채 양대 강국 세력 대치의 희생이 되고 있다는 것은 부당하기 짝이 없는 일이다. 그런데 이 부당이 시인되고 있다.

3. 공위 속개와 신탁통치

조선이 현하(現下)의 불행한 질식 상태에서 벗어나는 길은 다만 통일된 정부를 수립하는 것이다. 여기에서만 38도선의 철폐도 권위 있게 주장할 수 있고, 미소 양군 주둔의 구실을 해소시켜 그 철퇴를 강경하게 요구할 수도 있으며, 그리하여야 화약고적(火藥庫的) 위험한 운명에서 이탈하여 안도할 수도 있을 것이다. 그런데 그 통일 정부 수립의 방도로서 모스크바

(莫府)삼상 결정이 있다. 허나 이 결정은 신탁통치라는 조항이 포함되어 있어서 조선 민중은 찬부 양론으로 분열되고 좀처럼 귀일(歸一)될 가망이 없다. 외국어를 모르는 대다수의 민중으로서는 역문(譯文)의 정곡(正鵠)을 판단할 지식이 없으나 외국어에 능통한 이들도 신탁이라, 원조라, 후견이라 이론(異論)이 구구하고 여기서 이 조문은 심히 애매한 것만은 넉넉히 알 수 있는 것이다. 남조선 군사령관 하지 중장부터도 신탁의 내용은 모른다고 한다. 왜냐하면 임시정부가 수립된 후에 그 정부와 협의 결정할 것이므로 임시정부가 서기도 전에 그 내용을 알 바가 못 된다는 것이다. 그러나 이 삼상회의 직후부터 종시일관(終始一貫) 우익이 반대하여 왔고, 이로 인하여 삼상 결정을 반대하는 정당과 사회단체는 공위 참가를 거부하자는 소련 측 주장에 대하여 언론은 자유이므로 탁치 반대라고 공위 참가 거부는 부당하다는 미국 측 의견은 충돌되어 공위는 결렬되고 말았던 것이다.

그러나 우리는 아직 한 번도 미국 측이 신탁통치를 취소하거나 이로 인한 삼상회의 결정을 수정하겠다는 언질을 받은 적이 없다는 것을 생각할 필요가 있다. 맥아더 원수의 남조선 점령 1개년 보고에도 분명히 조선인은 신탁통치의 해소를 요망한다고 하였고, 아놀드 소장의 귀국 보고에도 조선인 대부분은 신탁통치를 반대한다고 하였다. 그러나 우리는 아직 미국이 이것을 조선인이 반대하는 대로 취소하겠다는 의사를 듣지 못한 것이다. 여기서 우리가 생각할 것은 미국은 언론 자유를 존중하는 나라요, 소수 의견까지도 존중하는 나라로서 그들이 판단한 바에 의하면 대부분의 조선인이 반대하는 것을 모를 리는 없을 것이다. 그러나 반대하는 언론도 자유라는 그것 하나만으로써 반대하는 대로 된다고는 생각할 수 없는 것이다. 다시 말하면 반대하는 의사도 듣기는 허지마는 반대하는 대로 들어준다는 말은 아니다. 우리는 지금까지 미군정 당국 내지 국무성의 누차의 책임 있는 성명에서 삼상회의 전적 지지만이 조선 독립의 유일의 법률이며 여기 의해서만 임시정부 수립이 가능하다는 충고를 듣고 있다. 최근 발표된 미소 양 현지 사령관의 교한(交翰)에 의하면 그들의 의견이 대체로 접근한 것을 확인할 수 있는데 여기에 대한 미국 측 주장의 양보적 수정에 우익은 탁치 강제 모략이라고 분노하였다. 그러나 원래 공위 성명 제5호에 우익이 서명할 때에 신탁통치는 반대한다는 조건부가 아니었던 한 이제 미국 측 견해를 반대하는 논리는 빈약한 것이며 애초부터 미국은 이러한 견해를 가질 것이겠는데 일단 결렬도 불사하고 모색 반년 남아에 양보적 태도로써 이 견해를 피력하는 것은 차라리 그 속에 다른 어떤 의미 즉 소련식 민주주의를 견제하며 극동에서 태평양전쟁 주도 세력으로서 이 미국식 민주주의를 주장해 본 것일지언정 탁치를 취소할 듯하다가 소(蘇) 측에 양보하는 것처럼 판단하는 것은 대단한 오산이라 할 것이다. 왜냐하면 미국에 애초부터 모스크바 결정을 수정하거나 신탁통치를 취소할 의사가 없었기 때문이다. 우익 측 분노에 대하여 하지 중장이 "국제 정세를 잘못 본 몇 사람의 오도로 인하여 조선에 임시정부 수립이 벌써 수개월 지연되었다."고 성명한 것이나, 국무성 조선 문제 담당자 윌리엄스 씨가 태평양협회 주최로 개최된 강연회에서 조선 문제에 대하여 "다수의 조선인이 그들의 종전 태도와는 반대로 신탁통치안은 그들로서 해롭게 하는 것보다 좋은 기회를 만들어 줄 수 있는 것으로 생각하고 있다. 여차한 견해의 변화는 미소 간 의견대립의 원인의 하나를 제거하는 것이며 임시정부하에 조선을 통일시키는 데 미소공동위원회 성립을 용이케 할 수 있을 것이다."라고 하며 신탁에 대한 조선인의 견해 수정을 논하여 공위 속개와 임정 수립에 유리한 전개를 말하고 있는 것은 모두가 미국의 대조선정책이 조선인의 신탁통치 혐오의 감정에 흔들리지 않는 것을 시사하고 있는 것이다. 우리는 다시 한번 미소의 세계정책의 충돌의 위험지구가 조선인 것을 생각할 때에 미소는 어느 시기까지 각자의 의념(疑念)이 풀어질 수 있는 조선의 통일정부가 이루어지고 그리하여 소련에게 조선이 반소 전선의 기지가 되는 일이 없어야 하듯이 또한 미국에게 조선이 적화됨으로써 반미 병참이 되는 일이 없어야 할 것을 희망하고 있다는 것을 생각할 것이다. 허다면 우리는 공위가 실패되는 경우 현지 교섭보다 더 높은 견지에서 워싱턴과 모스크바 간에 해결할 수 있을 것처럼 기대하는 것도 그다지 크게 기대할 바가 못 되고 결국은 미소의 세력이 충돌되는 일이 없어야만 우리는 현재의 불행에서 구출된다는 것을 생각할 때에 이 이상 신탁 문제에만 구애하여 거의 감정적인 행동으로써 소에는 물론이었거니와 미에까지 좋지 못한 인상을 줌으로써 조선의 장래에 미치는 영향은 차치하고 당장 이 초위기의 현실을 그대로 파멸에로 끌고 들어가는 위태로운 결과를 두려워하는 것이 마땅하다고 보는 바이다. 조선을 시찰한 미 육군참모총장 대리 토마스 헨리 장군의 "조선인은 긍지를 가진 민족이다. 40년이나 외국인에게 지배를 받고 난 오늘날에 있어서 이 이상 외국인의 지배를 원치 않는 것은 당연한 일이다."라는 판단은 확실히 우리의 비통한 심경을 이해하는 말이며 아울러서 신탁통치가 우리에게 혐오의 감정을 일으킨 것이 당연한 것을 시인하는 것이다. 그러나 한 번 더 우리가 생각할 것은 그들의 우리에 대한 동정만으로써 국제 정세의 지향하는 바를 돌이킬 것도 아니며 또 돌이킬 의향도 없으리라는 것이다. 어째 그런가 하면 약소민족으로서의 조선의 곤란을 동정하기 위하여 그들의 대소 정책 내지 세계정책을 변경하는 일이 있으리라고는 계산할 수 없기 때문이다. 생각이 여기 이르러 우리는 다시금 국제 정세를 살펴야 하며 냉정히 현실을 직시할 필요가 강조되는 것이다. 우익이 해석하는 바와 같이 조선에서의 4개국 공동관리가 종래의 위임통치식이어서 국제 노예화하는 것이라면 우리는 물론 죽기로써 이를 반대하는 것이 당연하며 강산을 들어서 무덤을 삼는 한이 있더라도 그 반대의 주장을 굽힐 수는 없을 것이다. 그러나 우리는 미소 양국의 누누(屢屢)한 성명에서 이것이 종래의 위임통치식 신탁 관리가 아니라 조선의 민주주의 정부를 원조하여 완전 독립국가로 육성하는 일 계단이라고 듣고 있다. 또 그간 이 5개년 이내라는 것도 여러 번의 성명에서 변경되지 않고 있다. 혹은 말하기를 이것을 모두 믿을 수 없는 것이라고 한다. 그러나 이제 우리 손으로 우리의 적을 쫓고 자력으로 해방된 것이 아니라 연합국에 의하여 해방되고 연합국에 의하여 독립할 우리로서는 이제 이것을 믿지 아니하고 별달리 무슨 도리가 있느냐 생각할 때에 슬프나 우리에게는 달리 아무런 방책이 없음을 깨닫는 자이다. 우리는 이미 국제 노예화를 원치 않는다고 반대할 만큼 반대하였다. 또 그렇게 아니한다는 굳은 약속도 받을 만큼 받고 있다. 이 이상 신탁통치만을 들고 민족적 감정에 이(利)하여 반대를 노호(怒號)하는 것은 이미 일종의 정쟁의 도구로 이용하는 것뿐임을 지적하는 바로서, 우리는 이 계제(階梯)에 은인(隱忍)하고 자중하여 모처럼 성숙되는 공위 속개의 기운을 말살시키지 말고 그 속개 촉진에 노력할 필요가 있을 것이다.

4. 제2해방을 위하여

AP 특파원 보엘 씨는 조선의 현실을 비겨서 분할된 부부라 하였다. 이것이 부부간 불화로 갈라졌으면 누구 탓을 할 것이 못 되는 무가내하(無可奈何)지마는 해방의 은의(恩義)를 가지고 온 양대 세력에게 억지로 갈라진 데 비극은 더욱 심각한 것이다. 그리하여 존스톤 씨는 남조선에서는 정치적 분쟁에 분열되고 북조선에서는 공산 정권에 질식되어 조선은 제2의 해방을 기다리고 있다고 하였다. 그의 판단에 의하면, 북조선 상태는 정치적 자유가 없다는 것이 분명하며 그러나 남조선에서 미국이 장려하는 정치적 자유는 혼란을 결과하였다고 하였다.

월드 텔레그램지(紙) 사설에는 미소 양국 간의 정치적 대립으로 말미암아 "조선은 의연(依然) 외국의 점령하에 있다. 그리고 소위 조선의 해방이라는 것은 조선인에게 새로운 압박과 간난(艱難)을 재래(齎來)하였을 뿐이다. 만일 조선 문제에 관하여 미소 양국이 빨리 협정에 도달할 수 없다면 이를 UN에 제출하지 않으면 안 될 것이다."라고 갈파하였으며 이 UN 총회 개막 중에 일부의 대변자이기는 하나 여러 조선 사람이 이 총회를 통하여 조선의 긴박한 불행을 호소한 것도 사실이었고 중국과 필리핀제도(比島) 대표들이 조선을 위하여 기회 있는 대로 조선 문제의 선처를 주장한 것도 대단 감사한 바였다. 그러나 결과는 어떠하였는가 이승만 박사까지 1억 원의 거금을 들고 이 총회에 참석하려고 출발하였으나 미국은 도리어 이 이박사의, '잠월(潛越)하고 지나치게 천진난만한 행위'를 웃고 있다. 그리하여 워싱턴 외교계의 소식통은 미국이 모스크바 회의에 의하여 미소 양국의 협력 하에 조선 임시정부를 수립해야 한다는 태도를 고집하는 동시에 이는 미소 양국 간의 문제라 하여 UN 총회에서 조선 문제 심의를 거부할 태도하에 UN 제국(諸國)에 대미소 양국(對美蘇兩國)의 압력을 발휘할 것을 전하였다. 민주의원 대표라는 임영신(任永信)* 여사가 과연 어떤 자격으로 이 회의 중에 활약하였는지는 모르나 이분이 대부분의 대표들이 조선 문제 상정을 지원 찬동하였다고 한 것도 실상은 조선 문제 상정 찬동자는 모두가 약소국가뿐이며 그중에도 다대수는 미국이 찬동하면 따라서 찬동하겠다는 것이요, 만약 조선 문제 상정을 미국이 반대하더라도 알선하여 주마고 언약한 국가는 파나마·멕시코·과테말라·에콰도르·에티오피아·뉴질랜드 등이었다는 것을 우리는 알고 있다.

이상 제국(諸國)이 조선 문제 상정을 얼마나 노력하였는지도 모르는 바이나 이네들의 백방의 노력이 미소 양국의 고려된 바 아닌 것만은 명백한 결과로 나타났고 이리하여 UN 총회는 조선 문제를 생각하려고 아니한 것이다. 임 여사의 견해로서는 회의는 참가 두수(頭數)에 의하며 민주주의는 종다수가결(從多數可決)인 것만 아는 모양이나 UN 총회를 직접 가서 구경하지 못한 우리로서도 이 총회에서 지배적 권위를 가진 자가 미소 양국이며 이 양국의 동의 없는 문제가 여기서 해결될 수 없는 것으로 알고 있다. 과테말라, 에콰도르 등 우리도 그들을 잘 알지 못하고 필시 그들도 지도를 펴 보고서야 조선의 위치를 알까 말까한 몇 개의 약소국 대표를 붙들고 울고 매달려 본대서 조선 문제가 해결될 것이라고 보기에는 우리는 지금 미

---

* **임영신(任永信, 1899-1977)** 교육자, 정치인. 1925-1931년 미국 남캘리포니아대학과 대학원에서 수학했다. 1933년 YWCA 총무를 지냈고, 1935년부터 중앙보육학교 경영을 담당했다. 중앙보육학교 대표로서 1941년 조직된 친일단체 조선임전보국단에 참여했다. 1945년에는 중앙여자전문학교를 설립, 이듬해에는 중앙여자대학(지금의 중앙대학교)을 설립하였다. 1946년 남조선 민주의원 의원, 1948-1949년 초대 상공부장관, 1948년 제헌국회 의원, 1950년 민의원, 유엔 총회 한국 대표를 지냈다. 중앙대 총장, 민주공화당 총재고문, 한국부인회 회장 등의 공직을 두루 거친 뒤 1977년 사망했다.

소 양국 분점(分占)하에 너무도 엄숙한 현실에 봉착하고 있는 것이다. 그러면 우리의 이 비참한 현상은 어떤 힘에 의하여 타개될 것인가. 내(內)로 우리의 통일에 있음은 두말할 것 아니거니와 결국 미소 양대 세력의 상호 이해와 협조가 아니고서는 불가능하다는 것을 깨닫는 바이다. UN 총회에서 세계적 군축(軍縮)실시를 강조하는 번스 미 국무장관의 연설 중에 "세계 평화는 각국 간의 조약보다도 협조 정신의 여하로 좌우될 것이므로 열강 각국의 그들의 안전보장뿐만 아니라 약소국의 독립 보전도 보호할 수 있는 상호 간의 이해를 각국 간에 빚어내도록 노력하여야 할 것이다." 하였는데 이 UN 총회의 지배적 권위를 가진 미소 양국의 피차의 의념(疑念)과 지나친 자기 주장이야말로 조선 문제의 해결을 지연시켰으며 우리를 점점 더 회복하기 어려운 파멸의 구렁으로 빠뜨리고 있는 것이다.

남조선 미군정의 관리였던 해롤드 서그 씨가 하퍼스지(誌)에 기고한 조선 현상에, "미소 양군의 점령 기한이 장기화하면 할수록 점령으로 기인되는 화근은 심각화할 것이며 또 현재 미소간에 전개되고 있는 의견 불합치가 1년 더 계속된다면 조선의 사태는 일층 더 악화될 것이다. 왜 그러냐 하면 북조선에서 압제당하고 있는 보수당 측과 남조선에서 불평을 느끼고 있는 좌익 측이 충돌될 가능성이 있기 때문이다." 하였거니와 이것은 조금도 과장이 아닐 뿐 아니라 현 사태가 금후 1년 더 계속된 후에 악화될 가능성을 말하는 그 완만한 관찰이 차라리 현재 단 하루를 더 견딜 수 없는 우리의 긴박한 현실을 늦추어 보는 감조차 있는 것이다. 이에 이르러 우리는 좌우의 편협한 주장을 피하여 거족적인 여론으로써 미소에 향하여 우리의 제2해방을 위한 강경하나 또 핍절(逼切)한 호소가 필요한 것이다.

민중

— 1946년 3월 1일, 『신천지』 제1권 제2호

"민주주의라는 것은 인류에게 해독을 끼치는 것이다. 만세일계(萬世一系)의 법도가 없이 어중이떠중이 쌍것들이 모여 사는 녀석들의 사상으로서 우리 사회의 치안 유지를 방해하는 것이다."라는 교육을 우리는 다년간 받아 왔다. 이 교육의 도장(道場)은 방방곡곡 도처에 있었으니 동리마다 공회당에서 이런 연설을 듣노라고 근로봉사에 피곤해진 백성들이 공출(供出)되었고 조선 신궁(神宮) 그 드높은 층층다리에는 아침마다 인파가 도도히 흘러넘쳤다. 단파(短波)만 들어도 징역을 갔으매 '카이로', '포츠담'이 지명인지 회명(會名)인지도 알 까닭이 없었던 우리들이 8월 15일 잠깐 새에 지식이 열려 "전체주의는 악독한 파쇼였다. 우리의 구주(救主) 민주주의 연합국이 우리를 해방하였다"고 카이로회담·포츠담선언을 구가(謳歌)하면서 전차의 지붕을 타고 서울 장안을 휘돌았다. 사람들은 열차의 지붕을 타고 가서 이 뜻을 세상에 전했다고 시인은 감격의 노래를 지었다. 하루 걸러 한 번씩 무슨 행렬 무슨 시위 운동이, 그렇잖아도 마음 들뜬 우리로 하여금 생업에 침착할 새가 없이 거리에 나서라고 자꾸만 불렀다.

거리마다 벽에는 많은 선전문이 붙었다. 우리는 거기서 위대한 정치가와 건국의 정강과 정책을 알았고, 그 이튿날은 다시 이들이 사기배(詐欺輩)요 매국노요 민족 반역자요 친일파인 것을 알았다. 남편이 거리의 벽에서 얻은 지식을 가지고 저녁에 돌아왔을 때 그를 기다리며 새 소식과 새 국가

위인(偉人)의 풍모를 듣고 감격한 주부는 이튿날 늦잠 자는 남편의 머리맡에서 남편의 무식한 비민주주의를 조소하였다. 아침에 배달된 신문은 하룻밤 새에 들어앉은 주부로 하여금 늦잠 자는 남편보다 더욱 진보적 민주주의를 이해시켰던 것이다. 조반상을 놓고 안해와 남편은 토론회를 열었다. 그러나 언제나 아침에는 안해가 이겼고 저녁에는 남편이 이겼다. 이렇게 우리가 민주주의의 교육을 받아 우국(憂國)의 정치가들과 호흡을 같이하면서 가장 매력 있는 문구는 '통일'이란 두 글자였다.

전체주의라든가 추축국(樞軸國)이란 말의 뜻을 잘 알지 못하면서 신궁참배의 인파에 섞였던 것처럼 우리는 민주주의가 무슨 뜻인지 채 알기 전부터 다만 우리가 신뢰하는 지도자들의 말을 믿어서 '우리를 더 좋게 하여 주는 주의(主義)'인 줄 알았듯이 어떤 분열이 있는지 모르는 우리로서는 '통일'이란 말이 처음에는 무슨 말인지 이해하기 어려웠지마는 어느 거리의 벽에서나 이 문구를 발견한 남편과 어느 신문에서나 이 문구를 읽은 주부의 의견은 항상 통일되었다.

그러나 부부의 정쟁은 휴전할 길이 없었다. 통일이란 원칙에는 의견의 통일을 보았는데 좀처럼 그 방법의 통일을 발견할 수 없었다. 여전히 남편은 거리의 벽을 찾아서 신지식을 구해 왔으나 주부도 신문을 열독하였던 것이다. 아량 있는 남편은 마침내 묘책을 안출(案出)하였다, 안해도 같이 가두로 나가 보자고. 그러나 마찬가지로 실패하였다. 안해는 그날 건국부녀동맹(建國婦女同盟)[*]의 웅변을 듣고 돌아왔는데 남편은 여자국민당^{**}의 정강정책을 알아 가지고 왔던 것이다. 그날 밤 부부는 격론 끝에 드디어 위대한 사실을 발견하였다. 안해가 믿었던 영웅, 남편이 존경하던 정치가의 노선이 달랐던 것을. 그리고 반성하여 보았다. 이 영웅이 불러도 흔연히, 저 지도자가 찾아도 흔연히 태극기를 들고 나섰던 것을. 이 집에 준비해 둔 태극기는 한 개뿐으로서 두 가지 노선에 어디서나 날렸던 것을. 비로소 알았다, 그들은 우리를, 소위 민중이라 불려지는 우리를 자기네들의 필요에 의하여 아무때나 불렀다.

우리는 그들이 과거 일본 제국주의에 반항하였다는 그 영웅적 사실, 감옥에 끌려가고, 붉은 죄수옷을 입고 하던 그 사실만을 알았지 그들이 과연 우리를 위하여 어느 만한 공헌이 있었던가는 알려 하지 않았던 것이다. 다만 우리를 대신하여 우리의 의사를 대표하여 투옥되었더라는 그 사실만으로써 존경하고 숭앙하였던 것이다. 그러나 이제 알았다. 일본의 비밀경찰은 그들의 정치력의 빈곤을 또한 우리 민중에게 가려 주었던 것을. 이렇게 알고 보니 대수롭지 않은 일에 감옥 한 번 다녀온 사람이면 저마다 우리에게 존경을 요구하고 자기를 따르라 호령하였던 것이다. 그들은 오늘

---

*　건국부녀동맹(建國婦女同盟)　1945년 8월 16일 해방 직후에 결성된 여성정치단체. 여성들의 독자적인 정치·사회운동을 위한 근대적 성격의 정치단체이다. 조선 여성의 정치·경제·사회적 해방, 여성의 공고한 단결을 통한 독립국가 건설에 일익을 담당할 것 등을 강령으로 채택하고, 남녀동등의 선거 및 피선거권, 여성의 자주적 경제활동 확립, 남녀 임금차별 철폐, 임산부에 대한 사회적 보건시설 등을 행동강령으로 제시했다. 위원장 유영준, 부위원장 박순천 등으로 구성되었다.

**　여자국민당　1945년 9월 18일 창당된 여성정당 대한여자국민당(大韓女子國民黨)을 지칭한다. 당 강령은 남녀평등, 근로자와 여성의 생활 향상을 위한 민주경제의 확립, 민주사회 건설 등으로 구성되어 있었다. 총재는 임영신(任永信)이었다. 오랫동안 명맥만 유지해 오다가 1961년 해체되었다.

날 막상 백일하에서 공명정대한 애국 활동·정치 운동을 할 수 있는 마당에 도달하여 우리가 존경할 만한 조국애와 지도력을 발휘하기보다는 분열의 이론을 연구하였고 그 이론의 표현에 민중의 이름을 빌리기 위하여 우리를 행렬에 불렀다. 신탁통치를 싸돌고 나타난 두 번의 시위 행렬에 동원된 무려 수십만의 민중은 과연 그들의 정치적 견해가 '신탁통치 절대 배격'과 '삼상회담 절대 지지'의 두 가지로 확연히 분별된 민중이었던가. 이것은 지극히 위험하고 불온당(不穩當)한 상상이지마는 만일 경술년(庚戌年)의 정치가들이 이런 시위운동법을 알았고 또 그것이 허락되었다면 한일합방 반대의 기치(旗幟)로써만 민중을 불렀을 것일까, 혹은 엉뚱한 딴 깃발로서 민중의 행렬을 도모한 일은 없었을 것일까.

어리석으면서 현명한 것을 가리켜 민중이라고 한다. 우리는 과거에 어리석었고 현재에 어리석은 것처럼 장래에도 어리석을 것이다.

그리하여 여전히 갑(甲)당이 부르는 행렬에도 달려갈 것이요 을(乙)당이 주최한 연설회에도 박수를 보내기 위하여 만원(滿員)의 성황을 정(呈)할 것이다. 그러나 또 우리는 현명하다. 갑의 시위 행렬에도 끌려가고 을의 연설회에도 불려가기는 가되 거기서 진정한 통일을 위하여 정말로 자기를 죽이고 나서는 지도자를 발견하려는 열의에 불타고 있는 것이다. 한때 우리를 속여서 우리의 이름으로 득세하는 자 있을까 모르거니와 그는 반드시 우리 발밑에 짓밟힐 것을 알아야 할 것이다. 후작(侯爵) 이완용(李完用)이 제 집에서는 어떤 고량진미(膏粱珍味)로 그 몸을 길렀는지 모르지마는 그는 필경 경향(京鄕) 간의 모든 공동변소가 그의 요리점이었던 것을 기억하거든, 과거에 우리를 신궁(神宮)으로 끌어가던 미나미 지로(南次郎)*를 우리 손으로 처단하지 못하여 무솔리니를 처단한 이탈리아 민중을 부러워하는 우리인 줄을 알거든, 오늘날 우리를 제 마음대로 함부로 끌고 다닐 수 있는 우맹(愚氓)인 줄만 아는 지도자가 있으면 장래 그들의 망령은 우리가 길가에 나서서 마지못해 누어 버린 공동변소의 똥이나 먹어야 할 것을 알아 두어야 할 것이다. 선술집 옥호를 '민중옥(民衆屋)'이라고 붙이게끔 된 오늘날 조선의 민중은 확실히 헐가(歇價)의 이용물인 양하다. 좌도 우도 이 개탄할 사실을 시인하거늘 당연히 깨닫는 바가 있을 것이요, 이래야만 비로소 통일의 요소를 발견할 것이다.

---

* **미나미 지로(南次郎, 1874-1955)** 제7대 조선총독(재임: 1936-1942)으로 재임했던 일본인 군인이자 정치가이다. 조선총독을 지내면서 일본어 사용, 창씨개명 등 민족문화말살 정책을 추진했고, 지원병제도를 실시해 많은 청년들을 전쟁터로 몰아넣었으며, 국민징용법에 따라 한국인을 강제 징용했다. 1945년 종전 후 국제군사재판에서 종신금고형을 선고받고 복역중, 1954년 병보석으로 풀려났다가 다음해 사망했다.

건국·정치·생산

— 단기 4279년(1946) 2월 13일~18일, 《조선일보》

패망자의 발악은 '야만적'인 파괴와 소각 등 초토적(焦土的) 행패로 나타나는 것을 막는 이가 없었다. 어제까지는 일인의 재산이요 조선인의 고혈을 긁는 공장이었지마는 오늘부터는 이것이 조선의 재산이요 조선의 부를 낳는 공장인 것을 민중이 깨달았을 때는 벌써 일인의 손에 모두 부서지고 깨져버린 뒤였다.

산업 조선 재건의 급선무

현하(現下) 조선에서의 최대 문제가 차라리 경제 문제이면서 정치 문제에 눌려서 피차 여기에 대한 관심이 둔한하였다는 것을 지적하는 동시에 시급한 또 강력한 경제 안정 대책 특히 산업부문의 재건과 부흥에 열성있는 시책을 바라는 바이다. 회고하건대 8·15 종전과 함께 우리의 해방은 이것이 정치적으로 세기적 감격이요 흥분이요 환희이었지마는 한편 산업 조선(産業朝鮮)은 일본 자본주의의 궤멸(潰滅)과 거의 운명을 공동으로 하였다고 할 만큼 경제적으로는 돌발적인 폭풍이요 파산이요 실업의 시초였던 것이다.

8·15의 정치적 해방은 경제적 파멸이라는 희생을 초래하였다. 조선의 부(富)의 8할을 소유하고 전(全) 산업 기관의 독재자이던 일인(日人)을 추방한 산업계는 그 이튿날부터라도 이를 곧 종전대로 운영하는 것이, 하루가 늦을수록 신국가의 경제 기초가 뒤늦어지는 것을 깨닫기보다는 노무자들은 압박자의 강제징용으로부터, 착취자의 무거운 철쇄로부터 풀린 자신의 팔다리를 주무르며 해방을 즐겼다. 책임자의 지위에 앉아 본 이가 별로 없는 조선인으로서는 비록 그 천품(天稟)의 두뇌가 우수하였다고는 하나 이런 경우에 어떻게 조처할 것인가를 제격 고안하기에는 두뇌가 사실상 황

폐하였었다. 모두 어리둥절한 채 수년래 전 민중을 질식시켰던 저 지독한 통제경제의 반동은 치열히 폭발되었다. 한 숟가락의 흰밥, 한 조각의 고기에도 체면을 잃을 만큼 굶주렸던 민중이었다. 소비의 절조(節操)를 지키기에는 가두에 쏟아지는 물자의 분류(奔流)는 너무도 강하였던 것이다. 이리하여 낭비와 태업(怠業) 속에서 해방 조선은 병들기 시작하였다. 자주적인 경제 건설이 없이 한 나라의 완전한 독립이 없는 것은 너무도 평이한 상식이다. 일찍이 필리핀(比律賓)이 미국으로부터 독립의 허여(許與)를 받은 것은 한 약소민족으로서 자유를 부르짖는 '케손'*의 정치 연설이 미국민의 찬성을 얻은 것이 아니다. 필리핀의 상품을 '외국의 상품'으로서 대우하지 않으면 안 되는 미국의 경제적 조건이 이를 허락하도록 미국 의회에 투사(鬪士)를 보냈던 것이다. 오늘날 패망 일본의, "독립국가로서 굶어죽기보다는 미국의 종속국을 원한다[일지(日紙) 아사히신문(朝日新聞) 사설]."는 애소(哀訴)를 들으면서 경제적 자주 없이 독립이 없다는 이 평이한 상식이 절대적인 진리인 것을 다시금 깨닫게 한다. 미소 공동회담이 개막되던 1월 16일 이 석상에서 미군 측 하지 중장과 소련 측 스티코프 중장의 연설에도 신조선(新朝鮮) 건설에서 정치 문제와 아울러 경제 문제를 깊이 고려하고 있는 것을 시사하였다. 다시 러치 군정장관은 1월 19일 조선 민중에게 보내는 경

---

* 케손(Manuel Quezon, 1878-1944) 필리핀의 독립운동가, 정치가. 필리핀이 미국의 점령 하에 들어간 후, 1905년 타야바스 주지사로 선출되어 정계에 투신했다. 1909년 미국 연방하원의 필리핀 상주 대표로 임명되었다. 워싱턴 D.C.에 상주하는 수년 동안 미국 정부로부터 필리핀 독립을 조속히 승인받기 위해 정열적으로 운동했다. 1935년 미국의 보호 아래 수립된 필리핀 연방공화국의 초대 대통령을 역임했다. 1941년 대통령에 재선되었으나, 1942년 일본이 필리핀을 점령하자 미국으로 건너가 망명정부를 수립했다. 필리핀의 독립을 보지 못한 채 1944년 병환으로 사망했다.

고에서, "소련인도 미국인과 같이 실제적인 국민이다. 그들은 일국가(一國家)의 경제에 대한 가치를 잘 인식하고 있는 사람들이다. 그리고 그들은 경제 상태 회복 후에 제일 필요한 것은 일하는 것이라는 것을 잘 알고 있다." 고 갈파하였다. 그러나 '산업부문'의 일졸오(一卒伍)로서의 필자는 과문(寡聞)하여 아직 조선의 지도자에게서 이 조국의 경제 회복 대책을 듣지 못하였다. 그렇게도 당쟁을 위하여 이론이 화려하고 정권욕을 발휘하기에 대담하며 정전(政戰)의 도구로서 산업 진영의 근로인들을 가두에 불러내는 비생산적 계획에는 치밀하면서도 이들의 입으로부터 아직 한마디도 근로 정신을 고취하는 연설을 들은 일이 없고 독립국가로서의 생산계획을 어떻게 수립한다는 소식도 듣지 못하였다. 일본의 압박 아래 살아온 것은 비록 36년에 불과하였지마는 이조 5백 년을 통하여 조선 민중은 사실상 정치와 유리되어 있었다. 이제 압박자의 퇴거와 함께 오백 연래의 정치에의 기근을 풀어 볼 기회에 도달하여 누구나 여기 관심치 아니할 수가 없고 그것은 또 지극히 당연하였다. 그러나 모두 정치가가 되어 버리고 마는 통에 일인(日人)을 추방하고 나서 산업진을 지키는 이가 없었다. 패망자의 발악은 '야만적'인 파괴와 소각 등 초토적(焦土的) 행패로 나타나는 것을 막는 이가 없었다. 어제까지는 일인의 재산이요 조선인의 고혈을 긁는 공장이었지마는 오늘부터는 이것이 조선의 재산이요 조선의 부를 낳는 공장인 것을 민중이 깨달았을 때는 벌써 일인의 손에 모두 부서지고 깨져 버린 뒤였다. 전쟁 피해를 조사하기 위한 '운라'*의 전문위원 케인스 등 4명이 조선의 실정

---

*   **운라(UNRRA)** 연합국국제부흥기구(United Nations Relief and Rehabilitation Administration, UNRRA)를 지칭한다. 1943년 11월, 제2차 세계대전으로 인한 여러 전재국(戰災國)의 구제를 목적

을 조사하고자 식량 · 의료 · 산업 · 보건 · 후생 등 각 방면의 전문 기술자를 대동하고 왔던 것은 지난 1월 17일이었다. 이들이 돌아가는 길에 마닐라(馬尼剌)에서 발표한 바에 의하면, "조선의 현상은 일인(日人)으로 인하여 황폐상태를 이루고 있고 또 일인에게 약탈을 당하였다. 이로 인하여 조선의 농촌과 공업 방면은 그 기본적 토대가 무너졌다(1월 31일 마닐라 발 AP통신)."고 하였는데, 이것은 진실한 조선상을 세계에 알리는 것이라고 믿는다. 그런데 이렇듯 조선의 산업 부면(部面)이 황폐하여진 것은 물론 일인들의 행패가 주인(主因)이겠지마는 이 행패를 막아 내지 못한 책임은 조선 사람 자신 이외에 질 사람이 없고 저절로 그 책임의 대부분을 또한 오늘의 정치가들이 산업 없는 조선, 경제력 없는 조선의 정권 다툼에만 열중하고 있음에 돌릴 수밖에 없다. 하물며 어제까지 산업진(産業陣)을 지키고 있던 이들마자, "나는 과거에 일본의 압박 때문에 여기 와서 은둔하였던 것이다"라는 의사를 행동으로 표시하여 모두 정치 무대로 달아나 버렸다. 이들 새로 나선 정치가들이 그 본업의 포기와 태업으로 인하여 미치는 영향이 얼마나 컸는가를 자성하라고 외치는 바이다. 이래서 "산업부문은 빈집만 남았다."고, 일찍 필자는 '야(野)'에 유현(遺賢)이 없는 비애'를 논하여 "정치 운동에, 문화 운동에 과다한 인재의 공출은 그렇잖아도 인재가 부족한 조선으로 하여금 지나친 인재의 편재를 결과 지었다. 그래서 한쪽에는 '인플레'가 나고 한쪽에는 '디플레'가 났다."고 모(某) 지(紙)를 통하여 호소한 바 있

으로, 44개국의 협정에 의해 설립된 국제적인 원조기관이다. 1946년 8월에 그 해체가 결정되었으나, 유럽에서의 활동은 1947년 6월까지, 중국에서의 활동은 1949년 3월까지 계속되었다. 미완결 업무는 국제난민기구(IRO), 세계보건기구(WHO), 유엔 등으로 이관되었다.

었다. 그러나 소위 지도자연(然)하는 이들은 좀처럼 정치에의 묘미를 버리지 못하여 야인으로서는 도무지 이해할 수 없는 토의들만 하는 채 산업부문은 의연히 '빈집' 그대로였다. 지키는 사람이 있어도 도적이 있는 세상에 빈집 속에 있는 물자가 그대로 보전될 리가 없어서 일인의 손에 깨지고 부서진 '빈집'은 마침내 기둥뿌리가 남을 둥 말 둥 하여 버렸다.

산업 부흥의 긴급 제안

군정이 실시되면서 적산(敵産)은 접수의 수속을 밟아 차츰 경영자가 나서기 시작하였다. "유능한 조선 사람을 찾는 대로 이들에게 산업을 맡긴다."는 것이 군정의 접수 방책이었다고 이해하는데 사실은 여기 어긋남이 컸다. 일인(日人)들이 내놓고 간 이 적산을 한바탕 뜯어먹을 수 있는 '공겻'으로 알고 덤비는 모리배들과 진정한 산업인을 골라내기에 미국 군인은 조선인에 대한 지식이 부족하였고 이들 접수 수속을 맡은 조선인들이 또한 실제 산업의 경험자들이기보다는 학교 선생님에 해당하는 이가 많아서 모리배들을 만족하게 하였다. 이리하여 접수라는 형식 아래 양심 없는 '새 주인'과 종업원 간의 마찰과 분규는 근로계급의 급진적인 계급사상의 계발(啓發)과 함께 날이 갈수록 심하여 가고 있다. 여기다가 자재난이라는 근본적인 고질(痼疾)이 있고 다시 38도선이라는 장벽으로 인한 물자 교류의 두색(杜塞)이 얹혀져서, 해방 후 이미 5개월을 경과한 1월 말까지에 38도 이남 전반에 긍(亘)하여 운영되고 있는 공장이 겨우 4할에 불과하고 그나마 생산력의 2할 5푼밖에 생산하지 못하여 결국 전 공장의 생산은 단 1할이라는 한심한 숫자를 군정청 광공국장(鑛工局長)은 발표하고 있다. 이만하면 지도자들은 당연히 깨닫는 바가 있어야 할 것이요, 이렇듯 파멸된 산업진을 돌아보는 이가 없는 것은 곡지통지(哭之痛之)할 일이라 아니할 수 없다. 그런데 이것이 지도자들끼리만의 태업이면 또 한 번 나을 것을, 이들은 저마다 제 주장을 세우기 위하여 쩍하면 직장에 있는 근로인들을 가두로 불러내고 있다. 말인즉 화려하여 끌려다니는 민중을 제각기 제 민중이라 하고 우리의 주장을 민중은 이렇게 지지한다고 자랑하지마는 하루의 시위 행렬에 참가하기 위하여 전후 삼사일의 태업이 있지 않으면 안 된다는 사실을 지도자들은 고려하지 않고 있다. 1월 19일 러치 군정장관의 경고문 중에 "건장한 조선 남녀들이 하루 종일 기를 들고 나서 있는 것을 볼 때 조선이 어떤 정도로 경제 회복에 관심을 가지고 있는가를 의심하게 된다. 독립의 첩경은 경제 회복이다. 진정 애국자이거든 빨리 직장으로 가라."는 강경한 언사를 읽으면서 필자는 슬펐다. 이 말이 응당 나와야 할 조선인 지도자에게서 나오지 않고 미국인 군정관의 입으로부터 조선을 위하여 조선인 지도자와 민중에게 경고하는 말이었다는 것이 필자를 슬프게 한 것이다. 좌가 한 번 민중을 부르면 다시 우가 또 불러냈다. 지도자의 분열은 당연히 민중의 분열을 결과하여 직장마다 좌우의 편싸움이 벌어지고 이래서 또 공장에는 몬지가 앉은 채 기계는 동록(銅綠)이 슬었다. 신탁통치는 결정적으로 좌우 노선을 갈라 놓았고 이 틈에 '대의명분'과 우선 감정적으로의 조국애에 이(利)하여 우익이 머리를 들고 나서자 직장의 좌우 분열과 동료 상극(同僚相剋)은 절정에 이르렀다. 러치 장관은, "만일 여러분이 탁치를 원치 아니한다면 조선의 경제 회복을 위해서 노력하여야 한다."고 경고하였거니와, 필자는 직접 관계하고 있는 직장에서 이 문제로 인하여 서로 싸우는 근로인들을 향하여 "신탁통치를 반대하는 이는 이를 반대하기 위하여 직장을 지키며 일하지 않으면 안 된다. 삼상회의를 지지하는 이는 이를 지지하기 위하여 역시 직장을 지키고 일하지 않으면 안 된다. 지금 우리는 사상을 초월하여 조국의 산업을 부흥시키는 임무를 가졌다는 것을 명심할 것이다."라고 말한 일이 있었다. 28년 전 기미(己未) 혁명운동 이후 임시정부가 상해로 망명하였을 때 거기서 프랑스의 어느 정치가는 조선인 망명객에게 대하여 "조선 민족이 독립하겠다는 주장을 관철하려면 본국에 돌아가서 산업과 교육을 일으킬 것이다. 이것이 독립하는 길이다."라고 충고하였다는 말을 필자는 도산 안창호 선생에게서 들은 일이 있다. 그때 이분들은 본국에 돌아온대야 몸 둘 곳은 감옥뿐이었으매 돌아오지 못한 것을 양해하거니와 이제 해방과 더불어 돌아와서도 아직껏 통일을 보지 못하고 그래서 조국 산업은 더욱더 황폐하여 가고 있는 것을 왜 모르는 체하고 있는가 답답한 일이다.

필자는 한 번 언론계 선배에게 "사흘만 각 신문이 정치 기사를 일제히 휴재(休載)하면 정치가는 반성할 것이요 통일할 수 있을 것이다."라고 진언(進言)한 일이 있었거니와, 그 말 끝에 하지 중장으로부터 각 신문사에 대하여 정치 기사에만 열중하고 산업과 문화면의 기사에 등한하였다는 사실을 지적하여 경고를 받은 일이 있었다는 것을 들었다. 과연 오늘의 조선인 지도자는 앞으로 무엇을 먹으며 정치를 하려는 것인가 의아하지 않을 수 없다.

타력 의존은 파멸의 장본

다시 군정당국의 경제회복 대책이 변변치 못하였다는 것을 지적한다.

변변치 못하였다기보다도 차라리 무위무책(無爲無策)이라 할 만하였고 기껏 세웠다는 대책 그것이 또한 민정(民情)을 떠나서 조선의 현실을 무시하는 따위였다. 8·15 이전 통제경제 정책에 질식되었던 민중인지라 자유경제로의 해방을 즐긴 것은 좋았지마는 그 틈을 타고 이 땅을 엄습하는 '인플레'를 막는 이가 없었다. 폭리취체령(暴利取締令)은 의연 존재하는 것으로 알고 있는데 악덕 상인의 손에 방임된 생활필수품은 날을 따라 폭등하건마는 이들의 손에서 이것을 찾아서 민중에게 돌려주는 대책이 없었다. 2,800만 석(石)이라는, 기록이 있는 이래 처음 보는 농업 조선의 이 역사적 대풍은 해방을 축복하는 천혜의 선물인 양 모두 주렸던 과거의 신산함을 잊고 우선 저마다 마음에 흡족하였었다. 그러나 문자 그대로 풍년기근이 따라 올 줄은 누구도 알지 못하였다. 이 양곡 출회(出廻) 불원활(不圓滑)의 원인을 들어서 혹은 행정 기구의 불완전을 말하고 혹은 농민층의 비협력을 말하며 혹은 운수(運輸)의 애로를 말하나 결국 다른 물가와 균형(均衡) 못 되는 미가(米價) 결정이야말로 가장 직접적인 원인이었다. 미가를 인상하라고도 하고 또는 미가 38원을 철폐하라는 소리도 높은 양하지마는 역시 적극적인 대책으로는 다른 물가도 미가에 균형될 만큼 끌어내리는 것이 수월타고 보는데 하필 미가만을 억제하고 다른 물가를 방임한 것은 이해에 곤란하였다. 1월 21일 현재 조선은행권 발행고는 88억 1,391만 8,059원 90전으로서 8·15 직전 44억 원대의 거의 배액(倍額)에 달하는 지폐 홍수가 범람하고 있으되 재무국도 조은(朝銀) 당국도 여기 아무 대책이 있다는 말을 듣지 못하였다. 이 지폐의 홍수 속에 빠져서 허덕거리는 실업자들을 건져낼 대책도 듣지 못하였다. 큰 화재는 꼬리를 물고 일어나서 1월 중에만 서울 시내에 피해가 4,500만 원을 돌파하였고, 해방 이후 적어도 2억 원대를 불하(不下)할 것으로 보면 깨뜨리고 부수고 또 불살라 버린 뒷수습을 어떻게 할 것인지 막연한 채 아무런 대책도 들을 수가 없다. 미군의 군정을 시행하는 이들 미국 군인으로서는 아무래도 이 나라의 천 년 후를 생각하기보다는 당면 문제에만 치중하는 듯한 인상을 주고 있는 것이 사실이어서 이네들에게 적극적인 산업 대책을 주문하는 것은 무리일는지 모른다. 그러나 이들을 보좌하고 있는 조선인 군정 관리들의 그날그날 주의는 실로 한심하다고 아니할 수 없었다. 이들은 모두 영어에 능하고 교양이 높으며 그 전력(前歷)은 대개 교육가적 신사인 것을 알고 있다. 이들의 애국심을 의심하는 바도 아니며 이들의 신국가의 초석이 되려는 열의도 충분히 긍정하는 바이기는 하다. 그러나 유감스럽게도 공로가 있는 동시에 허물도 있었다. 미국인 군정관은 하루빨리 돌아가고 싶은 본국이 태평양 건너편에 있고 거기서 기다리는 가족이 있지마는 그들을 보좌하고 있는 조선인 관리야말로 돌아갈 본국이 어디에 따로 있는 것이 아니요 지금 디디고 섰는 이 조선땅이 바로 영주할 조국이다. 이 조국의 산업을 하루속히 부흥시키고 경제 안정 대책을 세우는 것이 자기 자신과 가족의 생활을 안정시키는 것임을 아는가 모르는가 의심스러웠다. 무엇보다도 소위 물가수당을 900원(1월분)에까지 끌어올렸다는 것, 이중과세의 폐해를 수십 연래 체험하고 또 이것을 폐(廢)하여야 한다고 주장하여 오던 지식인들이면서 앞장서서 이 폐해를 수범(垂範)하였다는 것 등은 다만 이들이 한 개 월급쟁이가 아닌가 의심되는 바였다. 군정청이 물가수당을 치켜올리니 민간의 다른 회사들이 울면서도 여기 따라가지 않을 수 없다. 아니 따라가면 태업, 파업이 일어나는 것은 이미 경험하고 남은 일이었다. 울면서도 따라가자니 재원(財源)을 구하는 길은 생산품의 가격을 인상하는 길이 있을 뿐이며 그리하여 물가는 뛰쳐 올라가는 이 간단한 이치를 깨닫지 못하고 우선 수당을 더 받아야 하겠다고 월급쟁이 근성을 발휘한 것, 핑계 있으니 하루라도 더 놀아야 좋다는 그 태도는 아무래도 찬성하기 어려웠다. 1월 12일 내조(來朝)하였던 패터슨* 미국 육군장관은 조선의 첫인상을 피력하여, 기능과 재간이 많은 조선인이 협력하는 군정을 훌륭하다고 보았다고 하였다. 그러나 필자는 이 말을 예의 있는 외국 정치가의 그야말로 '칭찬'이었다고 이해하는 자로서 조선인 군정 관리들이 이 말에 코가 우뚝하여졌다면 그 코는 불가불 정형외과의 수술을 요할 것이라고 믿는다.

생산 없이 독립 없다

미 국무성이 주최한 조선 문제 해결 좌담회의 방송을 들건대 빈센트 극동국장은 조선은 국제정치 전장이 되어서는 안 된다고 말하고 있다. 장차 조선은 열강의 틈에 끼여서 부대끼기보다는 우선 묵묵히 산업적으로 갱생 자립하기에 전심해야 할 것을 깨닫게 하는 바 있다. 그러나 38도선이 단지 점령을 위하여 일시적인 군략상(軍略上) 형편이 아니라 극동에서의 미소의 국경선인 한에서는 국제정치전의 전장이 아니될래야 아니될 수가 없는 것이다. 미국에 아첨하는 정치가가 있고 소련의 지도 이론을 그대로 따라가

---

* 패터슨(Robert Porter Patterson, 1891-1952) 미국의 군인 로버트 패터슨을 지칭한다. 프랭클린 루스벨트 대통령 시기 전쟁부 차관(1940-1945), 트루먼 대통령 시기 전쟁부 장관(1945-1947)을 역임했다. 본문의 육군장관은 '전쟁부 장관(Secretary of War)'으로 표기하는 것이 보다 정확하다.

려는 정치가가 있는 한에서는, 조국애에 용해된 화합이 없는 한에서는 조선은 의연 극동의 화약고로서의 위험한 운명을 면할 수 없는 것이다. 2월 6일에 발표된 미소회담의 제2차 '코뮤니케'는 이 공동 회의가 끝난 후 1개월 이내에 임시 민주주의 정부 수립을 원조하는 사명에 착수하리라 하였다. 그렇게도 민중이 가슴을 두드리고 발을 구르며 기다리던 '자율적 통일'이 이에 앞설 것이냐 못할 것이냐 하는 것도 아직 같아서는 필자는 비관하는 편에 가담하는 자로서 그러나 타율적으로나마 또는 어떤 '억지식(式)'으로나마 불원한 장래에 임시정부가 구성될 것만은 기대할 수 있게 된 오늘이다. 아직 태(胎) 속에 있는 이 정부를 향하여 벌써부터 주문(注文)을 하기는 성급한 느낌이 없지 아니하지마는 오늘까지 이 모든 정당 모든 지도자에게 망각되고 있는 산업계로서는 이 정부의 구성이 하루속히 완성되기를 더 특별히 희망하고 있다. 그 이유를 필자가 믿는 그대로 호소하면 이미 전술한 바와 같이 현하의 조선은 '독립 이상의 중대 문제'로서 산업부흥 대책이 요청되고 있는 때문이다. 정부가 여기 주력하여 부질없이 사상적 마찰과 여기 뿌리를 박는 정쟁(政爭)의 부(府)가 되지 말고 조국의 산업을 위하여 시급히 또 강력한 시책을 실행하기를 바라기 때문에 장차 대통령 되실 분, 국무총리가 되실 분들은 그 포부에서 미리 그 산업대책을 재검토하도록 그 준비를 하여 둡시라는 것이다. 모든 정당 모든 언론기관이 이 절대적인 구국의 근본 대책을 서로 제창하고 지지하고 실천하여 정치 무대를 건너다보기에 지리(支離)하여진 전 국민의 시선을 이리로 집중시킴으로써 근로층의 사기를 진작시켜 주어야 할 것이다. 더구나 민중은 지나간 전쟁 중 강제징용과 공출에 지쳐서 근로정신은 극도로 해이해진 그대로 있다. 그것이 해방 이후 인플레로 인하여 헛배가 불러서 더욱 근로를 기피하는 습성에 젖어 버렸다. 이들에게 다시 근로정신을 작흥(作興)시키기에는 정부 자신과 함께 모든 지도자들이 짚신감발을 하고 나서 근로층의 선두에서 행동으로써 호령하는 총체적이요 철저적인 선도와 실천 운동의 준비를 요청하는 바이다. 그리고 산업 진영을 총동원하여 산업 부흥 대책을 세울 기관의 조직이 하루속히 출현되어야 하며 여기서 계획적인 생산 방침 아래 자급자족의 목표를 세워야 할 것이라고 믿는다. 우리는 오랫동안 국토를 들어서 남의 식민지요 그 판매 시장으로 삼을 수밖에 없었기 때문에 저간의 소위 신문화를 호흡하였다고는 하나 이것이 소비문화요 생산문화가 아니었던 것을 기억할 것이다. 오늘날 정치 무대에까지 진출하여 사자후(獅子吼)하는 학생들은 그들이 학구 생활의 필수품으로 쓰는 연필과 노트를 누가 생산하는가 생각해야 하며 부녀자들이 저마다 애용하는 양단과 모본단을 어디서 짜 내는 것이었던가를 생각해야 할 것이다. 잠사업자(蠶絲業者) 대회에서 러치 장관은 조선의 비단을 세계시장이 고대하고 있다고 하였지마는, 실상 지금까지 우리는 국내 섬유공업 능력이 우리의 옷감을 자급자족은커녕 반의 반도 짜 내지 못하였던 것을 기억해야 한다. 이제부터 우리는 내 나라의 내 살림을 찾아오매 비록 몸에는 백결(百結)의 남루를 걸치더라도 금의(錦衣) 입는 노예보다 행복되다는 것을 강조하는 바이다. 국책(國策)의 첫째도, 둘째도, 셋째도, 국민운동의 첫째도, 둘째도, 셋째도 오직 우리에게는 증산 계획이 있을 뿐이요 그 실천이 있을 뿐이라야 할 것을 주장하는 바이다. 대부분의 갑자기 된 정치가는 용단하여 야(野)에 돌아와 본업이 기다리고 있는 산업면의 지도자가 되라. 그리하여 국민과 함께 이 산업의 재건에 정신(挺身)하는 것이 정말로 정치에의 추진력이 되는 것이요 독립의 길인 것을 깨달아 주기 바라는 것이다.

생산하는 나라

— 1947년 5월 17일, 《서울신문》

새 나라는 생산하는 나라여야 한다. 우리는 지금까지 생산 없이 소비만 하였다는 것을 깨달아야 하며 재산이라고는 농토와 노력뿐인 우리가 신문화를 누린 것은 완전히 소비문화였다는 것을 깨달을 것이다. 우리는 이 소비문화를 지양하고 생산문화를 가져야 한다.

이것이 공업 입국을 제창하는 소이이거니와 면화(棉花)밖에 없으면서 털양복을 입고 쌀농사밖에 모르면서 초콜릿을 먹을 줄 알았다는 것은 커다란 불행이었다. 그나마 삼천만이 입고 남을 면화가 아니요 삼천만이 먹고 남을 식량 생산이 아닌 것으로 알면 알수록 이 불행이 얼마나 심각하다는 것을 느끼는 바이다.

흔히 말하기를 연합국의 승리와 일독이(日獨伊)의 패망은 역사적 필연이라고 한다. 물론 그러하다. 그러나 일독이의 생산력이 연합국의 생산력을 능가하였던들 오늘날 민주주의의 위대한 승리를 구가하는 역사적 필연은 오늘에 도래하지 못했을 것을 우리는 생각하여야 한다. 연합국의 생산력이 일독이에게 졌던들 세계는 파쇼의 영맹(獰猛)한 독아(毒牙)로부터 해방되지 못하였을 것이다.

여기서 우리는 역사적 필연도 생산력에 의하여 추진되는 것을 알아야한다. 우리가 아무리 간절하게 우리의 자주독립을 염원하지마는 이것은 구경(究竟) 우리의 생산력이 자주독립을 생산할 만하냐 아니냐에 달려 있는 것이다. 말인즉 쉬워서 연합국이 도와준다고 한다. 그러나 연합국은 백년천년 우리를 도와줄 것인가. 하물며 이 원조는 오늘날 국제 정세가 조선의 독립을 필요로 하는 때문인 것을 생각할 때에 이러한 국제 정세는 백년천년 가리라고 믿어야 할 것인가. 아니다. 우리의 진정한 자주독립은 우리의 생산력을 바탕으로 하고서만 가능한 것은 새삼스럽게 강조할 나위도 없는 일이다.

우리는 일찍 발명의 천재와 풍요한 강토를 조상으로부터 물려받은 역사의 유민(遺民)이다. 그러면서도 생산력을 무시하고 생산자를 천시하다가 망국의 쓰린 경험을 가졌다.

이제 새 나라를 세우려는 이 계제에 생산을 망각한 많은 정치가들의 허장성세가 요란함을 듣는다. 필자는 일찍 다른 기회에 조선의 정치가들은 장차 무엇을 먹으며 정치를 하려는 것이냐고 물은 일이 있지마는 이들은 모두 생산 직장까지를 전투장으로 삼고 순진한 근로인들을 파쟁의 도구로 쓰고 있음을 볼 때에 진실로 통심(痛心)하지 않을 수 없다. 한 번 나라가 망해 보고서도 여전히 생산력과 단결력을 무시하는 이런 정치가들은 자주독립을 뜬구름 잡듯 하려고 하고 있다. 사공이 많으면 배를 산으로 끌고 간다 하거니와 이런 정치가들이 많으면 많을수록 자주독립은 까마득하다는 것을 단정하는 바이다.

가령 어떤 형식으로서나 독립은 한다고 치자. 그러나 우리의 우수한 두뇌와 치밀한 방략(方略)을 산업 발흥에 기울이지 않고서는 국초(國礎)는 미약하여 독립은 필경 사상누각일 뿐이다.

여기서 우리가 긴절(緊切)하게 바라는 것은 기술 교육의 보급이며 기술인의 대량생산이다.

지하에는 자원이 자급자족할 만하며 전원(電源)은 풍부하여 세계최대의 전기 왕국을 건설할 수 있는 조선이다. 우리에게 석탄과 가솔린이 없지마는 일체를 전화(電化)하는 것으로써 발흥할 수 있으며 그리되지 않고서는 안 될 것이다.

　생산하는 나라의 생산하는 인민이 되어야만 한다. 먹고 쓰고 입고 남을 만큼 생산이 확보되는 날 비로소 자주독립은 생산될 것이다.

예수와 조선

혁명 정신의 반동화를 계(戒)하여

— 1947년 4월 1일, 『신천지』 제2권 제3호

가난하고 세력없는 계급의 동지였던 예수의 정신이 가난하고 세력없는 계급을 위하여 싸울 때에는 혁명적이지마는 일단 권세있는 착취계급과 타협하고 그 총검의 비호를 입을 때는 예수야 천국에서 내려다 보거나 말거나 이들은 완전한 반동세력으로서 발전하여 왔다는 것을 설명하는 것이다. 우리는 지금 그 예를 새삼스레 다른 데 가서 찾아볼 것 없이 50년래 조선에서의 예수교가 걸어온 노정과 그들의 공과와 현재의 반동화의 위험을 지적함으로써 족하다고 믿는다.

나도 자세히 근원을 미루어 살핌으로 차례로 써서 조선기독교도에게 보내는 것이 마땅한 줄로 아노니 이는 너로 하여금 배운 바의 확실함을 알게 함이로다.(누가복음 1장 3-4절 참조)

1.

예수가 위대한 혁명가라는 것은 누구에게나 상식이요 그럼으로써 예수교도의 명예도 실로 여기에 있는 것이다.

내가 세상을 화평케 하려 온 줄로 알지 말라, 화평케 하려 온 것이 아니요, 병기(兵器)를 일으키려 왔노라. 로마 제국의 기반(羈絆) 아래 신음하던 피압박민족 유대에 난 예수는 이렇게 외쳤다.

그의 이러한 기성세력에의 혁명적인 투쟁은 당시 유대 민족을 착취하던 로마의 제국주의를 분쇄함에 있었을 뿐 아니라 아울러 이 압박자에 아부하여 쪼각권세를 다투며 동족을 배반하고 동족을 팔아먹던 바리새*와 사

---

* **바리새(Pharisees)** B.C. 150년-A.D. 70년경 유대교 안에서 발생한 종교 분파 가운데 하나. 율법을 지극히 세심하게 지키면서 불결한 것과 부정한 자들로부터 분리해 나온 사람들이라는 의미로 본다.

두개* 등 반동세력의 외식(外飾)을 벗기고 그들의 음험한 야욕을 폭로하는 데 있었던 것이다.

태중(胎中)에서부터 그의 동지였던 요한은 세례를 받기 원하는 바리새교인과 사두개교인들에게, "독사의 종류들아, 누가 너희를 가르쳐 장래의 노(怒)하심을 피하라 하더냐."고 질호(疾呼)하였거니와 이들과 타협하고 이들의 세력에 투항치 않는 한 필경은 십자가의 사형이 있을 것을 미리부터 밝히 아는 예수였으면서도 그는 죽음을 취할지언정 불의와의 타협을 거부하였고 양의 껍질을 쓴 이들 이리떼를 삼가라고 민중을 깨우쳤던 것이다.

그는 가난하고 세력 없는 계급의 동지였다. 낙지(落地)가 마구간이요 구유 속에서 고고(呱呱)의 첫울음을 운 미천한 몸으로서 시험하는 사탄에게 끌려 지극히 높은 산에 올라가서 천하만국(天下萬國)과 그 영광을 보았을 때, "내게 엎드려 절하면 이 모든 것을 주리라." 하는 유혹을 받았으나 그는 이것을 물리치고 그 불의의 영광을 누리는 천하만국의 화평을 깨뜨리기 위하여 병기(兵器)를 일으키려 왔노라고 외쳤던 것이다.

그는 또 새 술은 헌 부대에 넣을 수 없다고 갈파하였다. 그의 진보적 사

바리새파는 사두개파, 엣세네파와 함께 유대교의 3대 종파 중 하나이다. 예수 생존 당시 바리새파의 서기관들은 회당을 장악하여 일반 평민들에게 영향을 주는 주요 거점으로 삼았다. 오늘날의 유대교는 거의 모두가 바리새인들을 통하여 수립되고 보존된 규례들로 이루어져 있다.

* **사두개(Sadducees)** B.C. 2세기경부터 A.D. 60~70년경까지 존재했던 유대교의 당파 중 하나. 사두개인은 사독의 후예임을 자처하는 다수 제사장들에 의해 형성되었다. 이들은 헤롯궁과 로마인 집정관들과 연합해 정치적인 권력을 소유한 집단이었으나, 백성들에게는 영향력을 갖지 못했다. 종교적으로 보수적이고 대중적인 인기를 누렸던 바리새인들과 극명한 대조를 이루었다. 사두개인은 미래의 부활, 천사와 영적인 존재 등을 믿지 않았다. 이들은 흔히 물질주의자 혹은 현실주의자로 비유되며, 세례 요한과 예수에게 비난받았다.

상은 자기네의 세력을 보수(保守)하기에 급급한 기성 사회제도 아래서는 용납될 수 없는 것이며 따라서 새 술을 위하여는 마땅히 새 부대의 준비가 필요하듯이 죄악과 불의를 존속하기 위한 사회제도에는 응당 복멸(覆滅)의 병화(兵火)를 아니 일으킬 수 없는, 오직 이러한 혁명 수단에 의해서만 그의 염원하는 새 나라가 세워질 수 있을 것을 시사한 것이다.

사실 우리는 이러한 예수의 혁명 정신이 2천 연래의 역사를 통하여 많은 민족과 많은 국가에 혁명을 일으켰고 그리하여 헌 부대에는 새 술을 넣을 수 없는 것은 진리인 것을 경험하였으며 저 풍요한 아메리카 대륙을 개척하여 합중국을 건설한 사람들도 각기 자기 조국의 헌 부대 속에서 뛰쳐나온 청교도들인 것을 우리는 기억하고 있다.

조선에도 이 혁명 정신을 받아들인 지 이미 50년이다. 대원군의 완고한 쇄국정책과 포학한 독재정치에 반항한 자가 예수교도였고 문호개방과 인민의 평등한 자유를 위하여 압박받는 피착취계급의 손목을 잡은 자도 예수교도였다.

이들이야말로 조선에서 숭화(崇華)의 사대주의로부터 민중을 해방한 지도자며 양반계급의 권세하에서 봉건사상에 젖은 민중에게 새로운 사상을 계시하였으며, 그리하여 이 땅에 신문화 건설의 초석이 된 자, 이들을 제(除)하고 허(許)할 자가 없음을 우리는 인정하기에 주저치 아니한다. 한문을 진서(眞書)라 하고 국문을 언문(諺文)이라 하던 썩어 빠진 헌 부대 속에서 민중을 끌어내어 국문을 보급시킨 성경과 찬송가는 그 내용의 진리 전파에 앞서서 문화적 공헌이 절대한 바 있었음을 누구나가 감히 아니라 할 수 없는 것이며 반상(班常)의 귀천이 엄격하고 남존여비와 재하자(在下者) 유구무언의 세계에서 서로 형님이요 누님인 새 세계로의 진출만도 그때에 있어서는 결코 과소히 평가할 수 없는 진보적이요 혁명적인 것이었다.

하물며 저 민족 혁명운동으로 우리 역사에 영원히 빛나는 3·1운동에서 기독교의 역할이 얼마나 컸다는 것을 여기에 새삼스럽게 부언(復言)할 나위가 없고 신교육 보급에서 또한 기독교 공로에 비견할 자가 없는 것도 두말할 것이 아니다.

물론 이 모든 혁명적인 과업을 실천함에 있어서 그것이 그냥 자국의 보수 세력과만 싸우자 하여도 어려운 일이거늘 거기다가 일제 폭압하라는 극악의 조건하에서 민족의식까지를 집결해야 했다는 점을 고려하지 않을 수 없을 때에 더욱 높게 평가할 것이다.

흔히 쉽게 말하여 선교사를 자본주의 경제 침략의 선구(先驅)라 하고 성경과 함께 오는 상품 견본을 지적하지마는, 또 이것이 불무(不誣)할 사실이기도 하였지마는, 그러나 만일 우리가 병인양요나 강화(江華) 척화비로써 대원군의 완명(頑冥)한 만족을 장하게 알기 전에 그들의 성경과 상품을 좀 더 일찍 받아들였던들 조선에는 좀 더 일찍 자본주의가 들어왔을 것이요, 거기 따르는 신문화의 개화가 좀 더 일렀을 것이며 그로 인하여 봉건제도의 붕괴가 좀 더 빨랐을 것은 공평(公平)한 사필(史筆)이면 부인할 수 없는 사실이다.

그리하여 우리 땅에 상륙을 거부당한 성경과 자본주의 문명이 되돌아 일본에 상륙함으로써 필경은 일본이 우리의 선진자(先進者)가 되었고 침략자가 되었던 것을 기억할 것이다.

모르거니와 이렇게 우리가 좀 더 일찍 자본주의 문명을 받아들여 봉건제도의 완전 타파에 이미 성공하였던들 오늘날까지도 오히려 봉건의 잔재를 소탕하라는 달갑지 않은 숙제는 벌써 전에 해소되었을 것이라고 생각할 때에 기독교의 수입이 늦었음을 한(恨)할지언정 기독교가 조선에 끼친 혁명적인 공적을 폄(貶)할 바가 못 되는 것이라 믿는 것이다.

2.

그러나 역사는 예수의 혁명 정신을 기록하여 전한 지 이미 2천 년에 그를 신봉하는 자 억(億)으로써 셀 만하지마는 슬프거니와 아직 예수가 부르짖은 혁명이 인류 사회에 그대로 실현된 곳이 없음을 알고 있다.

구원의 길을 묻는 젊은 니고데모에게 예수는 "네 있는 것을 다 팔아서 가난한 자를 구하라." 하였거니와 다시 부자가 천국에 가기는 낙타가 바늘구멍으로 나가기보다 어려움을 단정하였고 또 부자는 지옥에 빠지고 가난한 나사로는 천국에 오르는 비유를 설(說)하였음을 우리는 기억한다.

당시의 유대, 민족적으로는 외적 로마 제국의 압박하에 있고 사회적으로는 소수의 권력계급에게 대중의 생활이 유린되고 있는 중에 몸을 성직에 두었다는 바리새 교인과 사두개 교인들이 반동 권력에 아부하여 서로 다투며 일신의 영화에 급급하고 있음을 목격한 예수는 참을 수 없는 분노와 누를 수 없는 혁명 의욕을 고조(高調)하다가 필경은 십자가 위에서 피를 흘렸다.

이래로 2천 년을 통하여 예수교도에게는 많은 핍박이 있었다. 집권자들은 언제든지 자기네의 필요만 있으면 거침없이 이들을 박해한 것이다.

그러나 또 한편으로 오늘날까지 예수교의 발전은 이러한 권력 계급에 대한 투쟁에서보다도 거기 아부함에 있어서 차라리 그들이 바리새나 사두개 교인과 그 지위만을 바꾸었을 뿐으로, 역시 나사로의 동무로서가 아니라 부자의 대변자로서 양의 껍질을 빌려 쓴 이리떼의 손에서 조종되었음을 간파하지 않으면 안 될 것이다.

여기서 우리는 예수의 혁명 정신이 그 본래의 신념을 지켰을 때에 권력계급이 이들을 박해하였으나, 그러나 일단 권력 앞에 굴복하고 그들의 일신상 영화와 타협하였을 때 교세는 발전하였음을 볼 수 있다.

이러한 역사적 사실은 무엇을 설명하는가? 가난하고 세력 없는 계급의 동지였던 예수의 정신이 가난하고 세력 없는 계급을 위하여 싸울 때에는 혁명적이지마는, 일단 권세 있는 착취계급과 타협하고 그 총검의 비호를 입을 때는 예수야 천국에서 내려다보거나 말거나 이들은 완전한 반동 세력으로서 발전하여 왔다는 것을 설명하는 것이다. 우리는 지금 그 예를 새삼스레 다른 데 가서 찾아볼 것 없이 50년래 조선에서 예수교가 걸어온 노정과 그들의 공과와 현재의 반동화의 위험을 지적함으로써 족하다고 믿는다.

예수교가 조선에 들어와서 봉건사상을 타파하는데 공이 있었고, 일제하에 민족의식을 집결함에 공이 있었고, 3·1혁명운동에서 주요 역할의 공이 있었고, 신문화 건설에 공이 있음은 이미 찬양한 바이다.

이렇게 허다한 공로가 너무나 찬연하게 빛나기 때문에 우리는 이것으로 예수의 정신이 전적으로 발휘하지 못한 것을 불만히 여길 틈이 없었고 로마 제국보다 더하면 더한 학정자 일본 제국의 기반(羈絆)하의 조선 민족으로서는 덩어리로 뭉쳐서 기도하는 형식으로나마 민족의 비참한 현상에 울고 장래를 서기(庶幾)하는 약속의 도장(道場)이 교회당일 수밖에 없었기 때문에 미처 한 교회당 안에 같은 하느님의 아들이요 딸이라 하면서도 부자와 나사로의 구별이 의연하다는 것을 간과하였던 것이 사실이었다.

농촌을 가 보는 자 누구나 수십 호 혹은 수백 호의 게딱지 같은 오막살이 가운데 한 채나 혹 두 채의 기와집이 있음을 발견하는 것이며 이 한두 채의 기와집이야말로 수십 호 혹은 수백 호 가난한 소작농의 생활을 전단(專斷)하는 지주라는 것을 인식하려니와 방방곡곡에서 거룩한 종을 울리는 교회당에도 실상은 이렇게 한두 명 부자의 권세 아래 수백 명 혹은 수천 명의 신앙이 농락되고 있음이 엄연한 사실이었음을 인식할 것이다.

이들 교회에서 권세 있는 한두 명에게 아부하지 아니하고 목사 노릇을 한 이가 몇이나 되는가. 왜냐하면 이들 한두 명이야말로 목사의 생활비 부담에 권위 있는 존재이며 이들과 타협하지 아니하고 기여(其餘)의 나사로들과 친하는 것만으로써 목사라는 직업은 안전하지 못한 것이었다.

그러면 이 교회 내에서 재산 있고 권세 있는 사람들은 누구인가. 이들이 바로 봉건사상 타파의 혜택을 입은 신흥계급인 것을 기억하지 않으면 안 된다. 뿐만 아니라 그들은 여덕(餘德)이나마 실제로 재산을 보호해 주는 일본 경찰의 혜택하에 옛날 조선 시대의 탐관오리들에게 붙들려 가서 토색(討索)을 당하던 억울함을 면한 이들인 것도 기억하지 않으면 안 된다. 하느님과 돈을 함께 섬길 수는 없는 것이라고 예수는 말하였거니와 이들이야말로 하느님과 돈을 함께 섬기려 하는 이들이었다.

물론 이들에게도 민족적 감정은 있었다. 압박자 일제에 대한 적개심이 강하였던 것도 부인할 바가 아니다. 그 배후 세력으로서의 선교사를 지도자로 한 미국의 세력이 침투하였던 것도 우리는 알고 있다. 그들 미국 선교사들은 포교를 위하여 일제하에 신음하는 조선 민족에게 우선 정치적으로 동정하였을 뿐 아니라 일제에 대한 적개심을 선동 이용할 필요를 느꼈던 것이다.

그러나 조선의 망국과 일제의 침략을 국제조약에 의하여 시인한 자가 누구였던가를 깨달은 예수교도가 몇이나 되었던가. 러일전쟁(露日戰爭)의 대단원으로서 성립된 포츠머스조약의 이면에는 누구의 승인이 있었으며 이 포츠머스조약이야말로 조선을 일본에 예속시키는 국제조약이었다는 것에 그 조정자 미국을 연결시켜 생각한 자 몇이나 있었던가.

조선은 미국의 승인하에 포츠머스조약에 의하여 일제의 침략을 당하였다. 10년 후 미국이 제창한 민족자결주의에 의하여 우리도 우리의 독립을 자결할 권리를 주장하는 3·1혁명을 일으켰다. 그러나 민족자결주의가 미국의 적에게 예속되었던 민족에게는 유효하였으나, 조선은 미국의 우호국 일본에 예속되어 있었기 때문에 우리의 정당한 주장이 관철되지 못하였음을 우리는 원망할 줄은 몰랐으며 예수교도를 중심으로 하는 숭미 사상(崇美思想)도 여전하였던 것이다. 예수교가 가져온 새로운 사상에 의하여 숭화(崇華)의 사대사상이 어느 정도 타파된 것을 이미 공적으로 시인하였거니와, 그러나 그 대신 숭미의 사대사상이 대두하였던 것이고 보면 대상이 변했을 뿐으로 사대의 근성은 의연하였다는 것을 여기에 지적하는 바이다. 이리하여 조선의 예수교는 하느님만 섬긴 것이 아니라 돈도 함께 섬겼고 다시 미국 세력도 함께 섬겼던 것이다.

일제가 조선의 민족의식을 말살시키는 한 방법으로 민족의식의 온상의 하나라고 지목한 예수교에 대하여 신사참배를 강요하였을 때에 예수교는 처음에 반항하였다.

이 문제가 중대화(重大化)하던 시절에 필자는 신문기자였으므로 그 귀추를 잘 아는 사람의 하나로서 그때의 어느 목사가 "미국에 비행기가 얼마나 많은 줄 아느냐. 신사참배를 아니하고 견딜 수 있다."고 장담하는 것을 필자 자신의 귀로 듣고 그 목사의 얼굴을 다시 치어다본 일이 있다.

　그러나 아무리 일제가 조선의 예수교에게 신사참배를 강요하고 이에 불응하는 미국 선교사를 추방하여도 미국은 비행기를 가지고 와서 신사(神社)를 폭격하지 않았다.

　해방 후 예수교에서는 이 신사참배 문제로 인한 순교자 5명을 추도한 일이 있고 세밀한 조사가 끝나면 순교자는 적어도 50명 내외가 되리라 하지마는, 필자가 알고 자신있게 허(許)할 수 있는 한 이 문제로 인한 참된 순교자는 진실로 평양의 주기철(朱基喆)* 목사 단 1인이다. 50만 교도 중에 단 1인이다. 미국의 비행기를 믿고 신사참배를 불응하던 목사가 그 후 수많은 교도의 앞장을 서서 신사참배에 자주 왕래하는 광경을 필자는 목격한 자이거니와 태평양전쟁이 일어나자 미영(美英)을 귀축(鬼畜)이라 매도하며 황국(皇國)의 전승을 위하여 열성 있는 기도를 올린 목사의 1인이었음도 틀림없는 일이다.

3.

예수교가 신사에 가서 머리를 숙인 이래 그때까지 이들이 섬기던 삼위

---

*　**주기철(朱基喆, 1897-1944)** 장로교 목사, 민족계몽운동가. 1926년 부산 초량교회의 목사로 부임했고, 1931년 마산 문창교회에서 신앙운동과 계몽운동을 벌였다. 1936년 10월에는 평양 산정현교회에 부임하여 재직하던 중 일제가 신사참배를 강요하자 이를 결사적으로 거부하며 신사참배 반대운동에 앞장섰다. 이로 인해 1938년 체포되어 치안유지법 위반 등의 죄목으로 징역 10년형을 선고받고 평양형무소에서 복역하다가 1944년 4월 21일 감옥에서 순교했다.

(三位)-하느님과 돈과 미국-중의 일위(一位)는 바꿀 수밖에 없었다. 하느님과 돈과 일본을 섬기기 시작한 것이다. 물론 이것은 가혹한 규정이요 이해 있는 태도로 관대하게 본다면 이때부터 조선의 예수교는 수난기에 들었던 것이라고도 할 수 있다. 그러나 이미 지적한 바와 같이 교회 자체 내에 미리부터 있었던 모순 – 부자와 나사로가 서로 형님이라 누님이라 하면서도 압박받는 민족이라는 공동 의식에 융합되어 괴이할 것이 없던 이 모순이 결국 발로(發露)되고야 말 시기도 이때였던 것을 알 수 있다. 즉, 교회 영도권(領導權)을 장악하고 있는 부유한 계급과 이들에게 아부함으로써만 그 직업의 안전을 누릴 수 있었던 목사들은 자기들의 생존을 위하여 한 교회 내의 동포요 형제인 나사로들을 버리고 일제에 굴복하여 그 권력에 아부할 수밖에 없었던 것이다.

신사참배 문제가 일어났을 때에 단 1인의 순교자를 내었을 뿐인 예수교에서 얼마나 많은 대일 협력자를 내었는가. 얼마나 많은 미영(美英) 타도(打倒)의 용감한 투사를 내었는가. 그뿐이 아니다. 진실로 그뿐이 아니다. 서로 일본에 친하기 위하여, 그 앞에 무릎을 꿇기 위하여 서로 싸우고 모해(謀害)하며 서로 더 황민화의 공적을 나타내기에 노력하지 아니하였는가. 이 모든 추악한 사실에 대하여는 구태여 필자로 하여금 그 구체적 사실의 제시를 요구할 것이 아니라, 당시 교역자들은 서로 골방에 들어가 각자의 가슴을 두드려 보면 넉넉할 것이다. 이러한 중에 이 땅이 해방되어 일제는 구축되었다. 만약 이 해방이 하느님의 섭리요 예수교도들의 기도가 주효(奏效)한 것이라면 이것은 교회 내의 특권계급과 이들에게 아부하였던 교역자들이 일제의 품에 들어가기 위하여 내버렸던 가엾은 나사로의 무리들을 위한 하느님의 섭리이며 이들의 기도가 하늘에 사무친 것일 것이다.

함에도 불구하고 괴이한 것은 해방 후 일제가 구축된 오늘에도 의연히 교회의 영도권은 저들 일제 권력에 교우(敎友)를 방매(放賣)하였던 자들의 손에 있는 것이다. 이들이 섬기는 삼위(三位)는 다시금 하느님과 돈과 미국으로 바꾸어진 것이다.

어느 종교가 심전(心田) 개발에 있지 아니하며 양심 환발(渙發)에 있지 아니하랴마는, 이 예수교도 항상 자기의 죄를 참회하는 데 중점이 있음을 우리는 알고 있다. 간증, 이것이 예수교의 생명이기도 하다. 늘 애통하며 죄를 씻기에 노력해야 하는 예수교도임에 불구하고 해방 후 일제의 주구로서의 추악하였던 죄과를 참회하는 소리를 들을 수가 없다.

천진한 아이들에게 일본을 황국이라 거짓말을 하고 황민화 교육을 위하여 입을 놀리던 우리는 다시 교단에 설 수 없다고 비통한 참회와 함께 총사직을 성명한 소학교 교원들의 태도에 우리는 얼마나 울었던가. 어찌하여 이것이 교원들의 죄랴 하여 우리는 그들에게 다시 자식들의 국민교육을 부탁하지 않았던가.

필자는 해방 이후 다시 붓을 잡을 때에 최초의 졸고가 「민족적인 총참회(總懺悔)」를 제창한 것이었다.

엄숙한 의미에서 우리는 그 자발적이고 아니고를 막론하고 이 강토가 일제의 병참기지였던 한 전부가 일제의 전쟁 수행의 협력자였다. 우리가 다시 우리 민족 본연의 자태로 돌아오기 위하여는 마땅히 전신전령(全身全靈)에 40년래 침투된 왜독(倭毒)을 애통과 참회로서 청산할 필요가 있었다. 하물며 자발적으로 일제에 협력한 자랴. 자기의 세력을 펴기 위하여 동족을 적에게 이끌고 가서 무릎을 꿇리고 협력한 자랴. 하물며 이것이 양심을 위하여 살아야 하는 교역자의 소위임에 있어서랴. 그런데 이들에게서 한마디도 참회를 들을 길이 없는 채 이들은 다시금 예수교의 나라 미국의 친우들과 교환(交驩)하며 그들의 비호 아래 새로운 세력을 뽐내고 있다.

죄지은 여인을 예수 앞에 끌고 갔을 때에 죄 없는 자이거든 이 여인을 돌로 치라고 예수는 허(許)하였다. 물론 투석의 자격자는 없었다. 그러나 이것으로써 이 여인은 사(赦)함을 입은 것이 아니라 자기의 참회로써 사함을 입은 것을 우리는 알고 있다. 전 민족이 일제에 예속되어 그 전쟁 수행에 협력하였다는 견지에서 우리는 어느 교역자의 한 명에게도 투석의 자격은 없을는지 모른다. 그러나 이것으로써 이들의 죄과가 사함을 입을 수 있는가. 참회 없이 사함을 입을 수 있는가. 아니다. 절대로 아니다. 그런데 분명히 참회해야 할 교도를 많이 가진 예수교의 참회를 들을 길이 없었다.

해방 후 1년 반이 넘어서야 감리교 내의 50여 신도의 연명(連名)으로 이들 배교배족자(背教背族者)를 숙청하라는 성명을 읽게 되는 것은 무엇인가. 그들은 통분(痛憤)하여 외쳤다. 예배당을 신도(神道)의 도장으로 삼고 다수의 교역자를 투옥 고문 사망케 하는 등 그들의 반민족적 행위를 지적하여 공정한 여론과 엄정한 비판을 호소하였다. 그런데 이런 호소가 어째서 감리교의 일부에서만 나오는가. 다른 교파에도 단정코 이런 독사의 종류 바리새와 사두개가 허다함을 우리는 알고 있다. 그런데 이들은 참회하기는커녕 새로운 세력을 뽐내고 있는 것이다. 예수는 일찍 베드로에게 남의 잘못을 일곱 번씩 일흔 번이라도 용서하라 하였으나, 그러나 성전(聖殿) 안에 비둘기 장사꾼들을 구축하기 위하여는 직접 분노의 채찍을 들었으며, 열매 맺지 않는 무화과를 저주하였으며, 불의(不義)에 찬 예루살렘의 성(城)돌 하나도 겹놓이지 못할 것을 단정하였다. 하물며 그 교리에는 영구히 용서받을 길 없는 지옥을 설(說)하고 있음에랴. 어떤 죄과든지 그냥 묵살될 수는 없는 것이다. 설혹 정치적 수단이나 방편이 허용하였다 할지라도 양심이 허락치 않을 때에 용서하지 못함에 종교의 종교다운 점이 있고 내세의 상벌도 실상 이것을 강조하는 데 있는 것이다. 허거늘 오늘날 민족적 양심으로나 인간적 양심으로나 다시 정치적 양심으로나 무엇으로나 허용될 수 없는 죄과가 간증의 종교 예수교에 허용될 수 있을 것인가를 묻는 것이다.

4.

우리는 지금 새 나라를 세우는 도정에 있다. 새 나라는 결코 파렴치한 배족자(背族者)의 참여를 허할 수는 없는 것이며 아울러서 어느 특수 계급의 이익을 위하여 다대수의 이익을 무시하는 사회제도도 용납할 수 없는 것이다. 지금이야말로 우리는 앞으로 새 나라에서는 지옥에 갈 부자로 하여금 나사로와 함께 천국에 오를 수 있는 사회제도를 가질 기회에 도달하여 있다. 그것은 그들이 다대수의 인민의 고혈을 긁어서 차지하였던 모든 토지와 재산과 권세를 내어놓고 가난한 자에게로 돌아가서 그들과 고락을 같이 나누는 데 있다.

이 진리는 결단코 공산주의가 창안한 것이 아니라 실로 2천 년 전 예수가 부르짖은 혁명 정신이었다. 허건마는 오늘날 예수교도들은 모두 이러한 예수의 사상(思想)을 공산주의로 착각하고 공산주의는 예수교와는 불공대천(不共戴天)의 마귀로 알고 있다.

사실 공산주의는 예수교와는 빙탄불상용(氷炭不相容)의 관계하에 있다. 그러나 그 원인은 무엇인가? 먼저 지적한 바와 같이 공산주의는 예수의 혁명 정신이 예수교식으로는 실현되지 아니하는 데 실망하여 폭력으로써 그 이상을 소련에 펴기 시작하였다. 이들은 과학 정신의 선양에 의하여 종교는 아편이라 하며 그래서 공산주의 소련은 모든 종교에게 미움을 받고 있는 것이다. 그러나 제정 러시아의 인민이 봉기하여 특권계급을 복멸(覆滅)하기까지에 그들이 얼마나 이 특권계급에 아부하여 세도를 부리던 예수교에게 학대를 받고 착취를 당했던가를 예수교는 참회한 일이 없다.

조선의 예수교도들도 공산주의를 반대한다. 혹은 그들이 신앙의 자유를 인정치 아니할 것을 싫다 하며 혹은 독재정치를 싫다고 말한다. 그러나 우리는 이제 이 공산주의를 싫어하기 전에 먼저 오늘날 예수교에 예수의 정신을 실천할 철저한 신앙과 어느 특권계급에 의한 그들의 이익만을 위한 정치를 배격할 용기도 겸해 가졌는가를 묻고 싶은 것이다. 여기서 우리가 주장하는 민족의 염원은 유심론과 유물론과의 신념상 대립이라든가, 각자의 정치 이념의 대립은 여하하였거나 이 조선에서 양(兩) 주의(主義)가 공통되지 아니하면 아니될 것은 인민의 복리를 보장하는 인민의 나라를 세워야 한다는 것이다. 우리는 지금 주의(主義)의 여하를 불구하고 이 절대적 요건 아래 건국을 구상하는 것이다.

사도(使徒) 바울은 "일하기 싫은 자는 먹지도 말라."고 하였거니와, 일하지 아니하면서 남의 고혈을 긁어 먹는 특권계급을 일소하고 전 민족이 근로하는 나라를 우리는 세워야 할 것이다. 하물며 공산주의가 독재정치이기 때문에 싫다 하는 예수교라면 일부 특권계급의 손에 신앙이 농락되는 교회이어서야 천부당한 일이 아닐 것인가.

그러하건마는 오늘 예수교는 어떤 지도자에 의하여 어떤 진영에 속해서 어떤 길을 걸어가고 있는가. 그들은 공산주의를 싫어하는 나머지에 공산주의와 공통되는 것이면 예수의 혁명 정신까지도 배격하는 지경에 이르러 있다. 그래서 교도들은 자기 인식이 철저하였거나 불철저하였거나를 불구하고 실제에 있어서 친일파 민족 반역자를 비호하는 산하에 들어 있으며 역사의 발전과 예수의 진리에 역행하여 특권계급의 권익을 보수·유지하려는 조선의 바리새와 사두개에게 농락되고 있는 것이다. 권력에의 미신 앞에 진리에의 신앙이 농락되고 있는 것이다.

새 나라를 세우기 위하여 우리에게는 새 사상이 필요하다. 그런데 이 필요한 새 사상이 별다른 것이 아니라 진리에의 새로운 인식인 것이며, 그러므로 예수교도에게 예수의 사상을 새로이 인식하라는 것이다.

새 술을 헌 부대에 넣을 수 없을진대 조선의 예수교가 새로운 예수교로 거듭나지 아니하면 새 사상을 받아들이지 못할 것이요, 새 사상을 받아들이지 못할 때에 이들은 새 나라 건설에 기여하기는커녕 새 나라 건설을 방해하는 반동 작용의 위험이 있으며, 그 조직체의 세력이 크면 클수록 반동 세력으로서의 위험은 더욱 중대할 것을 경계할 것이다.

소금이 맛을 잃으면 소용이 없나니 마땅히 길에 버려 사람의 밟힘이 되리라고 예수는 경계하였다. 인간적 양심, 민족적 양심을 예수교도가 잃지 않는 한 민족의 부패를 방지하는 소금으로서 소중하려니와 이 양심을 잃어버릴 때에 아무 소용이 없을 뿐 아니라 도리어 민족의 건강을 해할 독소로 화(化)할 것을 두려워하는 바이다.

여기서 우리가 기대하는 바는 새로운 사상을 가진 십자군의 편성이다. 가난하고 세력 없는 계급의 동지였던 예수의 정신을 새로이 인식하고 우리가 세우려는 새 나라에는 압박하는 자도 없고 압박받는 자도 없고 착취하는 자도 없고 착취당하는 자도 없는, 균등한 자유와 균등한 복리의 보장을 위하여 예수와 같이 십자가를 지고 피를 흘리는 역군이 되어 달라는 것이다. 예수의 피의 교훈을 살릴 때가 바로 지금이 아니냐.

이렇지 못하고서야 아무리 주여 주여 할지라도 "나는 너희를 알지 못하노라."고 예수는 말할 것이며 지상천국도 천상천국도 모두가 허망한 꿈일 것이요 그들을 위하여는 다만 지옥이 기다릴 뿐일 것이다.

다른 사람이 아니라 예수교도이기 때문에 마땅히 베옷을 입고 잿더미에 앉아 엄숙한 참회로써 거듭날 필요가 있으며, 기도의 70년이 실행의 1시간만 못하다는 것을 깨달아야 할 것이다.

그리하여 하느님과 돈과 미국의 삼위(三位)를 섬길 것이 아니라 하느님 하나만을 믿어서 물욕과 권세에의 미련을 버릴 것이며 자주적 정신에 입각하여 외세 의존의 사대주의를 버려야 할 것이다. 미국은 그들의 역사상 이유가 있어서 여러 교파가 있지마는 그러나 실상 이들은 교파를 초월하여 미국 국민으로 통일되어 발전함에 불구하고, 조선의 예수교는 무슨 필요가 있어서 허다한 교파로 갈리고 다시 그 속에 파벌이 있고 서로 한 동족임을 잊고 싸우는가. 원수도 사랑하라는 교훈은 잊었는가.

슬픈 목소리로 민족의 통일을 기도하는 것도 좋으나 먼저 자체의 자주 통일을 꾀하고 민족의 통일이 또한 교도 이외의 다른 사람만의 회개에 있는 줄 알기 전에 자체의 참회가 더욱 긴절히 필요함을 깨달을 것이다.

이러한 계제에 기독교 민주동맹의 탄성(誕聲)은 확실히 경청할 가치가 있었다. 그들의 의욕도 높게 평가할 만하며 반드시 이러한 새 세력의 형성이 없이 구각(舊殼)의 탈피와 새 술을 넣을 새 부대의 출현을 기대할 수는 없는 것이다. 그러나 이 기독교 민주동맹이 과연 현재의 교도 중에서 어느만한 공명자의 동지를 획득할 것이냐 할 때에 번듯한 조직에 비하여 실세력은 너무나 미약한 것이 아닐까?

예수교 자체가 보수 사상에 젖어 있는 것도 그 원인의 하나이며 그 조직의 지도자가 예수교에서는 이미 탈락한 파계(破戒) 목사라는 것도 원인의 하나가 될 적에 새로운 기독교라 하여서 교회 밖에 나가서 거듭난 이의 지도로 가능할 것도 아니며 갑자기 기독교에 귀의하는 이에게 기대할 바도 못 되는 것을 알 수 있을 것이다.

역시 예수교의 혁신은 충실한 예수교도에 의해서라야 할 것이며 예수교도로서의 정치 참여도 충실한 예수교도라야만 그 자격이 허락될 것이다. 이것이 가능하냐 불가능하냐 하는 데에 조선의 예수교가 민족의 소금으로 혁명 세력일 수 있느냐 맛 잃은 소금으로 마땅히 길에 버려야 할 것이 덩어리를 지어 가지고 반동 역할을 하느냐가 달려 있는 것이다.

우리는 전자를 희망하고 기대하며 또 이것을 시급히 요청하는 바이다.

추기

본고(本稿)가 발표된 지 반년 뒤『신천지』제2권 제8호에서 하천봉(夏天峰) 님의「기독교와 정치」를 읽었다. '기독교와 정치와의 관계를 천명(闡明)함으로 조선 기독교를 오도(誤導)하는 지도자들에게 항의하며 동전생(東田生)과 오기영 두 님 급(及) (실상은 한 사람이었다) 조선사회에 대하여 기독교의 입장을 변해(辯解)할 목적으로 집필한 것'이라 하였는데 과연 그 순수한 종교적 양심, 고매한 종교적 이상에 경의를 표하는 바이다. 졸고로 인하여 이러한 귀중한 논문의 발표를 보게 된 것을 기뻐하는 동시에 졸고를 읽어 주신 독자들에게 감히 일독을 추장(推獎)하는 바이다.

동전 오기영 전집 2권

민족의 비원

등록 1994.7.1 제1-1071
1쇄 발행 2019년 5월 18일

지은이 오기영
펴낸이 박길수
편집장 소경희
편 집 조영준
관 리 위현정
디자인 이주향
펴낸곳 도서출판 모시는사람들
　　　　03147 서울시 종로구 삼일대로 457(경운동 수운회관) 1207호
전 화 02-735-7173, 02-737-7173 / 팩스 02-730-7173
홈페이지 http://www.mosinsaram.com/
ⓒ오경애, 2019

인 쇄 천일문화사(031-955-8100)
배 본 문화유통북스(031-937-6100)

값은 뒤표지에 있습니다.
ISBN 979-11-88765-41-6　　　　04080
세트　979-11-88765-40-9　　　　04080

이 도서의 국립중앙도서관 출판예정도서목록(CIP)은 서지정보유통지원시스
템 홈페이지(http://seoji.nl.go.kr)와 국가자료공동목록시스템(http://www.
nl.go.kr/kolisnet)에서 이용하실 수 있습니다.(CIP제어번호: CIP2019015593)